高等职业学校“十四五”规划市场营销专业系列教材

电话营销

（第2版）

主　编　杨　丽

中国财富出版社有限公司

图书在版编目（CIP）数据

电话营销 / 杨丽主编 . —2 版 . —北京：中国财富出版社有限公司，2022. 1

（高等职业学校“十四五”规划市场营销专业系列教材）

ISBN 978 - 7 - 5047 - 7645 - 7

Ⅰ. ①电…　Ⅱ. ①杨…　Ⅲ. ①推销—方法—高等职业教育—教材　Ⅳ. ①F713. 3

中国版本图书馆 CIP 数据核字（2022）第 021070 号

策划编辑　李　丽　谢晓绚　　**责任编辑**　周　畅　　**版权编辑**　李　洋
责任印制　梁　凡　　**责任校对**　卓闪闪　　**责任发行**　杨　江

出版发行　中国财富出版社有限公司
社　　址　北京市丰台区南四环西路 188 号 5 区 20 楼　　**邮政编码**　100070
电　　话　010 - 52227588 转 2098（发行部）　　010 - 52227588 转 321（总编室）
　　　　　010 - 52227566（24 小时读者服务）　　010 - 52227588 转 305（质检部）
网　　址　http://www. cfpress. com. cn　　**排　　版**　宝蕾元
经　　销　新华书店　　**印　　刷**　宝蕾元仁浩（天津）印刷有限公司
书　　号　ISBN 978 - 7 - 5047 - 7645 - 7/F · 3397
开　　本　787mm × 1092mm　1/16　　**版　　次**　2022 年 6 月第 2 版
印　　张　16　　**印　　次**　2022 年 6 月第 1 次印刷
字　　数　379 千字　　**定　　价**　48. 00 元

前　　言

电话营销发展至今，已经成为当代市场营销体系的一个分支，是众多企业经常使用的重要市场营销手段。电话营销并不是大家所想象的那样，是一个很轻松、很容易就能完成的工作，也绝不是靠随机拨打大量电话，碰运气去推销产品。一个成功的电话营销人员，要懂得通过声音与客户沟通交流，让本来对产品不感兴趣的客户购买产品，这就是电话营销的艺术。

本书共分为四个模块：电话营销基础理论篇、电话营销管理篇、电话营销技能篇、电话营销精选案例篇。电话营销基础理论篇着重介绍了电话营销的基础知识（电话营销的内涵、特点、分类，企业实施电话营销的意义，电话营销的发展历程等）及电话营销成功的要素；电话营销管理篇介绍了组建电话营销团队，做好电话营销的准备，电话营销的流程；电话营销技能篇阐述了声音、倾听、赞美与提问、情绪、客户异议及处理等操作技能；电话营销精选案例篇通过一系列案例及分析，让学生系统地关注从电话营销前期准备、过程控制到客户跟进整个流程中的一些关键点，更好地掌握和应用一些电话营销的技巧。

本书每个模块又分为若干个任务，按“学习任务、情景案例、案例点评、知识体系（穿插小贴士及案例）、任务实训、复习思考、案例分析”编写，深入浅出地阐述了电话营销的理论及操作技能。本书内容通俗易懂、重点突出，既适用于课堂教学，也可作为自学读物，适合通过电话进行营销的人员、客服人员、技术支持人员阅读，也适合对电话营销模式感兴趣的人员阅读。

本书2011年第一版由谢光莲（任务一、任务二）、陈祉含（任务三、任务八）、舒秋梦（任务四、任务五）、纪小文（任务六、任务七）、张莎莎（任务九、任务十）、刘冬（模块四）做前期资料收集及整理工作，杨丽、任锡源、张宏彦、丁菊、刘德浩分模块撰写，全书由杨丽负责修改、总纂和定稿。第二版基于十年来电话营销领域的新动态进行了部分理论、案例、练习内容的更新，由杨丽完成全部修订工作。

编　者

2021年12月

目　录

模块一　电话营销基础理论篇

任务一　电话营销的基础知识

学习任务

1. 掌握电话营销的内涵。
2. 了解电话营销的优缺点。
3. 了解电话营销的发展历程。
4. 把握电话营销的未来发展趋势。

情景案例

美国前总统都在打电话拉选票，你还觉得打电话做销售 OUT 了？

2020 年的美国总统大选应该是迄今为止美国历史上竞争最激烈的选举了，连美国第 44 任总统奥巴马也亲自为老朋友拜登拉票。2020 年 9 月 23 日，距大选还有 41 天时，奥巴马在社交平台上公布了自己的电话号码，并表示希望美国民众能发短信告诉他计划如何投票。美国社交媒体推特 2020 最新数据制作的一个粉丝排行榜显示，奥巴马的粉丝量为 1.177 亿，成为世界上拥有推特粉丝最多的人。

除此之外，据美国《国会山报》11 月 2 日报道，2020 年美国大选的最后时刻，奥巴马通过个人社交平台发布了一则短视频。视频中，他亲自给选民打电话，为美国民主党总统候选人拜登拉票。双方对话情况如下：

选民："喂？"

奥巴马："喂，是艾莉莎吗？"

选民："是啊。"

奥巴马："你好，艾莉莎，我是奥巴马。我当过美国总统，你还有印象吗？"

选民："有。"

奥巴马："我给你打电话是想帮拜登拉票，我这里的名单上有你。"

选民："天哪，天哪！"

奥巴马："你还好吗？"

选民："我感觉自己有点儿慌。"

奥巴马："没事，我就是想提醒你，明天就是选举日了，双方竞争挺激烈的，我想请你投票给拜登，你如果不知道投票地点在哪儿，我也可以告诉你，你不清楚什么也可以问我。"

选民："我一定会去的，好激动能给他投票，我都等不及了！"

奥巴马："太棒了，记得告诉你的亲戚朋友哦！"

选民："好的。"

奥巴马："一定告诉他们，奥巴马请他们投票给拜登。"

选民："我一定告诉每一个人。"

奥巴马："旁边是谁啊？"

选民："是杰克逊，八个月大了。"

奥巴马："八个月大了，哇哦，是你家的小宝贝呢？"

选民："是的，宝贝着呢。"

奥巴马："他是饿了，还是该换尿布了？还是就想让妈妈把注意力都放在他身上？"

选民："我一接电话，或者跟别人聊天，他就开始说话，我觉得他就是想说话。"

奥巴马："你要想让我跟他说话，我也可以的哦。"

奥巴马："你还好吗？小家伙，嗨，要听你妈妈的话哟，我还真想跟你接着聊会儿，可宝宝时刻需要你照顾，我就不多说了。"

选民："谢谢。"

奥巴马："拜拜。"

（资料来源：美国前总统都在打电话拉选票，你还觉得打电话做销售 OUT 了？[EB/OL].(2020-11-02)[2021-10-09]. https://www.bilibili.com/video/BV1mK4y1E752.）

案例点评

电话营销因其成本低、便捷、不受时空限制等众多优点成为很多企业常用的营销手段之一。然而，在"互联网+"时代，层出不穷的新媒体涌现，消费者日渐谨慎，这种营销方式遭遇了很大的挑战，需要不断创新，注意应用技巧。案例中，奥巴马借助社交平台公布自己的电话号码并录制给选民打电话的视频在社交媒体上播放等方式拉票，很好地将电话和新媒体平台进行结合，引发了全球媒体及民众的广泛关注。更值得思考的是，在和选民通话时，曾经身居高位的奥巴马表现得非常谦逊有礼、低调随和、真诚亲切。他开场时先问候对方，然后谦虚地进行自我介绍，询问对方是否还记得自己当过美国总统，而不是直接告诉对方自己就是美国前总统奥巴马。他表达了自己希望对方能够投票给拜登的意愿，还拜托她发动亲友为拜登投票。因为在电话中听到有小孩的声音，他还很关切地询问

小孩情况，同小孩打招呼，因考虑到选民要照顾孩子就结束了通话，颇得选民的好感。

知识体系

一、电话营销的内涵及特点

（一）电话营销的内涵

20 世纪 70 年代美国人首次把电话这种快捷的沟通工具引入营销模式。

狭义地说，电话营销（Telemarketing）仅仅是通过电话进行推荐产品的一种销售行为，所以又称为电话销售。

从更广泛的意义上来讲，电话营销是通过使用电话技术和计算机技术与客户建立起信任关系，并在建立关系的过程中，了解和发掘客户的需求并满足其需求的过程。一次成功的电话营销能够让买卖双方都能获益。

从上述定义中，可以看到几个关键词：电话、信任关系、了解和发掘、需求、满足需求、过程。下面，从中挑选几个关键词进行重点解释。

1. 电话

电话营销是通过电话或主要通过电话进行的，而不是与客户进行面谈。从这一点来说，相比较于主要靠面访客户来获得订单的行销人员，电话营销人员有很大的不同，也有很大的优势。

2. 需求

客户需求是一个相当重要的概念。客户的需求有很多种，如商业需求、个人需求等，要想成功地完成电话营销，就需要电话营销人员考虑顾客的多方面需求，并对其真实需求进行研究分析，最终满足客户需求。

3. 过程

电话营销是一个过程，是通过电话沟通与客户建立信任关系的过程。在通话中成功地与客户建立起信任关系，是每一个销售人员获取订单的第一步，由此可见信任是进行电话营销的基础。而且，电话营销并不等于随机打出大量电话，靠碰运气去推销出几样产品，这样行动的结果往往适得其反。

（二）电话营销的特点

随着电话、手机、传真、计算机等沟通工具的普及，以及互联网的发展，电话营销模式在中国各大企业也得到了推广。

1. 电话营销的优点

（1）受时空限制较少

受时空限制较少是电话营销相对于一些传统营销方式极大的优点之一。许多营销方式受时间和地点的限制，如店内的 POP（卖点广告）、路牌、公交广告以及报纸和杂志等都受到一定的时空限制。而电话营销则不然，比如美国的客户接到的一些推荐产品的电话很可能来自印度、菲律宾或者中国。

（2）信息交流双向性

电话营销人员与目标客户之间通过电话媒介进行一对一的对话，这种对话是相互的，在信息传递的同时还能得到直接的信息反馈，即便目标客户没有反应也是重要的信息。比如，营销人员对目标客户进行电话营销，电话不能接通或接通后客户表示不希望被打扰，这一类型的信息对营销人员来说也是很重要的。从这一点来说，电话营销比传统的广播式营销更具优势，在传统的广播式营销中，这些对营销没有反应的信息，营销人员基本是获取不到的。

（3）媒介使用的综合性

在电话营销中，营销人员与客户之间的对话主要是通过电话进行的，而且电话作为一种核心媒介，也支持其他媒介的营销，如传真、电子邮件、微信、App（应用程序）等。这一点也使得电话营销与其他营销方式相互区别开来。对于其他营销方式而言，虽然可使用的沟通媒介众多，但是其沟通方式是单一的。

（4）广泛利用数据库

电话营销依赖数据库来记录、存储和分析各种客户资料及营销数据，数据库容量、信息的准确程度、涵盖内容的完整性以及使用过程中分析管理等因素对电话营销的成败起着非常关键的作用。通过客户数据分析能更好地理解客户行为，选择目标客户，跟踪每一步的营销结果和客户反馈，并将这些结果应用于后续的营销活动。电话营销企业只有充分关注数据库的静态积累和动态使用，才能在电话营销领域有所作为并不断取得成功。

（5）营销的便捷性

进行电话营销时，可以快速与客户通话联系，直接了解到目标客户的信息。同时，客户的反应也是即时的，这与电子邮件、直邮都有较大的不同，营销人员发出信息之后会在短时间内得到客户对企业产品的第一反应，并且得到客户对产品及服务的反馈。

（6）营销的经济性

电话营销极大的优势之一就是成本低，少了营销人员的交通费和差旅费，取而代之的是少量的电话通信费用。

（7）营销效果的可测量性

绝大部分的直复营销活动都可被测量，电话营销也不例外。这些测量的结果被用于分析营销效果、客户状态、追踪客户并促成销售。通常电话营销的每一个细节都可以进行分析和改进，每一分钱的投入都可以测量其回报产出，每一个客户的状态和购买行为都可以被跟踪和分析，这些结果都可以用于下一轮的电话营销活动，从而形成闭环营销。

2. 电话营销的缺点

电话营销在众多营销模式中有其优势，但仍然有其不足之处。

（1）容易被客户拒绝

在推销过程中，营销人员最害怕自己的产品或服务被客户毫无余地地拒绝，而在电话营销过程中，这样的现象屡见不鲜。

在任何行业的商务谈判中，买卖双方或多或少都会顾及对方的情绪，即使谈判破裂也会给对方留有余地。但是在电话谈判中客户则不会有太多的顾及，由于客户和营销人员互相看不到，与营销人员一般也是素不相识，所以人们更容易直截了当地使用拒绝策略。经常听到客户说“不”，电话营销人员容易产生挫折感，这是电话营销人员面对的重要挑战。

当营销人员致电客户介绍产品或者服务时，假如客户对此确实毫无兴趣，他们通常不会继续与营销人员交流，甚至直接挂断电话，几乎没有回旋的余地。此外，客户可能对营销人员所介绍的产品不了解或者不信任，从而采取了拒绝策略。

（2）精力容易分散

传统的营销模式在面谈时通常会在谈判间或封闭的会议室里进行，不容易受到其他人员或事务的影响，双方均能专心致志地谈判。而在电话营销过程中，无论是电话的哪一端都很容易受到影响，双方的精力不容易集中，很可能会忽略一些重要的议题。

（3）缺乏视觉交流

在中国有句古话叫“耳听为虚，眼见为实”。人们获取的信息，听到的占20%，看到的占50%，余下的靠逻辑推理，所以人们更愿意相信眼睛能够看到的东西。在面对面的营销模式中双方会使用许多肢体语言，每一个细微的动作都会反映出对方此刻的心理状况，资深的营销人员能够通过察言观色来判断对方的想法，调整自身的营销策略，从而轻松地拿到订单。

但是在电话营销中，很多客户因为没有看到电话营销人员生动的表情而失去了对营销人员的信任。客户看不见营销人员，也看不见所介绍的产品的外形和特点，所以客户对电话营销的信任度整体上来说还是比较低的。对于电话营销人员而言，电话中能了解到的内容是比较有限的，仅凭这些有限的信息很难准确地分析出客户的真实想法，这通常会使得营销人员处于被动局面。高水平的电话营销人员会通过施展各种策略来影响买家，改变双方的谈判力量对比，而习惯于观察的营销人员可能会不适应。

（4）声音质量可能因为信号受影响

电话营销人员经常遇到的困扰之一，就是客户使用的手机信号不稳定，导致通话断断续续。这种情况会造成一个断断续续的开端，使得买卖双方都产生不愉快的感觉。尽管是客观条件所致，但是销售效果会大打折扣。为了弥补这种不愉快的现象，就需要电话营销人员做很多额外的工作。

虽然电话营销有着上述局限性，但总体来说，电话营销方式的诞生，仍然给企业带来了很多的机会。

【案例1-1】

2020年中国呼叫中心行业发展社会环境分析

现代呼叫中心涉及计算机（软硬件）技术、Internet技术、计算机电话集成（CTI）技术、数据仓库［商业智能（BI）］技术、客户关系管理（CRM）技术、交换机（PBX）通信技术、企业资源计划（ERP）技术和企业管理、项目管理、团队管理等诸多方面的内容。

它已经成为一个统一、高效的服务工作平台，它将企业内分属各职能部门为客户提供的服务，集中在一个统一的对外联系“窗口”，采用统一的标准服务界面，为用户提供系统化、智能化、个性化、人性化的服务。

网络基础设施不断改善

呼叫中心项目对网络资源要求很高，通常通过传统独享电路方式或新型的IP（网技互连协议）技术方式与业务方的电信网络连接，而这些连接要求本地的电信网络基础发达，有足够的网络资源冗余支持IPLC（国际专线）、VPN（虚拟专用网络）等方式的网络连接。稳固的基础设施为呼叫中心服务外包业务奠定了基石。

2019年，三家基础电信企业和中国铁塔股份有限公司在5G（第五代移动通信技术）相关投资快速增长的推动下，固定资产投资比上年增长4.7%。其中，移动通信投资稳居电信投资的首位，占全部投资的比重达47.3%。

推进网络IT（信息技术）化、软件化、云化部署，夯实智慧运营基础，构建云网互联平台，夯实为各行业提供服务的网络能力；4G（第四代移动通信技术）覆盖盲点不断被消除、移动通信核心网能力持续提升，夯实5G网络建设基础。2019年，新建光缆线路长度434万公里，全国光缆线路总长度达4750万公里。

互联网宽带接入端口“光进铜退”趋势更加明显，截至2019年12月底，互联网宽带接入端口数量达到9.16亿个，比上年年末净增4826万个。

2019年，全国净增移动电话基站174万个，总数达841万个。其中4G基站总数达到544万个。5G网络建设顺利推进，在多个城市已实现5G网络的重点市区室外的连续覆盖，并协助各地方政府在展览会、重要场所、重点商圈、机场等区域实现室内覆盖。

网络用户规模不断扩大

截至2020年6月，我国网民规模为9.40亿人，较2020年3月新增网民3625万人，互联网普及率67.0%，较2020年3月提升2.5个百分点。截至2020年6月，我国手机网民规模为9.32亿人，较2020年3月新增手机网民3546万人，网民中使用手机上网的比例为99.2%，较2020年3月持平。

2019年，全国电话用户净增3420万户，总数达到17.9亿户，比上年年末增长2.5%。其中因第二卡槽需求基本释放完毕，移动电话用户全年净增从上年1.49亿户降至3525万户，总数达16亿户，移动电话用户普及率达114.4部/百人，比上年年末提高2.2部/百人。全国已有26个省市的移动电话普及率超过100部/百人。固定电话用户总数1.91亿户，比上年年末减少105万户，普及率下降至13.6部/百人。截至2020年10月，我国固定电话用户1.82亿户，比上年同期减少4.7%，移动电话用户16.01亿，比上年同期增长0.1%。

庞大的网民及通信用户规模，极高的通信设备普及率及上网比例，网络基础设施的不断改善，给呼叫中心行业发展提供了良好的社会环境。

（资料来源：前瞻产业研究院.2020 年中国呼叫中心行业发展社会环境分析 通信网络供给良好［EB/OL］.（2021－01－12）［2021－12－22］. https：//www. sohu. com/a/443977409_473133. 引用时有微调）

二、电话营销的分类

（一）按执行方式划分

电话营销按执行方式的不同可以分为接听呼入（Inbound，IB）和主动外呼（Outbound，OB）两种模式，这是以初次与客户接触时是客户主动呼叫还是营销人员主动呼叫的方式加以区分的。

1. IB 模式

IB 模式是指通过广告、促销活动推动客户主动呼入，营销人员与客户的初次沟通是以营销人员被动接听为主的电话营销过程。

采用 IB 模式的企业会投放很多的广告或者发布促销信息，客户看到以后产生了购买意愿或者有了兴趣就会打广告上提供的电话进行采购或者咨询。由于 IB 模式的客户一般是在对企业的产品有了意向以后才呼入的，所以该模式成交的比例较高，营销人员相对轻松。

对于一些知名品牌的优质产品，客户一般会踊跃来电，但是大量的客户主动呼入背后是以大量的广告投入和产品打折的投入为支撑的，而且要有一套电话总机系统。可见，这种方式投入较大，而且应该认识到，客户主动呼入不能与成交直接画等号，所以如何实现客户购买，如何提高成交比例，如何获取更高的利润以弥补广告和促销等费用，都是企业需要面对的挑战。

2. OB 模式

OB 模式指与客户的初次沟通是营销人员主动外呼客户的电话营销模式。

在 OB 模式中，营销人员面对的客户有很大的未知性和不确定性，甚至大部分客户都是没有意向的，需要营销人员去探测意向，挖掘需求，成功率远低于 IB 模式。而且，外呼业务更大的挑战其实在于营销人员的心理承受能力，由于无法预知客户的实际需求，营销人员可能经常遭到拒绝，而且有时还会遭到不友好拒绝，因而营销人员很容易产生强烈的挫折感。

电话营销，尤其是外呼营销，是靠概率取胜的，虽然成交率很低，但是因为电话营销可以在很短的时间内接触大量的客户，又节省了差旅费等费用，所以还是有优势的。

3. IB 模式和 OB 模式的比较

（1）营销人员角度：IB 模式比 OB 模式更轻松一些

对营销人员而言，接听客户主动呼入的 IB 模式更加轻松一些，因为此类客户都是有意向的，对营销人员的态度会比较客气一些。

（2）企业角度：OB 模式比 IB 模式投入更少

从企业角度来讲，主动外呼的 OB 模式更简便易行一些，因为外呼不需要很多广告投入，不需要电话系统等的投入。尤其是刚开业的小公司，几部电话、几个电话营销人员就可以运营了。但是呼入式的 IB 模式则不然，争取客户主动呼入，在广告、电话营销体系建设、总机系统、记录软件等方面的投入很大，而且做完广告之后有没有人关注还不一定。

（二）按企业规模划分

1. 大型企业的电话营销

企业自建电话营销呼叫中心（Call Center），并通过自己的电话营销人员来完成销售，采用这种方式的企业一般规模都比较大，电话营销体系比较成熟，属于完整意义上的电话营销。

2. 小型企业的电话营销

企业有自己的电话营销人员，但没有 Call Center，只有几根电话线，这样的企业一般来说规模都较小。严格来讲，不算形成完整的电话营销体系，这种电话营销人员更多起到筛选客户的作用。

3. 电话营销外包

企业与一些 Call Center 运营商合作，将自己产品委托给 Call Center 进行销售，属于电话营销外包形式。这种形式对企业来讲好的地方就是省事，也减少了投资，在初期就将风险降到了最低。目前，我国呼叫中心投资已在制造、物流、零售行业中表现出了良好的增长态势。随着广播电视、电视购物、医药、旅游、快速消费品等行业的迅速发展，对呼叫中心的需求明显增长，国内外包呼叫中心市场投资规模不断提高，从 2011 年的 28 亿元增长到了 2019 年的 454.3 亿元。2019 年我国呼叫中心坐席总数达到 275.0 万个，其中外包呼叫中心坐席数从 2010 年的 7 万个增长至 2019 年的 94.8 万个。2019 年我国外包呼叫中心营业收入 981.9 亿元，平均席位收入 13.6 万元/个。①

（三）按服务方式划分

呼叫中心除了销售产品，往往还有服务客户的功能。以服务客户的形式来分类，电话营销可以分为以下四种类型。

1. 只负责销售

这种模式是指呼叫中心的人是以销售代表的身份服务的，对客户而言就是向客户销售产品，只对客户提供销售服务。

2. 只负责服务

现在很多企业都设有售前咨询和售后服务等销售环节，而电话营销在这样的企业里就

---

① 2019 年中国外包呼叫中心营业收入 981.9 亿元，外包呼叫中心坐席数达 94.8 万个［EB/OL］.（2020－05－03）［2021－12－22］. https://www.chyxx.com/industry/202005/858330.html.（引用时有微调）

仅仅是对客户的提问做出回答，就客户的服务需求进行响应。比如，电力公司的维修电话，家电企业的售后服务热线，从事这种工作的电话营销人员并不进行销售。

3. 既提供各种服务，又兼顾销售产品

这种电话营销模式最近增长相当迅速，值得关注。例如，现在的114电话导航台，如果一个人只查询电话号码，工作人员就直接说“请记录……”，但是如果一个人没有明确的目标，想问哪里有好玩的，114的工作人员就会开始推荐附近的旅游景点等地方。再如携程旅行网，如果一个人目标明确地想订机票、订酒店，工作人员就会直接下单，但是如果一个人没有明确的目标，工作人员就会有倾向地推荐机票和酒店。

4. 看上去像是服务，但实际上是销售

比较典型的就是一些公司的售后服务电话，他们通常说“您是我们的老客户，我们想对您做个回访”，然后询问客户以往的消费经历，最后话锋一转，突然开始介绍公司现在新开展的促销活动，问客户要不要体验一下。这就是典型的看上去是服务，但实际是销售的电话营销模式。

三、企业实施电话营销的意义

（一）企业实施电话营销的内部动力

1. 电话营销提升企业销售效率和服务效率

在这个信息爆炸的时代，企业关注的是效率。更高效为客户提供服务，增加与客户的互动渠道和提升互动效率是企业的目标。这也是企业不断加快建设包括呼叫中心、电子渠道等在内的客户互动渠道的内因所在，同时也是企业在管理这些渠道时，关注诸如接通率、服务水平、成功率、一次性问题解决率等效率指标的原因。

从这一点来说，电话营销正是帮助企业提升销售效率和服务效率的营销模式。并且由于电话营销系统的诞生，电话营销的复杂状况将发生180°的改变，变得足以让每一个电话营销人员工作起来都轻松自如、管理者对电话营销的状态都了如指掌。拨打一个电话只需要短短几分钟的时间，然而在这几分钟的时间里，不管是产品介绍、产品销售还是售后追踪，电话营销都可以方便快捷有效地完成这些服务，从而提高企业的销售效率。

通过电话与客户进行沟通，不仅可以及时了解和发掘客户的需求和意见，为客户提供有针对性的贴心服务，避免信息传递通路梗塞，还可以切断竞争对手乘虚而入的通道。可见，电话营销可以说是提高企业服务效率的极佳途径之一。

2. 电话营销扩大产品的销售范围

电话在直销当中的应用不仅极大地提升了信息传递的速度，而且把销售覆盖的范围一下子扩展到更为广泛的区域。

19世纪末，邮政系统为直销提供了一个可行的平台，它给迅速增长的消费人群提供了丰富的产品，给人们的生活带来了便利，也慢慢改变了人们的消费价值观。这些产品除了时尚的成衣、各种农产品之外，甚至还有预制的房屋。进入20世纪以后，虽然邮政系

统仍为直销提供着重要的支持，但电话的发明及其大规模的应用极大地拓展了直销的范围，直销被赋予新的含义。

传统的销售模式受区域的限制较大，大部分产品只局限于部分地区的销售，即使其他地区有相当大的市场发展潜力，要让当地的顾客了解到产品的细枝末节，将产品在市场上全面推开，也是较为不易的。电话营销的模式却突破了区域的限制，企业甚至可以通过电话营销把产品远销海外。一个电话，营销人员就可以向客户介绍产品的各方面功能性质，可以向远在千里之外的顾客推销产品。电话营销的出现对产品营销范围的扩大无疑起着至关重要的作用。

3. 电话营销有利于维系企业与客户之间的关系

通过电话营销可以建立并维持客户关系营销体系。但在建立与客户的关系时，不能急功近利，应有长期的构想。企业应该制订严谨的计划，不断追求客户服务水平的提高。比如在回访客户时，应细心注意客户对已购产品、已获服务的意见，对电话营销人员的反应，以及对电话售后服务人员的反应。记录这些数据，会为将来的电话营销提供各种各样的帮助。

通过电话的定期联系，在效率和成本方面是上门访问所无法比拟的。另外，这样的联系可以密切企业和消费者的关系，提升客户对企业的忠诚度，也可以有力地推销企业自身产品的品牌，树立品牌形象，让客户更加喜爱企业的产品。

4. 电话营销模式可以降低企业成本

在介绍电话营销的优点时，也提到过电话营销的经济性。电话营销在成本方面的优势看似简单，但其实很多公司并没有真正掌握，除了减少营销人员的差旅费和交通费以外，电话营销呼叫中心也可以为企业节约大量成本。

既然可以在北京服务上海的客户，那么就没有必要在北京和上海分别建立呼叫中心，只要在其中一个地方建立一个呼叫中心就可以了。其实，在任何一个地方都可以建立呼叫中心，服务全国，如果营销人员外语水平较高，服务全球都是可以实现的。呼叫中心发展的一个趋势就是把呼叫中心建立在成本（尤其是人力成本）较低的地区，如很多美国公司把自己的呼叫中心设在了印度。我国的东部经济发达区也可以把呼叫中心设在中西部地区，这样成本就可以大大降低了。

5. 电话营销可以提升企业营业额

电话营销不仅在成本方面具有优势，在提升营业额方面也不容小觑。提升营业额一向是各个企业的目标所在，很多企业苦苦找寻提升营业额的各种方法，而电话营销就是其中一种。

比如说宾馆、饭店的预约中心，不必只单纯地等待客户打电话来预约，如果积极主动地给客户打电话，就有可能获得更多的预约，从而增加收益。因为电话营销是一种交互式的沟通，在接客户电话时，不应局限于满足客户的预约要求，同时也可以考虑进行些交叉销售（向客户推销要求以外的相关产品）和增值销售。这样可以提升营业额，增加企业效益。

6. 电话营销适应于各式各样的产品销售

相对于传统的面对面营销模式而言，电话营销在销售的产品类型方面也占有极大的优势。

从一般意义上来看，简单的产品更适合电话营销，但如果仔细分析，会发现其实各行各业都适合电话营销，无论是采用直销模式，还是采用分销模式；无论是工业用品还是普通消费品；无论是简单产品还是复杂产品；无论是针对个人销售还是针对组织销售，这些都适合电话营销。只不过电话营销在整个销售过程中所起的作用是不同的，电话营销人员所承担的角色和责任也是不同的，有些只承担宣传职能，而有些则承担电话营销职能。

（二）企业实施电话营销的外部动力

1. 市场竞争是企业实施电话营销的最大外在驱动力

在初级市场，市场竞争的主要方式是产品质量和价格。但随着各行业竞争激烈程度的加剧，市场信息透明度的增强，买方市场的加速形成，使得各行业都必须正视渠道的作用，特别是新兴渠道。

传统市场营销的主要理论基础是 4P 组合，即产品（Product）、价格（Price）、渠道（Place）、促销（Promotion）。其中，渠道是相当重要的一环，当渠道发生变化时（移动通信、互联网等新兴渠道飞速发展），企业的营销模式必须进行改变。同时，传统的市场营销理论基础的核心是产品，当市场转变为买方市场时，必须关注客户，关注客户的类别、特征，进行客户细分；关注客户的购买成本和购买的便利性；同时，必须加强与客户的沟通。于是，企业市场营销的理论基础则开始转向 4C 理论，即客户（Customer）、成本（Cost）、便利（Convenience）和沟通（Communication）。

新的市场营销理论基础可以说是以与客户沟通和对客户进行细分为核心的。企业在营销的时候必须考虑应用互动性的营销工具。可以说，在这样的转变中，谁能够关注客户的需求，使用低成本、高效而又能与客户沟通便捷的营销工具，谁就能在市场竞争当中取胜。

市场上几乎每天都上演着传统企业被后来者追上或打败的故事，新营销模式颠覆传统营销模式的案例每天都在发生。传统企业不得不思考对电话营销这样的营销方式的创新应用，新的竞争者也必须考虑如何应用新型的营销方式迅速进行市场突破。市场竞争是企业实施电话营销的最大的外在驱动力。

2. 移动通信技术的发展为电话营销提供了可能

电话营销为企业进行方便、快捷、有效的销售提供了一个渠道，但如果没有移动通信技术的发展，电话营销的发展就会缓慢得多。

如果时光倒流到 20 世纪 90 年代，恐怕中国没有什么人听过“呼叫中心”和“电话营销”，那是一个传呼机以及砖头般大小的“大哥大”横行的年代。而接下来的几年当中，传呼机的衰退和 2G（第二代移动通信技术）的发展开始逐步改变中国人的生活，近年来，5G 已经成为通信业和学术界探讨的热点。2019 年 10 月 31 日，三大运营商公布 5G 商用套餐，并于 11 月 1 日正式上线 5G 商用套餐。

电话通信工具以迅雷不及掩耳之势遍布中国城市的每一个角落，而移动通信技术的横空出世就像给企业打了一针兴奋剂，使得企业与客户之间的沟通更加频繁，从而逐渐演变成今天的电话营销。由此可见，移动通信技术为电话营销作出的巨大贡献，是其他一些现代科学技术所远不能及的。

3. 传统销售方式局限多，且市场竞争激烈

之前提到，传统的销售方式不仅耗时耗力，而且企业所付出的成本也相当巨大，还受到时间地点等客观因素的限制。在市场竞争如此激烈的今天，这样的销售方式正在渐渐失去优势。

传统的销售方式，在推销产品、接受信息反馈等销售细节中，不仅需要营销人员反复奔忙，而且在及时获得最新客户信息、保持与客户的密切合作关系方面见效也相当缓慢。同时，在及时分析客户需求、改进营销策略方面也有相当大的限制。此外，传统营销方式成本高、收益见效慢，对某些实力微薄的企业而言，很有可能加大其市场竞争的负担。

（三）企业实施电话营销的其他动力

电话营销是一种便捷的销售手段，除销售产品外，还能帮助企业实现很多其他价值。

1. 宣传公司产品

目前，电话营销已成为营销模式中一种极为常见的方法，即使电话营销未能成交，营销人员也已经将公司的大概情况和产品作了相关的介绍，这样当客户再次听到公司或产品名称时就会有部分认知，这对公司和产品的宣传有一定的推动作用。尽管与平时做广告之类的宣传活动有所不同，但是这样的宣传活动在人群中的影响力也是不容小觑的。这样的销售行为已经起到了配合和支持正面广告宣传的作用。

2. 收集市场信息

电话业务涉及的行业面很广，从产品到服务，从零售到批发，从大宗产品的推销到招揽规模性的商业服务，可谓无所不包。作为电话营销人员，必须从本地乃至全国收集资料、联系客户、拓展业务……但是也可以从电话营销过程中了解市场信息，了解客户青睐哪些品牌、最重视的是哪项功能等相关信息。

3. 收集客户信息，寻找潜在客户

在电话营销过程中，企业可以有意识地寻找潜在客户。因此，做好电话营销记录非常重要，这些记录将记载客户的原始资料、确认后的资料，以及每一位营销人员在每一次与客户洽谈时的具体对话要点。如果对方公司 A 女士说对此产品不感兴趣，那么可以对该公司进行继续追踪，找对方公司的 B 先生也许就可以完成销售了。根据客户的购买力和经济实力，可以把他们细分为 A、B、C、D 四级，一旦完成销售的客户数据，马上转入 A 级、B 级客户名单中，C 级客户是正在开发中的客户，把淘汰掉的客户归入 D 级客户，以防止其再次被纳入潜在客户名单。

四、电话营销的发展历程

（一）电话营销的起源

1876 年，亚历山大·贝尔发明了磁电电话机，第一部电话机在美国投入使用。电话机的发明宣告了人类新时代的到来。诞生于美国的互联网（1969 年）和手机（1973 年）又将人类带入移动网络信息时代，它们代表信息时代的新媒体。

电话机、互联网、手机的横空出世对人类产生了超乎想象的深远影响，对商业营销模式的发展与成熟也起到了推波助澜的作用。20 世纪 70 年代末 80 年代初，美国企业将电话服务于商业销售，由此拉开了电话营销的帷幕。电话营销迅速从美国发展到日本、中国、印度、新加坡等亚洲国家。

（二）电话营销的发展状况

1. 电话营销在国外的发展状况

美国是全球电话营销市场极发达和繁荣的国家，据美国直销协会（Direct Selling Association，简称 PSA）统计：美国电话营销从业人员 650 万人（最高时期占总就业人口的 3%），从事电话营销服务的企业 8 万多家；美国 2002 年电话营销方面的开支为 803 亿美元，2006 年电话营销开支增至 1048 亿美元；美国本土通过电话购物的人员最高占总人口的 45%；美国本土电话营销相关产值高达 5000 亿美元。①

根据英国电话营销协会统计数据：英国注册的电话营销中心超过 5000 家，电话营销就业人口 35 万人；在苏格兰，电话营销属于当地政府重点扶持的产业，电话营销人员超过 4.6 万名。②

日本的电话营销市场协会成立于 1991 年，1997 年取得社团法人资格，2002 年前有企业会员 266 家。其中接受委托专做电话服务的有 125 家，通过电话销售自身产品和服务的有 75 家，只提供服务平台的有 66 家。TMJ 公司是成功的范例，1992 年 TMJ 公司独立后进入电话营销市场，1994 年起接受业务，代理店数量每年以 20% 的速度递增，营业额保持了 30% 的年增长率。它们以母公司为依托，主要服务于教育行业，主动给客户打电话，按照年龄提供教材。当地 18 岁以下的人口中，每 10 人就有一个是它们的会员，每 4 个学龄前儿童，就有 1 个得到了 TMJ 的“小老虎”吉祥物，成为公司的会员。公司总部两层都是电话服务中心，300 名员工为从婴儿到老人等不同年龄阶段的人提供多层次服务。公司开发的客户关系管理系统，培养了稳定的客户群，可以随着客户年龄的增长，进行终身跟踪服务，随时都可以了解什么人什么时候需要什么，这成为宝贵的客户资源信息。③ 第 14

① 中国电话营销市场的新时代［EB/OL］.（2012－09－24）［2021－11－01］. https：//www. docin. com/p－487405012. html.（引用时有微调）

② 金融危机给电话营销带来的机遇［EB/OL］.（2020－09－12）［2021－11－03］. https：//www. docin. com/p－2453267985. html.（引用时有微调）

③ 门晓伟，贺登才，宋云中. 日本无店铺销售业情况及启示［J］. 中国经贸导刊，2002（4）.

届日本 e-Learning 大奖，总公司 TMJ 获得了呼叫中心业界的首个“厚生劳动大臣奖”，针对高龄人群对应研修，e-Learning service 受到高度评价①。

日本政府对电话营销有一套管理和制约的措施，在业务开展之初，就需要申请入网证，类似信息产业部颁发的电信增值业务执照，而且日本从技术上进行了限制，如果主叫方不发送电话号码，就可能无法拨通电话，而且不允许三分钟之内重复拨打一个电话等，从技术上屏蔽了部分垃圾电话。②

2. 电话营销在国内的发展状况

(1) 起步期

在中国台湾，电话营销始于 1988 年前后。最初以“一段式”的电话营销为主：即从接触客户一直到成交，完全通过电话、邮寄或传真完成购买程序。电话营销被用于信用卡的销售，后来引入保险行业；由于绩效相当好，后来慢慢扩展至其他金融产品与其他类型的产品。③ 中国台湾已有超过 20 种行业单位一经采用电话营销方式即获得高绩效。

从 1995 年开始，中国香港陆续出现了一些电话营销公司，它们的业务主要是为客户提供 OB 服务，如电话销售、市场调查、售后服务跟踪等。这些公司的规模普遍比较小，工作条件也比较简陋，往往是雇几个人、再拉上几条电话线，就开始对外提供服务了。随着电话营销的普及，很多客户逐渐把热线电话服务和电话接受订单的服务也外包给电话营销公司来做，这些电话营销公司不仅提供 OB 服务，也同时提供 IB 服务，外包式呼叫中心产业发展到了第二个阶段（1998—1999）。④

1993 年，美国希尔顿饭店总部把电话营销这种新型营销方式在北京希尔顿饭店运用，较为有限的几个行业开始正规系统地应用电话营销。之后，上海、武汉、成都等大城市的个别酒店都开展过电话营销。1997 年电话营销进入福建，福州温泉大酒店在 12 月 24 日成立的外联部首先接受并采用了电话营销，他们充分利用电话这种情感交流工具来出售贵宾金卡，在半年时间内为酒店争取到 2000 个固定客户，这也是该酒店得以在 1998 年 3 月荣登五星级饭店宝座的重要原因之一。⑤ 戴尔公司也率先开展电话营销业务，在中国市场经济刚刚起步的 20 世纪末，在电话还未大面积普及时，戴尔公司克服困难，业绩逐步攀升，获得了巨大成功。电话营销业务从 1999 年始广泛应用于拨入电话，2001 年开始应用于外拨电话，以市场调查、客户关怀及寻找潜在客户等方式为主。随着人们认识的提高，越来越多的管理咨询企业也积极应用电话营销进行市场推广。

---

① 第 14 届日本 e-Learning 大奖　总公司 TMJ 获得了呼叫中心业界的首个［厚生劳动大臣奖］［EB/OL］.［2021－12－22］. https://www.vcs-china.com/company/2.html.（引用时有微调）

② 江兰，明叔亮，蔡虹．别打我电话！［J］. 互联网周刊，2003（23）.

③ 邓勇兵．电话营销的新机会［EB/OL］.（2006－09－01）［2021－12－15］. http://www.emkt.com.cn/article/279/27925－2.html.

④ 孙佳明．香港外包呼叫中心的发展历程及现状［EB/OL］.［2021－12－22］. http://www.ctiforum.com/forum/2000/11/f1103.htm.

⑤ 高心共，雷美茂．论电话营销在我国的运用［J］. 福建商业高等专科学校学报，1999（4）.

（2）迅速发展期

2003 年我国因“非典”产生的“非接触经济”直接促进了以销售电信产品、软件、信用卡为主的外拨电话营销的发展。“非典”时期，电话营销这种模式被更多企业认可与采用，尤其是被如海尔集团、摩托罗拉等大型企业采用，大大推动了电话营销在中国的普及和发展。联想集团在 2003 年“五一”期间的电脑总销量比 2002 年增长了 25%，其中，电话营销起到了相当大的作用；而“五一”期间，清华同方电脑通过采取电话营销等创新销售模式，实现了销售同比增长 20%；海尔集团在“非典”期间销售额比同期也有不同程度的增长。① 2008 年国际金融危机令不少企业业绩明显下滑，各种销售渠道的绩效遭遇了前所未有的挑战，企业纷纷追求以更低的成本和更便捷的方式获得更高的经营业绩，电话营销这种模式受到了重视。②

（3）爆发式增长期

2010 年至 2012 年，电话营销迎来了爆发式增长。这个时期不同领域的企业开始大量使用电话营销，尤其是保险业。另外，电信、通信公司从被动服务开始转向主动服务，电话营销正好迎合了这种转变。国内知名电话营销专家陈宁华认为，以前企业都是等着消费者自己打电话过去咨询问题、处理投诉等，现在是主动给消费者打电话营销产品，比如推销套餐等。此外，经济发展令市场更细化，大量外包公司成为电话营销发展的助推力。③

（4）调整转型期

然而，电话营销在不断快速发展的同时，也暴露出很多问题，例如从事电话营销的企业及人员良莠不齐，行业内缺乏经验丰富的专业管理人员，数据库管理落后，客户隐私信息安全性不高，骚扰、诈骗电话频仍，等等。艾媒咨询数据显示，2018 年中国骚扰电话拨打量已超过了 500 亿次，两成网民接到的电话中超过一半是骚扰电话，而且每周都能接到骚扰电话的网民达到了 85.4%，骚扰电话中排名第一的是贷款理财，占比 71.4%，紧随其后的是保险推销、房产中介，占比分别是 50.3%、42.9%。④ 营销电话与人身骚扰电话、电信诈骗电话混杂在一起，很容易被拒接或随时挂断。市场的不规范问题也日渐引起监管部门的重视。政府不断强化监管力度，涉及电话营销的行业、企业也面临调整和转型。

（三）电话营销的未来发展趋势

1. 愈加严格的法律法规、政策约束将不断规范电话营销市场

（1）他山之石：美国关于电话营销的法律规制⑤

电话营销最早诞生于美国，对该行业进行法律规制也始于美国。其实，美国对电话营

① 张冠琼．我国电话营销的发展［J］．商业文化（上半月），2012（2）．

② 李政．小小营销电话，能当经济风向标?［N/OL］河南商报，(2014－09－26)［2021－12－22］．http：//newpaper.dahe.cn/hnsb/html/2014－09/26/content_1153202.htm?div＝－1.

③ 同②.

④ 艾媒前沿科技产业研究中心．艾媒报告丨2019 中国骚扰电话市场状况与用户感知调查报告［EB/OL］．(2019－04－26)［2021－12－22］．https：//www.iimedia.cn/c400/64199.html．（引用时有微调）

⑤ 刘国．电话营销法律规制问题研究——美国的经验及其对中国的启示［J］．江西财经大学学报，2012（3）．

销的规制最初是通过行业自律的方式进行的。纽约的直销协会建立了一种“电话意愿服务”机制，凡是不希望接到营销电话的用户，都可以向协会提出免费申请，协会再将用户的电话转达给协会成员，会员不再对提出过申请的用户拨打营销电话。但由于用户的申请不需缴纳费用，加上完全靠行业自律，很多用户提出申请后仍然接到营销电话，这个机制实施的效果并不理想。

这一情况后来引起一些州议会的重视，1990 年出台了规定，电话用户如果不愿意接受营销电话，须向电话公司付费，电话公司在其所出版的电话簿的用户名后面加注一个黑点，电话营销者不得向加注了黑点的用户拨打电话。尽管州议会颁布了成文法规，但由于它没有规定对违犯该法的营销者如何处罚，其实施效果仍然不令人满意。在通过行业自律及各州限制电话营销的法律实施数年之后，侵害电话用户权利的事件仍然频繁发生。由于各州电话营销的法律规制不能从根本上保护电话用户的隐私，美国国会接受了广大民众的普遍要求，通过联邦国会制定全国统一的电话营销法律规范，以更好地解决电话营销带来的问题。

国会制定的第一部电话营销法律规范是 1991 年的《电话消费者保护法》（*Telephone Consumer Protection Act*，简称 TCPA），当时美国电话营销的营业额为四亿三千五百万美元。该法对电话营销做了禁止性规定：一是禁止使用自动拨号系统拨打电话给紧急电话、医疗专用电话、传呼机以及受话端付费的电话。二是禁止使用传真机或电脑设备发送不请自来的广告到传真接受设备。只有在接受者明示同意时，营业者才能对其进行营销。三是禁止使用预录语音信息拨打住户电话。该法明确排除了事先明示同意或邀请、具有既存交易关系和免税的非营利机构等几种类型的适用。根据该法规定，如果一个人在 12 个月之内接到两个以上该法禁止拨打的电话，就有权申请禁止令，并可在实际损失额与 500 美元两者中选择一个较高的赔偿金。同时，该法授权州政府在个人未提出请求时，可代为提起民事诉讼，并明确指出，该法不影响各州对其州内的电话营销采取更为严格的限制性规定。

1994 年，美国国会通过了《反电话营销与消费者欺诈滥用行为法》，该法授权美国联邦贸易委员会针对电话营销中存在的欺诈及骚扰行为制定规范。美国联邦贸易委员会基于此项授权，于 1995 年 8 月颁布了《电话营销销售规则》（*Telemarketing Sales Rule*，简称 TSR），该规则不但禁止有误导、欺骗及骚扰的电话营销行为，将拨打营销电话的时段限制为早上 8 点至晚上 9 点，还同时要求每个公司必须建立自己的拒绝来电名单。根据这项规定，在电话用户向公司提出拒绝来电之前，营业者拨打用户电话进行电话营销并不违法，但只要用户向公司提出了不要来电的要求，电话营销公司就不得再向该用户拨打营销电话。

美国联邦贸易委员会在后来检查执行情况时发现，以各个公司分别建立其自身的拒绝来电名单来规制电话营销的方式，无法有效保护电话用户的隐私。一方面是由于该规则允许营业者在电话用户提出拒绝来电之前可以拨打电话；另一方面则是由于电话用户拒绝电话营销的成本过大，用户必须在每一个公司打来电话后，才能逐一地要求该公司把其电话号码从该公司的电话名单中删去。于是，有人提出，能否考虑建立这样一种机制，用户只需做出一次拒绝来电的意思表示就能达到目的？对此，2003 年美国联邦贸易委员会对 TSR

进行了修改，以弥补其不足之处。根据修改后的规定，只要电话用户提出了拒绝来电的登记申请，电话营销者就不得向该用户拨打营销电话，并且该登记适用于全国范围，对所有电话营销公司都有效。但该法限制电话营销的范围仅为商品或服务，而且只适用于住家电话用户，排除了慈善募款和非住家电话的适用。此外，符合以下条件之一的商品或服务的电话营销仍为合法：一是电话营销者得到电话用户事前书面同意；二是电话营销者与电话用户具有既存交易关系。

2003 年 3 月 11 日，乔治·布什总统签署《拒绝来电实施法》（*Do-Not-Call—Implementation Act*），美国新的电话营销法正式颁布实施。由于 1995 年的 TSR 要求各电话营销公司须建立自己的拒绝来电名单，这种做法被称为“机构型拒绝来电机制”，而 2003 年的 DIA 实行全国统一的拒绝来电登记制度，具体美国由联邦贸易委员会和美国联邦通信委员会负责执行，因而被称为“国家型拒绝来电登记规则”。该法规定，电话用户只需进行一次申请登记就可以达到拒绝接听所有营销电话的目的，电话营销业者需通过付费才能取得登记名单，且不得对名单上登记的用户拨打营销电话。该法刚接受用户登记时，第一天，1 秒钟就有 158 个电话申请登记，两天之内就有 73.5 万个电话号码申请登记，在短短两周之内，有将近三分之一的家庭表示不愿意接受营销电话。美国电话营销法经过多年的发展和完善，对于保护电话用户隐私、防止欺诈等起到了重要作用。

近年来，智能电话营销机器人的滥用也引起了美国相关部门的关注。美国联邦贸易委员会在 2017 年年末至 2018 年年中向 4 家从事骚扰电话业务的“智能呼叫”（Robocalling）公司发起了诉讼，这 4 家公司在全美范围内，通过数十亿通骚扰电话和非法机器人呼叫电话投放汽车保修、家庭安保系统、虚假减免债务、虚假慈善机构以及虚假谷歌搜索结果等服务，这些公司被判处了 50 万～364 万美元不等的罚款，也被禁止继续运营其他智能呼叫业务，有的还包括禁止从事电话营销。① 根据 YouMail 的数据，在 2019 年，美国境内的机器人发起了 585 亿次自动电话呼叫。2019 年美国众议院能源和商业委员会一致通过了《停止恶意机器人电话法案》（*Stopping Bad Robocalls Act*）并将其提交国会。② 在威胁采取法律行动的信中，美国联邦贸易委员会警告了 19 家旗下包含 IP 电话业务的运营商不要协助自动呼叫装置拨打机器人电话（Robocaller）。③ 2020 年 6 月，美国联邦通信委员会投票表决，对总部位于得克萨斯州的健康保险电话销售商提起 2.25 亿美元（大约 16 亿人民币）的巨额罚款，原因是该公司涉嫌进行大约超过 10 亿次的机器人诈骗通话，这可能是美国联邦通信委员会历史上的最大罚款提议。④

---

① 数十亿通骚扰诈骗电话！美国版呼死你：4 家公司被关闭并罚款 [EB/OL].（2019-03-28）[2021-12-23]. https://www.sohu.com/a/304468371_260616.（引用时有微调）

② 美众议院通过《停止恶意机器人电话法案》[EB/OL].（2019-07-25）[2021-12-23]. https://www.sohu.com/a/329189210_99956743.（引用时有微调）

③ 美国联邦贸易委员会警告电话公司：不得协助机器人拨打电话 [EB/OL].（2021-01-31）[2021-12-23]. https://www.cnbeta.com/articles/tech/937727.htm.（引用时有微调）

④ 美国 FCC 重拳 16 亿处罚保险电话骚扰，这次能收到钱吗？[EB/OL].（2020-06-11）[2021-12-23]. https://www.sohu.com/a/401090568_263944.（引用时有微调）

（2）中国有关电话营销的法律法规和政策

从目前国内的法律法规来看，未经同意向手机用户拨打营销电话，违反了包括《中华人民共和国广告法》《中华人民共和国治安管理处罚法》《全国人民代表大会常务委员会关于加强网络信息保护的决定》等相关法律法规。然而，这些法规对骚扰电话并没有明确的法律定义，因此对骚扰电话的立案和处罚，也带来了一定困难。①

近些年，涉及电话营销业务的各行业监管部门也陆续出台了一些政策规定以推动该业务的健康发展。例如，2008 年 5 月 21 日，保监会颁发了《关于促进寿险公司电话营销业务规范发展的通知》②，规定保险电话营销要经过客户同意。这里的“同意”并不是指须经客户事先同意后保险电话营销者方可拨打其电话，而是指保险电话营销者拨打客户电话后，对于是否投保这一决定需要获得客户的同意。为防止保险营销者随意拨打客户电话，规定了保险公司应根据不同地区、不同人群的社会习惯，严格管理电话呼出时间，并设置专门人员定期核查销售过程电话记录。对拒保客户应做记录，避免对客户造成滋扰。该规定还要求电话营销公司建立自己的拒绝来电登记表，对那些登记拒保的电话用户不再拨打他们的电话。这对规范保险电话营销起到了一定的积极作用，有利于保护客户的合法权利。2013 年 1 月 14 日，《关于规范财产保险公司电话营销业务市场秩序　禁止电话营销扰民有关事项的通知》③ 发布，以期综合治理电话营销扰民问题，保护保险消费者的切身利益，规范财产保险电话营销业务市场秩序，促进电话营销业务科学健康发展。

2018 年 7 月，工业和信息化部、最高人民法院、教育部等 13 个有关部门发布的《综合整治骚扰电话专项行动方案》④ 中称，决定自即日起，在全国开展为期一年半的综合整治骚扰电话专项行动，并将重点对商业营销类、恶意骚扰类和违法犯罪类骚扰电话进行整治。其中，针对重点行业的商业营销行为有如下规定。

一是严格规范金融类电话营销行为。中国银行保险监督管理委员会、中国证券监督管理委员会依职责分工，加强对金融机构和从业人员的监督管理，严格规范贷款、理财、信用卡、股票、基金、债券、保险等业务的电话营销行为，督促金融机构对其委托的第三方机构的电话营销行为加强管理。

二是严格规范售房租房类电话营销行为。住房和城乡建设部牵头，加强对房地产开发企业、房地产经纪机构和房地产经纪人员的监督管理，严格落实中介机构备案制度，严格

---

① 要根治骚扰电话还需法律“亮剑”，开通拦截业务你需要这样做［EB/OL］.（2019－05－05）［2021－12－23］. https：//baijiahao. baidu. com/s?id = 1632678216848779044&wfr = spider&for = pc.（引用时有微调）

② 中国银行保险监督管理委员会．关于促进寿险公司电话营销业务规范发展的通知［EB/OL］.（2008－05－21）［2021－12－23］. http：//www. cbirc. gov. cn/cn/view/pages/ItemDetail. html?docId = 359617&itemId = 928&generaltype = 0.

③ 中国银行保险监督管理委员会．关于规范财产保险公司电话营销业务市场秩序　禁止电话营销扰民有关事项的通知［EB/OL］.（2013－01－14）［2021－12－23］. http：//www. cbirc. gov. cn/cn/view/pages/ItemDetail. html?docId = 333029&itenId = 40988&generaltype = 0.

④ 中华人民共和国工业和信息化部．工业和信息化部办公厅印发《关于推进综合整治骚扰电话专项行动的工作方案》的通知［EB/OL］.（2018－11－02）［2021－12－23］. https：//www. miit. gov. cn/zwgk/zcwj/wjfb/txy/art/2020/art_5eb91452c7e34acb9b07206652ea384e. html.

规范电话营销行为。

三是严格规范医疗机构、保健食品生产经营企业的电话营销行为。国家卫生健康委员会、国家市场监督管理总局等依职责分工负责，加强医疗机构和保健食品生产经营企业依法执业（经营）监管，特别是加强对涉嫌违法违规开展电话营销的医疗机构、保健食品生产经营企业的监管，规范母婴保健、医疗美容等医疗行为以及保健食品生产经营行为，严厉打击无证行医、非法医疗美容和违法违规生产经营保健食品等行为。

四是规范人力资源服务、旅游等行业的电话营销行为。人力资源和社会保障部、文化和旅游部等依职责分工负责，加强对人力资源服务、旅游等行业、企业和从业人员的事中、事后监管，配合相关部门健全完善商业信息发布管理制度，严格规范电话营销行为。

加强对电话营销的法律法规是当今世界各国的普遍趋势，近年来随着法律法规及政策对电话营销业务的限制越来越多、越来越严格，对电话营销违规经营检查惩处的力度也不断加大，加之互联网营销渠道的崛起，电话营销渠道面临诸多挑战，电话营销渠道亟须转型升级。未来，人们不仅应当从营销学角度研究电话营销，促进其发展壮大，更应该加强对电话营销法律规制的研究，只有这样才能推动这种营销模式的健康发展。

【小贴士1-1】

各国对电话营销的相关法律及规则①

英国

1999年，为落实欧盟的隐私和通信条例，英国直销协会受英国通信管理局（OFCOM）委托建立并运营了“拒绝来电”平台。

英国直销协会成员自律遵守相关准则，即拨打营销电话前必须核对平台数据，将不愿意接受骚扰的号码从自己的清单中去除，并同时保证电话营销清单数据来源已获得用户同意。

在自律的基础上，英国明确由信息委员会办公室根据2003年的《隐私和电子通信条例》负责监管电话营销骚扰。并明确，除非受话人同意，否则保留电话营销电话录音及短信是违法的；如果是自动拨打，且无人的呼叫中心，则相关通信记录必须保留；如果对方是机器应答，在对方无人的情况下，24小时内不能再次拨打等保护消费者隐私及安宁的规则。同时为提高治理效率，英国信息委员会办公室与英国通信管理局建立了信息共享机制，并进一步通过研究要求营销公司的电话号码必须可识别等相关法案提高治理成效。

德国

德国在治理电话营销方面没有专门的法规，也没有建立“拒绝来电”平台，而是采用了与很多国家不同的方式。

---

① 乐颖磊．运用法治思维治理营销类骚扰电话［J］．通信企业管理，2019（11）．

（1）将非法电话营销作为不公平竞争的一种行为，纳入反不正当竞争法的管辖。

（2）明确如下规则：①事先没有获得受话人明确同意的针对私人电话的电话营销是违法的。对于电话营销，德国采用的是用户同意方可拨打的方式，而非英国和澳大利亚的不同意不可拨打模式。②同意接受电话营销的条款必须是消费者可识别，且主动选择的，如果采用格式条款，则必须单独成段，内容必须明确公司名称及拟推销的产品，而且消费者可随时撤回。③电话营销使用的号码不得限制显示。

上述行为若有违反，德国电信监管部门可对相关主体采取行政处罚。例如，对非法电话营销进行30万欧元的罚款。当然，德国电信监管部门在实际执法中也有不少无奈：一是对于涉及非电话号码或电话号码不可识别时无法采取行政行为；二是仅可以采取行政措施，无法采取刑事或民事行为；三是对于来自德国之外的骚扰电话，无法采取任何行为。

印度

（1）2007年，印度制定了《骚扰性商业通信法规》，明确如下规则：①开展电话营销必须注册审批；②设计全国性“拒绝来电”平台登记程序，允许私人电话登记；③对违反电话营销规则的商业主体建立举报和处罚制度，并对不遵守规则的电信运营商进行处罚。

（2）2010年，制定《商业通讯消费者偏好规则》，进一步通过技术和政策的双重手段提升治理成效，具体举措包括：①对于“拒绝来电”平台登记号码增加了国家机构的电话，同时采用技术手段增加了全部禁止和部分禁止的不同选项；②对于违反规定，通过个人号码进行电话营销的，建立“黑名单”，对其名下所有电话网络采取断网措施；③设立专用号码开展电话营销，便于识别未登记的电话营销号码；④严格控制每张SIM卡（用户身份识别卡）每天200条短信，每月6000条短信（不适用已注册的电话销售号码），同时，每张SIM卡每天发送若超过100条短信，收取高额费用；⑤阻止骚扰性商业通信通过国际线路接入印度；⑥要求批量短信发送者承诺并标注信息签名。

芬兰

2012年芬兰交通通信部宣布，未来3年内禁止向手机用户进行电话营销，禁令只适用于针对新用户的电话营销，将不适用于针对运营商老用户或针对客户明确要求的市场营销。禁令自2012年8月1日起生效，有效期至2015年7月1日。①

澳大利亚

澳大利亚盛行电话营销方式，澳大利亚全国的统计报告显示，在接到电话营销的受访者中，约20%的人每天都会收到这样的电话，而1/3的人每周会收到一通类似电话，1/4的人每个月至少收到一通类似电话。澳大利亚实际上有免费的请勿致电登记服务项目。只要一个人登记自己的电话，30天后任何组织或公司就不可以以电话营销的形式联系他，否则，这些组织或公司将会被处以罚金。②

① 芬兰禁止针对手机用户电话营销［J］. 通信管理与技术，2012（4）.

② 商业推销变骚扰电话　盘点他国如何监管非法使用客户信息［EB/OL］.（2018－07－11）［2021－12－23］. https：//www. sohu. com/a/240548687_362042.（引用时有微调）

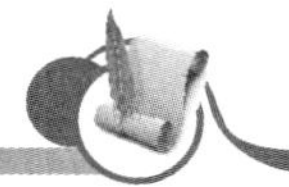

而另一个问题在于，澳大利亚的慈善机构、研究公司、政党和教育机构等组织具有豁免权，所以即使登记了免打扰服务，仍然会收到一些慈善机构以各种名义要求的募捐电话。

俄罗斯

在俄罗斯，各公司都会雇用专业的电话营销团队，将向陌生人打电话推销业务作为竞争优势，并进行全面培训。近些年，俄罗斯人也明显感觉到私人手机上接到营销电话的次数越来越多。俄罗斯从国家基本宪法到各种涉及隐私保护之国际条约，2006 年还出台了独立的《个人资料法》，一直在试图全面保障公民的隐私权利。2018 年，俄罗斯通信和大众传媒部提交了一份“数字经济”计划草案。为了保护个人数据隐私，俄罗斯民众可以在 2019 年登录一个个人数据门户网站。该网站可以跟踪用户分享数据的处理，确保用户可以自助选择是否禁止其个人数据进一步扩散。俄罗斯通信和大众传媒部发言人表示，目前已经起草了一份关于国家控制公民个人数据处理的政府法令草案，并将研究如何存储数据、谁有权访问这些数据，以识别出用于商业目的的滥用情况。①

2. 电话营销模式需要全方位转型升级

（1）客户开发：从强调呼出量到强调转化率

据相关机构统计，在传统的电话营销公司中，1 个普通的业务员每天拨出的电话，平均可以达 400 个。1 家大型电话营销公司 1 天的电话拨出量，可以达到 5 万个。电影《当幸福来敲门》中的主角克里斯在剧中也解读了电话营销“圣经”：“其实道理很简单，打多少个电话就意味着有多少机会，有多少机会就意味着有多少客户，有多少客户就意味着有多少钱进了公司的口袋。”

如今，不仅各国对电话营销管制的法律法规和政策愈加严格，客户手机自设的高频骚扰电话自动拦截、“黑名单”功能也让靠量取胜的旧有模式受到极大挑战。客户资源越来越稀缺，获得潜在客户的成本也越来越高，因而提高电话营销的转化率更显重要。

（2）客户定位：从精准化到个性化

大数据时代，电话营销也呈现精准化趋向。电话营销人员可以根据用户的行为习惯，挖掘互联网用户行为信息（位置信息、软件浏览记录、App 使用记录、安装软件喜好、手机使用时间段）进行数据采集、行为分析、性格标签化、建模筛选、脱敏缩小范围，发现潜在用户。依据多维度评估模型确定用户画像，让 AI（人工智能）自动识别用户信息，全面精确刻画用户特征：工作区域、常去地点、消费能力、家庭结构、生活区域、终端偏好、作息时间、渠道偏好、涉足行业、人际关系、内容关注、兴趣爱好等。依据一整套数据挖掘流程进行准确挖掘，为客户提供最合适的产品和增值服务，并辅以差异化费率和其他营销手段。因而，精准的问题需要转化为如何挖掘出消费者个性化需求的问题，未来的

① 商业推销变骚扰电话　盘点他国如何监管非法使用客户信息［EB/OL］.（2018－07－11）［2021－12－23］. https：//www. sohu. com/a/240548687_362042.（引用时有微调）

营销必然是围绕目标人群的偏好、兴趣、个性的精准营销。

（3）销售渠道：从多渠道接触到渠道整合协同

当企业利用数据库营销实现"一对一的客户互动"，必然将关注到客户对互动方式的偏好，也必然关注在营销的不同阶段（告知、交互、交易、交付和服务）各种客户互动方式的效率。因此，企业很难再以单一的交互方式来面对所有的客户，也很难再以单一的交互方式来完成对单一客户营销的全过程，对此需要借助多渠道对客户进行深度挖掘与关系维护。企业面对客户可能的各类交互方式和渠道必须走向整合，而互联网技术、新一代的移动通信技术以及统一通信技术都为这种整合提供了可能。例如，2020年年初，吉祥人寿自主研发的"网电移一体化平台"获得《中国银行保险报》颁发的"保险业信息化年度优秀案例奖"和《金融电子化》杂志社颁发的"2019年度金融科技创新突出贡献奖——开发创新贡献奖"之后，再次荣获2020年第八届InsurHealth健康科技保险峰会的"互联网保险创新奖"。吉祥人寿"网电移一体化平台"选用互联网技术架构融合了企业以多种多样方式开展业务的服务平台，依靠高新科技能量，完成了营销渠道融合、共享资源，搭建了一套全新升级的网络营销、电话营销、移动营销的营销方式，把传统电话营销、网络营销和移动展业业务流程有机结合起来，助推企业网电业务流程的转型发展和变化，致力于让拓客越来越容易，让客户接触点越来越丰富多彩，让销售员开展业务越来越方便快捷。①

【案例1-2】

吉祥人寿的数字化转型之路

科技赋能　吉祥人寿的数字化转型之路

吉祥人寿在湖南财信金融控股集团（简称财信金控）"聚焦数字化能力，构建平台化赋能，引领智能化未来"的IT愿景指引下，围绕营销赋能、业务协同、风险管理、客户服务等重点方面，全面开启了以打造"数字吉祥"为目标的战略转型。

以科技赋能营销，吉祥人寿以"智能保险引擎"为基础构建了针对营销员的App吉意保，该App为营销员提供客户获取、精准营销、客户触达等售前支持功能，同时也提供在线销售、实时录单、产品组合营销、在线签单等售中功能，以及协助营销员为客户提供保全处理、理赔服务、续期管理、函件回销等售后功能。此外，吉意保App还提供营销员线上增员、线上建立代理关系、在线培训/考试、团队管理、活动量管理、业绩/活动跟踪、信息查询等营销员选、育、用、留管理功能。吉意保项目被《新金融世界》杂志社评

① 吉祥人寿"网电移一体化平台"再次喜获"网络保险成果奖"［EB/OL］.（2020-09-12）［2021-12-23］. https://www.alleyeshot.com/xingqing/202009/09126053.html.

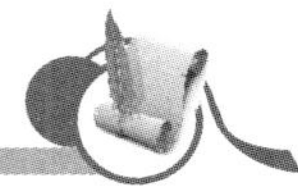

为2019年创新优秀案例。

以效率推进业务协同，吉祥人寿2018年开始着手建设“网电移一体化”系统，该系统主要实现业务渠道融合营销，吉祥人寿通过互联网或者第三方平台获取赠险客户，经由系统进行名单匹配和筛选后，再分配至坐席通过电话或者企业微信与客户沟通，收集客户意向，分析客户需求，介绍对应产品并完成保险销售。目前企业正在尝试不同渠道之间的客户共享，结合业务场景，实现线上线下业务协同，合作营销，将“网电移一体化”系统逐渐转换为吉祥人寿的线上销售服务中心。“网电移一体化”系统分别在《中国银行保险报》和《金融电子化》杂志举办的行业创新案例评审中获得优秀案例奖和创新突出贡献奖。

规范系统建设，强化风险管理，吉祥人寿2018年上线偿二代风险管理系统，该系统基于银保监会风险管理和监管体系规则建立，是吉祥人寿重要的风险管理工具之一。系统包括风险控制自评、关键风险指标、损失事件管理、内控自评估管理、偿二代风险综合评级和能力风险评估等内容，已实现对风险、内控、合规等业务的整体信息化支撑，实现标准、规范化的风险管理流程。

推广线上服务，方便客户操作，吉祥人寿自2013年着手建设官方微信平台，目前已成为连接客户的重要入口。目前，官方微信平台为客户提供保单查询、在线理赔、续期缴费、信函查询、在线保全等20多项服务功能，覆盖大部分常见业务，用户随时点击微信，轻松完成业务办理，解决柜面办理排队的烦琐，方便用户操作。

为有效支撑数字化转型，吉祥人寿在IT治理层面狠下功夫，吉祥人寿信息技术总监兼助理总裁许强坦言“公司从2013年开始探索自主研发的发展路径，已形成‘长沙+上海’两地协同的研发模式，同时制定了针对核心业务系统、数字化应用和数据应用自主研发的策略”。通过7年的实践摸索，已初步建设具备公司特色的需求管理、研发管理、质量管理、运维管理体系，并提出“不自主，无创新”的数字化转型策略。

创新机制激发活力，吉祥人寿每年举办信息化创新项目评审机制，激发员工的积极性和创造性，提高全员的创新与改进的意识。评选出的项目也得到了业内专家的高度认可，在外部获奖无数，特别是“智能认证云平台”在2018年度中国保险业信息建设典型案例评选中荣获二等奖，其技术能力和创新水平已获得了监管和同业认可。在人才管理方面，吉祥人寿在2019年开始探索产品经理制度，通过产品经理帮助需求、开发、测试和运维等团队高效协同、提升效能。通过产品经理制度培养懂技术、懂业务、懂体验的“一群人”。

后疫情时期　数字化转型提速任重道远

2020年的新冠肺炎疫情，不仅是对保险行业保障能力的一次考验，更是对保险行业信息化技术水平的一次检验。

《中国银保监会办公厅关于进一步做好疫情防控金融服务的通知》提出：在加强科技应用、创新金融服务方式方面，鼓励各银行保险机构要积极推广线上业务，强化网络银行、手机银行、小程序等电子渠道服务管理和保障，优化丰富“非接触式服务”渠道，提供安全便捷的“在家”金融服务。本次新冠肺炎疫情过后，客户和行业对业务线上化的需求将更多，数字化转型将进一步提速。对于保险行业，数字化转型主要体现在三个层面：

在营销支持层面，通过移动技术打造营销员一站式随身App将是大势所趋，营销员通过App实时获取信息、在线获客、对业务和团队进行管理、实时出单等内容，能大幅度提升获客和营销效率；在客户服务层面，客户通过官网、微信、App等渠道进行在线出单、产品信息获取、保全办理、理赔处理等业务操作，线上“非接触式服务”将成为主流；在内部办公层面，会议模式、办公协同、沟通方式将会被颠覆，线上办公模式将成为员工首选。

吉祥人寿将在财信金控“一本账”“一朵云”和“一群人”的战略目标指引下，持续夯实数字化转型基础，不断加快数字化转型能力建设。

在战略层面，进一步加强数字化生态能力和规划能力建设，充分利用财信金控旗下湖南财信金融科技服务有限公司以及各兄弟公司的资源禀赋，构建保险数字化生态，同时在财信金控的统一协调下，制定数字化转型战略和实施路径。

在执行层面，数字化转型将主要围绕“业务线上化”“数据赋能”“云化改造”“智能化”几方面展开。“业务线上化”主要目标为利用5G、人工智能、大数据分析等技术将公司营销管理、渠道协同、风险控制、员工办公、客户服务等主要业务流程“线上化”，提升营销员、员工和客户的用户触达和处理效率。“数据赋能”主要是建设吉祥人寿数据中台，通过有效的数据治理体系，加强大数据分析能力和场景分析能力的建设，丰富数据积累，提升数据整合，数据创造价值。“云化改造”主要是财信金控“一朵云”的规划下，搭建吉祥人寿“两地三中心”的数据灾备体系，有效保证业务可连续性，同时逐步推进应用系统的云化改造，提升各应用系统的动态扩展能力，资源按需获取，提升资源使用效率，节省成本。“智能化”首先是引入RPA（机器人流程自动化技术）技术，对重复性高和流程标准的工作使用机器替代，提升处理效率，降低企业成本，实现降本增效目标；同时引入语音识别、情感识别、大数据分析、人机交互等技术，实现营销员的智能面试和智能陪练；在“智能保险引擎”的基础之上开发出更懂客户的智能保险顾问、智能核保和智能理赔。

前路漫漫，吉祥人寿将在“数字化转型”和“科技赋能”时代背景和公司使命下不断务实求索。

（资料来源：从智能保险引擎看吉祥人寿数字化转型［EB/OL］.（2020－06－10）［2021－12－23］. https：//baijiahao. baidu. com/s?id＝1669091742585064208&wfr＝spider&for＝pc.）

（4）客户关系：从开发客户到维系客户

新客户开发越来越难，而老客户流失却越来越容易。在这种情况下，加强服务来维护客户，让客户拥有更好的服务体验，降低老客户流失率，提升老客户复购率、续约率、推荐率，比开发新客户重要得多。企业的销售人员通常都会在交易达成前对客户嘘寒问暖，但是在交易达成后，大部分销售人员对客户的关怀度有所下降，对于客户来说形成了极大的反差，客户对销售人员的信任就会降低许多。

例如，销售人员A在交易完成前，每天定时定期与客户进行电话沟通，经过一段时间，客户觉得销售人员A值得信任，购买销售人员A的产品。客户在购买产品之后很久都没有再收到销售人员A的消息，进而把销售人员A的联系方式拉黑了，过了段时间销售人员A想二次推销产品时就没办法联系上客户了。关于如何维系客户详见“任务五　电话营销的流程”一节中的“客户维护”。

任务实训

选定几个行业，学生分组分别收集这些行业的电话营销发展状况的相关资料，组织课堂讨论。

复习思考

1. 什么是电话营销？
2. 简述电话营销的优缺点。
3. 试述电话营销的发展历程，并预测电话营销的未来发展趋势。

案例分析

一场突如其来的新冠肺炎疫情，使得保险业务线上化进程加速推进。无须面对面接触即可实现销售的电话营销渠道，近年发展却并不顺利，渠道整体呈规模保费下滑、经营主体持续减少的趋势。与此同时，网络营销渠道却在快速发展，疫情更进一步催化保险公司对渠道融合模式的探索。

寿险电话营销规模保费增速首次下滑

2020年3月24日，中国保险行业协会发布的《2019年度寿险电话营销行业发展形势分析报告》显示，2019年寿险电话营销市场规模保费首次出现下滑，累计实现规模保费175.5亿元，较2018年同比下滑17.8%，在行业整体规模保费占比不到0.6%。且经营主体逐年减少，截至2019年12月31日，内地仅剩22家人身险公司开展寿险电话营销业务，规模保费一直排名前十的中国人寿也于2019年正式退出寿险电话营销市场。拥有消费者无须出家门即可享受到便捷服务、一对一专属营销等多方优势的电话营销渠道缘何“衰落”？

随着保险回归保障本源、行业转型升级，寿险电话营销渠道也随之出现业务结构调整。2019年以来，寿险电话营销渠道产品结构变化明显，意外险规模保费下滑剧烈，年金险产品“一跃而起”，取代意外险成为电话营销渠道主力险种，健康险、寿险分别位列第二、第三，但除年金险保持平稳增长外，其余险种增长较为乏力。通常来说，电话营销渠道营销时间较短，被拒绝可能性较高，因结构调整致使营销产品更为复杂，对营销人员的专业素质要求更高，需在极短时间内摸清客户需求，推荐相关产品。

然而，寿险电话营销行业营销人员脱落率却在持续上升。截至2019年12月末，总营销人员仅为6.7万余人，月均脱落人数过万，行业年度整体脱落率达17.7%。大量的营销

人员流动使保险公司培训成本上升，应尽快弥补人力缺口更易出现培训不到位、不及时等现象，否则影响消费者投保体验，甚至可能损害消费者权益。

事实上，一直以来针对电话营销渠道的罚单、投诉不在少数，言辞模糊、夸大其词等误导消费者的行为时有发生。《金融时报》记者发现，在聚投诉平台上仅近一个月的相关投诉量已达百余条。超半数为针对在营销时误导、欺骗消费者而产生纠纷的投诉。

对此，监管部门打击力度也在不断加大。2020 年银保监会“1 号”罚单就对电话营销业务欺骗投保人行为进行处罚。2017 年 1 月至 2018 年 6 月，人保寿险多地电话营销中心经电话营销渠道销售的部分保单，存在与事实不符的宣传等欺骗投保人行为。2020 年 4 月 1 日，大连银保监局也因百年人寿保险股份有限公司大连西岗电话营销中心在开展保险业务中，部分保单存在欺骗投保人、被保险人的原因被开出罚单。

有业内人士表示，寿险产品条款复杂难以理解，电话沟通时间有限，消费者难以完全掌握信息，销售误导难以禁止。相较于网络营销渠道，电话营销渠道成本高但人均产能低，在互联网快速发展的今天，拥有可替代渠道的电话营销渠道已呈颓势不可避免。

但是，网络营销渠道展业至今也存在大量违规行为，投诉量长期居高不下，那么网络营销渠道能否克服与电话营销渠道相似的问题，真正成为主流渠道？

网络营销渠道高速发展

2020 年 3 月 24 日，中国保险行业协会发布的《2019 年度互联网人身保险市场运行情况分析报告》显示，总体来看，2019 年互联网人身保险市场发展良好，经营主体保持稳定，经过近两年的调整，互联网人身保险规模保费恢复正增长，全年累计实现规模保费 1857.7 亿元，较 2018 年同比增长 55.7%。其中，如北京人寿、中荷人寿、中融人寿等中小寿险公司的互联网人身险业务正在明显加速增长。

从渠道方面来看，2019 年互联网人身保险的渠道经营模式仍然呈现以第三方平台（渠道）合作为主、公司自营平台（官网）为辅的发展格局。2019 年通过第三方平台累计实现规模保费 1619.8 亿元，同比增长 63.3%，占互联网人身保险总规模保费的 87.2%。据统计，2019 年有 50 家保险公司采用自营平台和第三方平台“双管齐下”模式开展业务，在自营平台投保客户数量下降的趋势下，通过第三方平台仍可以实现一定程度销售。

与电话营销渠道相似，2019 年也是网络营销渠道业务结构调整的一年，长期保障型产品逐渐被作为各人身险公司互联网业务的重点发展方向。除意外险出现下滑外，网络营销渠道仍以寿险为主力险种，在互联网人身保险总规模保费中的占比达 65.3%；年金险、健康险位列第二、第三。与 2018 年相比，网络营销渠道短期产品如投连险，交通、旅游意外险等规模保费出现大幅下滑，重大疾病保险、定期寿险、终身寿险等保障类产品规模保费同比分别增长 60.7%、76.7% 和 66.7%，长期养老年金保险保费规模同比陡增达 92.4%，网络营销渠道长期保障型产品得到一定发展。

有业内人士分析称，网络营销渠道销售险种更多地尝试向长期、保障类险种转换，体现了行业整体发展思路，在疫情防控形势下，居民保障意识觉醒将更加有助于健康险、长期险种的快速发展。特别是各保险公司利用互联网场景和数据资源，以客户需求为导向，

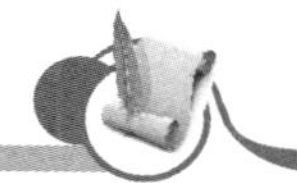

在新零售、出行、物流、健康等领域开发的一系列场景化普惠型的创新保险产品符合当代互联网消费者的消费习惯。多方因素相加将成为推动网络营销规模保费上涨的助力。

网络营销乱象多，急需加大治理力度

但是，随着互联网红利逐步减少，网络营销渠道市场竞争也在加剧。一方面，互联网普及达到一定程度，网络用户规模增长率呈下降趋势，单纯依靠互联网流量红利发展的时期正悄然退场。再加上除头部保险公司多年积累的客户资源外，中小保险公司透过第三方平台获客成本越来越高。另一方面，互联网用户多为年轻群体，有调查显示，保险公司实际投保用户也以“80后”“90后”居多，这类消费者对自身需求较为明确，有着较高的服务需求。而目前网络营销渠道从产品到服务都过于单一，过去已显现多年的产品同质化问题仍未得到有效解决。传统市场存在的乱象，在网络营销渠道同样严重。

实际上，网络营销乱象也确实并不比电话营销少。2020年3月24日，《中国银保监会消费者权益保护局关于2019年保险消费投诉情况的通报》发布，其中显示，按涉嫌违法违规投诉量来看，四家互联网保险公司全部出现在前10的榜单中，且有增长的趋势，其中易安财险涉及309件，与2018年同期仅只有两件投诉案例相比，同比增长15350%，成为涉嫌违法违规投诉量最多的保险公司。另外，在合同纠纷投诉量、亿元保费投诉量、理赔纠纷投诉量以及销售纠纷投诉量前10的榜单中，均出现了互联网保险公司的身影。

无论是相较传统销售渠道还是电话营销，网络营销渠道仍然是较为新颖的营销平台。其近几年的快速成长引来更多资本，同时，竞争主体的增多加大了市场竞争的激烈程度。从制度建设角度来看，2015年《互联网保险业务监管暂行办法》发布实施，有效促进了互联网保险业务规范健康发展。但随着市场风云变幻，互联网保险领域亟须修订完善互联网保险监管制度以应对市场中出现的全新问题。2019年12月13日，银保监会起草完成了《互联网保险业务监管办法（征求意见稿）》，开始向相关保险机构、互联网机构及部分银行机构征求意见，使互联网保险监管政策环境进一步明晰，加快补齐该领域制度短板。

2020年，突发的新冠肺炎疫情给保险公司带来不小的冲击，寿险公司线下业务几乎停摆。借此时机，各保险公司先后加码线上保险服务，利用科技赋能，推动线上与线下相融合。不少保险公司已经可以做到包含投保、保全、理赔、续期缴费、回访、咨询等保险全流程在线服务体系。

与电话营销渠道相比，网络营销渠道已几乎杜绝了由信息不对称而产生纠纷的可能性，保险合同条款、产品说明书可以清晰、透明地展示在消费者面前。但是，普通消费者对产品说明书等专业性文件逐条理解较为困难，尽管不少保险公司通过应用AI等技术24小时解答消费者疑问，提高消费者体验，但AI应用与代理人销售存在很大不同，网络营销目前还没有突破这一难题。再加上线上销售对接线下产品，导致长期保障型产品线上化与线下相比实际并不占优。因此，价格战仍是网络营销渠道竞争的主要手段，这也是导致网络营销渠道乱象产生的原因之一。

据了解，目前互联网保险新规正在酝酿出台，互联网保险监管政策环境的明晰，将为网络营销渠道规范发展提供标尺。

渠道融合趋向明显

在探索渠道转型方面，创新网电融合渐成主流。针对电话营销数据资源获取受限、经营成本居高不下、人均产能瓶颈难以突破等现状，近年来各公司积极探索渠道转型，创新网电融合，推动电话营销、网络营销协同发展。比如，有公司通过电话营销系统外呼向客户推介产品，将客户引流至公司官网或微信购买产品，支付成功后再将客户信息反哺至电话营销系统，进行客户需求分析后分配给电话营销坐席以待二次开发。还有公司根据年青一代互联网用户乐于自主选择并习惯网上购物及支付的特点，开发“支持网络获客+电话辅助+网上支付”平台，扩展电话营销产品形态，进行复杂产品的销售。

（资料来源：①电话销售式微网络销售兴起　保险线上销售方式新旧迭代　寿险电销规模保费增速首次下滑［EB/OL］.（2020-04-15）［2021-12-24］. http：//www.itangjiu.com/yhbx/20200415/39544.html. ②赵广道．寿险电销市场竞争加剧　网电融合迫在眉睫［EB/OL］.（2017-05-09）［2021-12-24］. http：//chsh.cbimc.cn/2017-05/09/content_230150.htm. 引用时有微调）

问题：

从上述案例的描述中，可以看出未来保险业电话营销渠道可能呈现什么样的趋势和特点？

任务二　电话营销成功的要素

1. 了解产品的价值和知名度对于电话营销成功的影响。
2. 明确目标客户定位对于电话营销成功的影响。
3. 掌握高效专业的电话营销团队需具备的专业素养及性格特质。
4. 了解沟通顺畅、配合默契的部门关系对于电话营销成功的影响。
5. 了解企业的重视和支持对于电话营销成功的影响。

情景案例

会员经理：“您好！张先生，我是中天行房车俱乐部的会员经理刘冬梅。”

李先生：“您好！”

会员经理：“周六去天津的活动您没有忘记吧？我需要跟您确认一下，免得您工作太忙忘记了。周六早上我们在××路等您，好吗？”

李先生："哦？您可能是打错了吧，我记得周六是有个活动，不过不是天津，您是哪个俱乐部？"

会员经理："我是中天行房车俱乐部的会员经理刘冬梅。您不是张先生吗？您的电话是139××××××××。"

李先生："啊，打错了。"

会员经理："哎哟！您看，真是不好意思，我工作疏忽，拨错了一个数字，耽误了您这么多时间。差点儿让您上错车跟我们去了天津。"

李先生："哈，可不是吗？我要不小心真就跑到××路去了。"

会员经理："不过，既然是我工作失误，差点儿耽误了您的事情，我可不可以邀请您有时间来我们俱乐部一起度个周末呢？"

李先生："哎！好！你们俱乐部是做什么的呢？"

会员经理："我们俱乐部是国内第一家房车俱乐部。我们经常组织一些会员和对房车感兴趣的人进行度假和周末体验活动。俱乐部定在这个周六举办的是房车体验旅行，时间确定在周六早九点出发，集合地点是××路俱乐部门前。大家一起去天津参观，体验一下房车旅行。如果您有时间，欢迎您一起参加。张先生，对了，您是姓张吧？我是不是称呼错了？"

李先生："哦！没关系，我姓李。"

会员经理："李先生，真是不好意思，一直把您当张先生了。您要是感兴趣，我可以帮您安排，我们在每周都会举办一些活动。"

李先生："我记得周六我安排了事情，不过你们房车旅行还是很有意思，是电影中那种房车吗？"

会员经理："是的，不过是经济型的，比较适合国内的交通和配套设施。您可以找时间参加我们的活动来亲自体验一下，或者我给您传一些资料，我可以帮您安排，免得耽误您的时间。"

李先生："那麻烦您帮我安排一下下周的活动吧。"

会员经理："好的，李先生，我已经记下您的电话，我一定帮您安排好，下周我还是这个时间给您打电话，好吗？"

李先生："好！可以，或者打到我的办公室××××××××。"

会员经理："好的，一定！您也记一下我的电话，如果您还有什么需要我安排的可以随时和我联系，我的电话是137××××××××。不多打搅您了，耽误您这么长时间。祝您周末愉快！再见！"

李先生："好的，再见！"

（资料来源：杨丽，任锡源．电话营销［M］．北京：中国物资出版社，2011.）

案例点评

上面的对话是某俱乐部发生的真实故事。案例中的李先生最后不但应邀参加了活动，还正式加入了俱乐部。

打错电话是几乎每个人都有过的经历，有时很让人尴尬、莫名其妙。但是作为一个优秀的营销人员、服务人员，更应该像上面对话中的会员经理一样，不但能以真诚之心弥补一时失误而造成的影响，还能随机应变用热情和真诚取得一个新的营销机会，赢得一个原本毫无关系的新客户。

知识体系

一、有价值、有一定知名度的产品

电话营销的最终目的是将产品推销给客户，从而拿到订单。产品关乎客户的切身利益，对客户而言，一方面，他们最关心的是产品的价值，产品对他们自己所起的作用是他们购买该产品的直接动力。另一方面，客户关心企业品牌，对于一些知名的企业，客户比较容易产生信任感，同时也极大地降低了电话营销人员的推销难度。

（一）产品价值

一瓶矿泉水在超市里卖一元左右，但是对于在沙漠中半天没喝一滴水的探险者，这瓶矿泉水比黄金还宝贵。由此可见，人们更关注的是产品的价值。在电话营销当中，掌握了销售的产品对于客户本身所体现的价值，就等于掌握了一条通往成功的道路。

产品价值，通俗地说，就是产品本身给客户带来的好处，而客户也重视产品的价值，试想一下，如果有营销人员打电话向客户推荐一个对他毫无帮助的产品，那成功的概率肯定不大，甚至可能为零。

在电话营销过程中，营销人员应该努力介绍产品能给客户带来的价值，告诉客户这个产品能为客户解决什么样的问题。当客户觉得产品的价值对自己真的很重要的时候，多半会毫不犹豫地购买。

1. 价值与比较价值

价值大概念中还有一个比较价值，就是通过与其他产品的价值进行比较，从而得到某种产品的价值。在推荐一款产品的时候，可以用另一款产品作为参照。以买衣服为例，当客户希望以便宜的价格买下来的时候，商家就会指着另一件稍差些的衣服说："您出的价格可以买到这款产品。"客户一看，无法接受，就会觉得好东西的价格高一点也无所谓。所以当客户对价格表示质疑时，电话营销人员可以这样说："您看 A 产品只包含最基本的性能，价格是 100 元，B 产品有额外的两项功能，所以收您 120 元并不贵。"

2. 机会成本

和比较价值经常一起使用的是机会成本，就是如果不花钱在这个产品上，花在别的地方会怎么样，这两个机会相比较的结果就是机会成本。保险营销人员经常会说："平时您吃顿饭也要 200 元，如果每个月将这 200 元用于保险，收获一定会多得多。"

（二）品牌效应

品牌不仅是一种符号结构、一种产品的象征，更是企业、产品、社会文化形态的综合反映和体现；品牌也不仅是企业的一项产权和消费者对企业的认知标志，更是企业、产品与消费者之间关系的载体。品牌效应是品牌在产品上的使用，为品牌使用者所带来的效益和影响。由品牌为企业带来效应，这是商业社会中企业价值的延续，在当前品牌先导商业模式中，意味着商品定位、经营模式、消费族群和利润回报。品牌就是要送给客户一个满意的产品，提供热情周到的服务，知名品牌的名称本身就是信誉的代名词。

品牌既是企业的无形资产，又是企业形象的代表。树立企业品牌需要企业有很强的资源整合能力，将企业最好的一面通过品牌展示给世人。对于电话营销而言，电话营销人员向客户推荐一个知名品牌的产品远比推荐一个默默无闻的产品的成功概率要高得多。在电话营销前，消费者已经了解知名品牌产品的外在形象和内在功能，当电话营销人员说出自己企业的品牌时，消费者已经在心中给予该产品一个定位，再加上营销人员对该产品进行重点宣传，简单而集中，效果迅速，令人印象深刻，有助于消费者更加熟悉产品，激发消费者购买愿望。

【案例2－1】

瑞士格劳宾登旅游局：别样的电话营销

瑞士是全球极富裕、社会极安定、经济极发达和拥有极高生活水准的国家之一，旅游资源丰富，有“世界公园”的美誉，但如何吸引游客前来旅游消费，对瑞士一些偏僻的小山村来说也是个难题。瑞士格劳宾登小镇风景秀丽，有许多宁静的小村庄，Tschlin是其中之一。为吸引游客前去旅游，当地旅游局策划了一场有趣的全球性电话营销，让这个安静的小村庄成了社交网站的“新宠”。

这个村被大山包围，村民们过着田园般的生活，村子里只有166人，整个村子美丽、宁静。可是怎么告诉全世界这个地方很宁静呢？“村子广场上不是有个铃声超响的公共电话亭吗？就用它！”为了凸显村庄安静的特色，旅游局公布了村中唯一的公用电话亭号码，向全世界人民发出邀请，希望大家拨打该电话，只要电话响起，全村人都能听见并会在第一时间赶来接电话。如果在规定时间内没有人接通电话，打电话的人就能获得赴当地免费旅游的机会。

此外，电话亭上还装了摄像头，人们可以通过官网看到与自己打电话的居民，他们可能是正在上班的便利店员工、正在地里干活的大妈、正在卸货的老大爷、正在熨衣服的家庭主妇、正在喂牛的大爷、刚放学回家的小朋友……未知而陌生的接听者让活动充满新鲜感与刺激感，也激发了人们的好奇心。6天时间内，村民总计接到了3万个电话，完成

4000次成功通话，超过150万人观看了活动视频。

格劳宾登没有花钱做广告或打电话邀请游客来旅游，而是通过激发大家的好奇心，借助别具创意的“请您来电”活动，让潜在游客足不出户就能与居民直接对话了解旅游信息，感受当地居民的热情以及村庄的安静。作为有价值但没有知名度的旅游产品，有创意的电话营销让这个偏安一隅的小山村在全球范围有了知名度，营销的影响力可见一斑。

（资料来源：王芸虹．瑞士旅游局：别样的电话营销［J］．销售与市场（管理版），2016（10）．）

二、明确的目标客户定位

无论企业是以呼入电话营销为主，还是以呼出电话营销为主，只有准确定位目标客户才会增加销售的成功率。如果目标客户定位不准，会出现两种情况：一种是由于目标客户定位的错误，企业的很多市场活动没有取得应有的效果，致使接听电话数量少，那么即使电话营销人员再专业，销售业绩也不会很好；另一种是呼出电话营销成功率低，因为电话营销人员每天接触的客户数量虽然多，但都不是企业的潜在客户，例如，电话营销人员打电话给一个年收入仅有3万元、并无积蓄、刚刚毕业的人，向他推销一辆价值几百万元的跑车，显然是不合适的。准确定位目标客户是电话营销成功的基础。

有句话说得好：“知己知彼，百战不殆。”在战场上，最忌讳的是在不了解敌方的情况下就贸然发动进攻，因为这样往往会凶多吉少。所以，当电话营销人员对客户没有把握时，最好先按兵不动。按兵不动不是无所事事，而是蓄势待发，因为在此期间，电话营销人员可以花费精力去调查和分析客户的背景，想办法尽可能多地掌握对方的相关资料。

可以说，全面、准确地收集客户资料，能让电话营销人员事半功倍。很多电话营销人员总是抱着试试看的态度打销售电话，在自己都觉得七上八下的时候开始，显然效率很低，而且这样做也让人很反感，因为没有人愿意吃不生不熟、难以下咽的东西，客户更不愿意在电话营销人员不了解他的情况之下被问及有关他公司的情况，他甚至会觉得这是在浪费时间。当然，对于电话营销人员来说，就是白白流失了一个潜在客户。在任务四中，编者会具体介绍在做电话营销准备时如何搜索客户、细分客户、了解客户。

三、高效、专业的电话营销团队

企业要有一支高效、专业的电话营销团队。拥有一支高效、专业的电话营销队伍显然是电话营销成功的一个很重要的因素，因为销售是由电话营销人员来完成的，企业与客户的关系是由他们来维持的，信任关系是由他们来建立的，很多客户都是通过电话营销人员而形成了对供应商的第一印象。作为高效、专业的电话营销团队中的一员，电话营销人员要具备扎实的专业素养及合宜的性格特质。

（一）扎实的专业素养

有这么一则故事，有一个刚从国外回来的人，在一家世界顶尖的物流公司任职，由于

他迫切希望能够做出一番业绩以证明自己的能力，加之公司的待遇还算不错，所以刚去就招了一批名牌大学的本科生来做销售业务。这些人刚去的时候倒是讲得头头是道，但是到了真正接触电话营销时，却显得眼高手低，不是要求转部门，就是另谋高就。所以，营销人员的专业素质并不止拥有文凭那么简单。

1. 专业知识

专业知识对于一个电话营销人员而言就像法律条例对一个律师一样重要。作为一个电话营销人员，一定要对电话营销的知识体系有所了解，如电话营销的内涵、优劣势、意义、实施流程、必备要素等。

2. 专业技能

专业技能对于电话营销人员而言比专业知识更重要，如果说专业知识是电话营销人员的基础专业素质，那么专业技能就是一个电话营销人员的核心专业素质。

电话营销人员学习了电话营销的专业知识后，最终要面向市场，到客户群中实践真知，然而在实践中，只有专业知识是远远不够的，如果不懂得如何将知识应用于实践，如何与客户建立信任关系，如何抓住客户的需要等，就永远没有办法取得成功。因此，电话营销人员需要在实践中去总结与发展专业技能。

电话营销人员的专业技能素质包括如何制造有利于销售的开场，即开场白；如何推荐客户需要的产品；如何做好售后追踪与服务；如何使用自己的声音技巧；如何做好从倾听中找出客户需求；如何赞美；如何提问；如何控制情绪，减缓压力；如何应对客户的反应；等等。这部分技能的培养会在模块三中具体介绍。

电话营销人员在掌握了这些专业技能，并且不断地总结提升专业技能后，一定可以在电话营销工作中如鱼得水，游刃有余。

3. 专业术语

术语，是在特定学科领域用来表示概念的称谓的集合。电话营销中也有一些常用的术语或行话，这些术语是电话营销从业人员必须掌握的。下面从两个层面对相关术语进行归纳总结：一类是描述电话营销行为的术语，如电话呼叫的状态、数量、时间和效率等（见表 2－1）；另一类是描述电话营销结果的术语，如销售额、销量和产品比例等（见表 2－2）。

表 2－1　描述电话营销行为的术语

序号	名称	内涵	意义
1	ACD（Automatic Call Distribution，自动呼叫分配）新电话	陌生客户第一次致电	用来衡量营销人员的工作量和获取资源的机会，也是衡量广告投入效果的重要标准
2	Rules（接转原则）	当有 ACD 呼入后，总机系统按什么原则转给营销人员	对合理安排销售资源和提高销售业绩有很大的影响
3	Int-call（Internal Call，内线电话）	营销人员与公司内部人员通话	区分营销人员到底在与客户交谈还是在与内部员工交谈，防止有的营销人员偷懒，与内部同事聊天凑时间

续 表

序号	名称	内涵	意义
4	Log in（out）[登录（退出）]	适合IB模式。Log in是指营销人员进入接听ACD的序列；Log out表示营销人员有别的事情，不要再接入电话	保证电话的接入有条不紊
5	AVR（可用话务员）	适合IB模式。现在没有被占线，还可以接听电话的营销人员的数量	AVR数量较多时，再有客户打进电话不会掉线，但是一旦AVR较少，电话营销的管理人员就要提示那些Log out的同事及时上线接听电话，避免掉线，丢失宝贵的客户信息
6	TTT（Total Talking Time，总的通话时间）	一个时间段内总的通话时间，可以是一天、半天，或是截至某个时间点	营销人员的工作态度和勤奋程度的重要标志
7	AVT（Average Time，平均每个电话的通话时间）	适中的AVT才能保证获取足够的客户信息，又没有浪费自己和客户的时间	AVT过长说明营销人员工作效率低，抓不住重点，过于啰唆；AVT过短说明营销人员技巧不足，产品特性等问题谈不透，没有了解客户真实需求，无法吸引住客户
8	WT（Waiting Time，等待时间）	主要用于IB模式。从电话营销人员Log in之后，从准备接听ACD到接到ACD的时间。一般是一段时间的平均值	衡量电话营销业务效率的重要指标。WT时间过长，可能说明电话营销人员时间管理有问题，过多地等待呼入电话，而没有给客户主动打电话。WT还可以衡量广告促销效果与电话营销团队的服务能力
9	DT（Dead Time，虚耗时间）	适用于IB模式。当营销人员接听或拨打电话时，电话系统会自动记录营销人员的状态，营销人员既没有进入等待接听ACD电话的状态，也没有在接听IB电话和OB客户的状态，这时营销人员可能在休息、吃饭或处理一些文字工作等事务	虚耗时间过长，说明营销人员没有把精力放在与客户沟通上面，将太多时间用于处理其他事务，效率较低，或者说明营销人员偷懒了
10	AR（Abandon Rate，掉线率）	适用于IB模式	从业务资源角度讲，AR一定要控制在一个较低的水平，否则浪费太多；同时，AR也是衡量电话营销团队服务能力的重要指标，如果AR一直较高，说明电话营销团队的人员配置较少，需要增加人手
11	Hold-line（通话保持）	营销人员与客户保持通话，但是没与客户交谈，客户处于等待中	Hold-line的时间也有必要控制，不能让客户等待时间太长，例如不得超过30秒等

续　表

序号	名称	内涵	意义
12	Pool（话务员总量）	适合 IB 模式。Pool 的英文原意是池子，池子越大，容量越大。在电话营销业务中，池子就是话务员的数量，容量就是指服务能力，服务能力可以用一天（或一段时间）内所能接听的电话数量来衡量	电话营销人员的人数越多，Pool 的容量就越大，服务能力越强
13	Full（话务员全忙）	适合 IB 模式	当话务员全忙，再有陌生客户打入 ACD 电话时，就会无人接听，造成掉线，因此要尽可能避免 Full 的出现，在 AVR 很少的时候，电话营销管理人员要及时调整，让没有 Log in 的营销人员放下其他工作，及时 Log in，从而保证 ACD 不会被浪费
14	Waiting（等待）	有 ACD 但是没人接，适合 IB 模式	在话务员全忙的时候，又有客户呼入进来，这时总机可以先把客户的电话接起来，但是由于没有可用的销售代表而无法把电话转接到销售代表那里，所以让客户等待，等久了就会造成掉线。因此，在有客户等待的情况下，电话营销管理人员应及时调度，让销售代表及时 Log in 进入等待接听状态或让销售代表尽快结束通话，以获取宝贵的客户电话

资料来源：崔小屹．电话销售与成交技巧实训［M］. 北京：化学工业出版社，2010.（引用时有微调）

表 2－2　　描述电话营销结果的术语

序号	名称	内涵	意义
1	CR（成交率）	实际成交与获取的资源的比例。成交数量可以以成交客户数量计算，也可以以成交的合同数量计算，资源可以是接听的 ACD 数量，也可以是外呼客户的数量	衡量销售能力的重要指标
2	HCR（Hot Call Rate，意向客户比例）	经过筛选的、有意向的客户数量与接触到的客户数量的比例，比较适合 OB 模式	HCR 越高，说明营销人员挖掘客户需求的能力越强，也说明销售技巧越高
3	C/A（Cost/ACD，新电话成本）	适合 IB 模式，即每获取一个主动呼入的客户的成本	可以衡量每种广告促销的效果，以及广告在每个时期或者时间段的效果

续 表

序号	名称	内涵	意义
4	AD（Advertisement，广告）	—	—
5	Promo（Promotion，促销信息）	电话营销时需要给客户理由，如：“我为什么需要你的产品？”“你为什么要打给我？”这些理由都可以用促销来回答	大部分电话营销的产品属于中低价格的快速消费品，客户做出采购决定时，即兴成分较高，促销手段可以大幅地增加客户的采购意愿
6	Up Sell（扩大订单）	通过营销人员的努力，销售出了比客户最初需求高/多的产品	公司提升效益的重要手段，在客户资源没有增加的情况下扩大了销售额，而且一般来说高端的产品会有更多利润；是衡量营销人员技巧的重要标准
7	U/O（Units/Order，每个订单的台套数）	一段时间内平均每个订单的台套数量，如客户本想买一袋产品，但是最后买了3袋，U/O为3	衡量营销人员扩大客户采购数量或产品种类的能力
8	TR/O（Turnover/Order，每单销售额）	平均每个订单的金额	反映营销人员扩大订单的能力
9	SP/O（Special Product/Order，每单特定产品销售额）	在每个订单中，特定产品的销售额。这些特定产品都是企业近期促销或者力推的产品，也可以是附件或者服务等增值产品	体现营销人员扩大销售的能力和执行公司决策的能力，也可以分析公司近期力推的产品的销售状况
10	LO（Large Order，大订单）	LO可以是金额较高的订单，也可以是数量较多的订单	LO往往是完成销售任务的重要基础，因此需要挖掘大订单的潜在机会，也要牢牢把握大订单的成交机会
11	Leads（大单机会）	营销人员挖掘的潜在的较大订单的机会	大单机会不是看营销人员收集了多少有大单意向的客户信息，而是营销人员有没有挖掘出大的业务机会。在一段时间中，比较团队中大单机会的数量是衡量营销人员挖掘能力的重要标准
12	LOCR（大订单成交率）	成交的大单与大单机会的比例	衡量营销人员把握大单的能力
13	HO（Higher Order，高于促销价格的订单）	产品卖出了比促销价格要高的价格	衡量Up Sell的能力
14	CE（Customer Experience，客户体验）	客户对厂商、产品、营销人员等的印象和感觉	衡量客户满意度
15	CSAT（Customer Satisfaction，客户满意度）	可以是电话沟通后让客户直接通过按键给销售代表打分，也可以事后由客服专员给客户电话回访，还可以通过电子邮件的方式进行回访等	衡量客户期望与客户体验的匹配程度

续　表

序号	名称	内涵	意义
16	MOC（Mode of Control，话术）	营销人员说话的艺术，主要教人在什么场合说什么话，可以达到用最少的话语取得最大的效果的目的，是经过设计的与客户沟通时的应对话语	话术的设计对电话营销的成功有很大的指导作用

资料来源：崔小屹．电话销售与成交技巧实训［M］．北京：化学工业出版社，2010．（引用时有微调）

（二）合宜的性格特质

性格是指一个人对人、对事的态度和行为方式上所表现出来的心理特征。性格决定命运，对于营销人员而言，要想使自己的人生、事业获得成功，就必须具备合宜的性格特质。

1．自信

心虚是电话营销人员的天敌，是销售成功的绊脚石。客户购买企业的产品或服务大多是一念之间的决定，而这样的决定完全取决于电话营销人员给客户的信息是否让客户产生好感。电话营销是一种信心的传递、一种情绪的转移，如果电话营销人员无法让客户在电话中感受到这一点，就无法取得好的销售业绩。

打一个比方，把客户比成蜡烛，电话营销人员就像是火柴，一个连自己都点不亮的电话营销人员，又怎么可能点亮客户呢?

一个人的信心决定了他的态度；一个人的态度决定了他的行为；一个人的行为决定了他做事的结果。因此，想要让结果变好，就要让行为变好；要让行为变好，就要让态度变好；要让态度变好，就要让信心变强。

有人说，一个优秀的电话营销人员是不允许自己被质疑的，因为那将使他失去信心，而一个优秀的电话营销人员也会因为自己的信心创造奇迹。曾经有人对电话营销人员作出这样的评价：一般电话营销人员只会卖产品；中级电话营销人员既会卖产品也能回收货款；高级电话营销人员销售的是产品的价值，回收的是客户的口碑，还可以驾驭市场；而优秀的电话营销人员推销的是个人信心，创造的是市场，回收的是整个世界!

2．热情

电话营销人员如果能够满腔热情地对待工作，拥有阳光心态，就能够活跃气氛、温暖人心、瓦解客户的冷漠拒绝、唤起客户的信任和好感。热情的人朋友多，热情的业务员客户多。世界著名推销大师齐格拉说过："你会由于过分热情而失去某一笔交易，但也会因为不够热情而失去一百次交易。"

所以，电话营销人员应该让每一个与自己通话的人都能感受到自己服务的亲切与热情。几乎所有人对电话营销人员都有一种本能的抗拒，因为他们在购买产品和服务时担心做错了决定，他们本能地对电话营销人员产生怀疑或者根本不让其知道他们的真实想法。

因此，当客户听到一个热情洋溢的声音非常努力地让他明白需要什么，并且让他做出正确的决定时，他才会最终同意购买。

没有人愿意听到冷冰冰的、有气无力的声音。经验证明，只有电话营销人员热情时，客户才会感觉到企业产品和服务的价值，因为产品所有的信息都是通过企业营销人员的声音传递的。在听介绍时，声音将对客户产生巨大的影响。当一个营销人员想象快乐的事情时，他的声音也会自然而然地明快起来，客户也会受到他的感染。营销人员对客户很热情，一定会让客户感觉到。

持久的工作热情源自对工作的热爱，被誉为“世界上最伟大的推销员”的乔·吉拉德也经常被人问起职业，听到答案后对方不屑一顾，说：“你是卖汽车的?”但乔·吉拉德并不理会，说：“我是一个销售员，我热爱我做的工作。”他于1928年出生，35岁破产后开始了推销员生涯，从业生涯中业绩突出的乔·吉拉德有很多跳槽、升迁的机会，但是他总是拒绝，他名片上的头衔始终是“推销员”。他表示，“老板只做管理，真正为公司赚钱的是我！我赚得比老板还多!”

3. 积极乐观

无论做任何事情，都可能会遇到困难。电话营销人员要学会调整心态，以积极的心态面对困难。当遇到困难与挫折时，悲观的人可能会退缩不前、无所作为，最终与成功无缘。而乐观的人则把所遇到的一切视为自然，把同困难、挫折的抗争视为人生的乐趣和事业有成的必经之路，从而以积极乐观的态度去迎接困难与挫折，并最终战胜它。

电话营销人员在从业之初难免会遇到挫折。当向别人介绍产品时，就需要用乐观的精神来支持自己。当然，积极乐观的心态不是每个人生来就有的。当发现自己缺乏乐观心态时也不要失望，电话营销人员完全可以经常有意识地与积极乐观的人在一起，从这些人身上获得乐观情绪的感召，调动自己的积极心态，从而把消极的情绪排遣出去。

4. 耐心

耐心是作为一个营销人员不可缺少的心理素质。在电话营销过程中，营销人员可能很长一段时间都在重复单调的事情，那就是给客户打电话或者接听客户来电，所说的话也基本相同，有时候对于一件产品的解释可能一天要说上几十遍甚至上百遍。从这个意义上来说，电话营销是一件很枯燥的事情，想要取得成功，就必须有耐心，要相信“有志者，事竟成”。乔·吉拉德35岁开始推销汽车，没有人脉、没有任何的销售经验，只靠一部电话、一支笔，以及公司提供的电话簿，很有耐心地一路慢慢积累客户，从不放弃任何机会，最终获得源源不断的订单。

5. 勇敢

电话营销人员面对的不仅仅是客户，还有自己。有一些电话营销人员，在电话营销过程中遭到拒绝后，往往会产生一种心理障碍，害怕再去向别人介绍商品或服务。

电话营销人员业绩不佳不见得是懒惰、无能，真正的原因很可能是他们害怕自我推销。当他们产生恐惧心理后，在下一次电话营销过程中就会表现得更差。因为连他们自己都没有信心，别人又怎么能信任他们呢？所以对电话营销人员来说，勇气是非常重要的，

勇气是行动的动力。

事实上，营销人员经历了多次拒绝还能坚持下去，这是非常难的事。大多数坚持下来的人都是经历了被拒绝10次之后，第11次就遇到了一个好的客户。许多电话营销人员都是从被拒绝中成长起来的。刚刚开始做这一行的时候，就是要习惯被拒绝，拿出勇气，对拒绝说“不”！无论客户怎样拒绝，电话营销人员都要正确分析被拒绝的原因，最终让客户说“是的”。

电话营销人员应该克服自己恐惧的心理，让勇敢在心里生根发芽。不要对任何事情说不可能，可能与否只有在去做之后才有发言权。彼得·德鲁克说过：“管理是一种实践，其本质不在于知，而在于行。”对于电话营销来说，这种管理就是自我管理，要证明自己就要有勇气站出来，去用行动对不可能说“不”。电话营销人员要相信自己所销售的产品值得客户拥有，明白自己是把最好的、最有价值的产品推荐给客户。

6. 真诚友好

在电话营销过程中，营销人员要让客户相信自己所说的每一句话，就必须抱着一颗真诚友好的心去与客户交流沟通。当一个营销人员做到这一点的时候，没有客户会拒绝他，除非客户还没有完全了解营销人员的好心，那么营销人员就要做更多的工作，让客户知道营销人员完全是为了客户的切身利益而考虑的。

很多客户对电话营销这样的销售模式会产生反感并直接拒绝营销人员，原因之一就在于他们中的大部分认为电话营销是一种欺骗行为，是企业或营销人员单纯地为了推销自身的产品或者拿到更多的提成而骚扰客户的一种营销，推荐给他们的通常是一些毫无意义的产品。如果电话营销人员能够让客户感受到企业和自身对客户足够真诚的态度，那将会向成功销售迈进一大步。

7. 自我激励

在所有营销模式中，电话营销毫无疑问是最具压力和挑战性的工作。一个好的电话营销人员，可能每天需要和四五十位完全不同的陌生客户打交道。这些客户中的大部分人极有可能会直接告诉电话营销人员“不需要”或者“正在开会”，在这样一次又一次的打击之下，如果电话营销人员没有很好的情绪控制能力，不懂得不断激励自己，就会一蹶不振，信心像暴风雨中的鲜花一样迅速凋零。

所以，电话营销人员是“剩者为王”。只有具备良好的心态，坚持到底，不断激励自己，在不断地洗牌中“剩下来”的电话营销人员，才有可能成就一番丰功伟业。

四、沟通顺畅、配合默契的部门关系

电话营销在很多情况下需要各个部门的配合和支持，尤其是在那些复杂销售中，电话营销人员需要与外部销售代表、售前工程师等多人协调工作。如果这个流程不清楚、不明确的话，会造成职责界定不清楚，有些事谁都可以负责，但有些事谁都可以不负责，这就会给客户一种混乱的感觉。例如，有时候电话营销人员确认了销售线索，但外部销售代表却认为该销售线索并不真实；在跟进客户时，有时外部销售代表与电话营销人员会出现沟通上的不顺畅，可能会同时给同一个人打电话，探讨同一件事……这都会给客户造成不良印象。所以，企业一定要有明确的电话营销流程，规范不同阶段、不同部门、不同人员的职责。同时，要加强各个部门之间的沟通。

【案例2－2】

团队协作提升业绩

广州朴石咨询有限公司（简称朴石公司）曾经服务过一个客户（A公司），该客户电话营销团队的主要工作职责是挖掘竞争对手的客户，也就是打电话给竞争对手的客户，希望他们转过来使用自己的服务。在朴石公司服务前，A公司电话营销代表人均订单量是2个/月，在朴石公司服务之后的一个月内，人均订单量已经增长到16个/月。

为什么会有这么明显的增长呢？朴石公司和客户在其中都做了不少的努力，其中一个主要的变化在于原来只是一个部门在做这项工作，后来，另一个营业部门在物流和配送方面提供了极大的支持，结果后期的配送成功率达到了100%。因此，多方参与销售流程是十分重要的。

（资料来源：张烜搏．一线万金：电话销售培训指南［M］.2版．北京：人民邮电出版社，2005.）

五、企业的重视和支持

电话营销的发展离不开企业的支持。电话营销为企业创造高利润的同时也需要企业付出一定的代价。无论是建立电话中心，还是制定对电话营销人员的奖励制度，公司财政上的支持和政策上的支持都无形中推动着电话营销的发展壮大。

其实对任何一种营销模式而言，企业的支持都是必要的。但对于电话营销模式，这种支持更是必不可少的。因为之前提过，电话营销很容易遭到客户的拒绝。如果电话营销人员再得不到企业的支持，没有一个好的工作环境和配套的硬件设施，电话营销人员很容易心理不平衡，在巨大的压力下，电话营销的难度就会大大增加。

如果企业能解决环境、设施的问题，再辅以一定的激励措施，提供更多加薪和升职的渠道，提高员工的幸福满意度，那么电话营销人员也会很乐意并且很努力做这份工作了。

任务实训

课堂讨论：回忆自己一次成功或失败的电话营销经历，并结合本部分的内容，分析其成败的原因。

1. 产品的价值和知名度对电话营销的成功有何影响?
2. 目标客户定位如何影响电话营销的效果?
3. 高效专业的电话营销团队成员需要具备哪些专业素养及性格特质?
4. 部门关系对电话营销的成功有何影响?

案例分析

广州市新时速汽车服务有限公司代理了一种用于汽车防盗的高科技产品“GSM(全球移动通信系统)汽车防盗器”。在最初的三个月里，他们采用了传统的营销模式，与广州市内大大小小的汽车维修点合作，但效果一直不理想。后来培训师为这家公司建立了一支专业的电话营销队伍，经过10多天的培训后，整体销售业绩扶摇直上。下面就是这家公司的电话营销话术。

电话营销人员：“××先生，您好，这里是广州市新时速汽车服务有限公司，我是菲菲。根据我们的资料显示，您于上个月在我们这里有过一次维修记录，您还记得吗?”

客户：“还记得，你有什么事吗?”

电话营销人员：“今天打电话给您主要是做一个跟踪回访。我想请问一下，您的汽车经过我们维修后，这段时间运行状况怎么样呢?”

客户：“还不错。”

电话营销人员：“对我们的服务还满意吗?”

客户：“还可以吧。”

电话营销人员：“谢谢您的认可。今天给您打电话还有几个问题要请教您。”

客户：“别那么客气，你说。”

电话营销人员：“先生，请问您开车有多长时间了?”

客户：“七八年了。”

电话营销人员：“车龄还挺长嘛！您对您的爱车应该很有感情了，是吗?”

客户：“的确是这样，我非常喜欢我的车。”

电话营销人员：“在这七八年时间内，您的爱车有没有被别人故意损坏或者被偷盗过呢?”

客户：“有呢，去年就被一个小偷打破车窗玻璃，将我的一台电脑偷走了。”

电话营销人员：“非常可惜。请问一下，您现在有没有安装防盗系统呢?”

客户：“已经安装了一种普通的防盗报警器。”

电话营销人员：“是不是一遇到振动就会发出报警声音的那种?”

客户：“对，就是这种。”

电话营销人员：“这种产品的确有些警示作用，那您有没有感觉到这种报警器有些不太科学的地方呢?”

客户:“有,一方面,如果离车较远的话,报警器发出的声音听不见;另一方面,就是晚上如果下雨打雷或者有其他比较大一点的声音,这种报警器也会响起来。这样就给我所在的小区居民造成了一定的影响。”

电话营销人员:“另外,如果您的爱车被盗,您也无法跟踪,对吧?”

客户:“对。”

电话营销人员:“先生,您有没有想过更换一套性能更好的防盗报警器呢?假如说有一款这样的产品,可以帮助您全天候对爱车进行监控,同时也不会出现您刚才所说的那两种情况,您会考虑安装吗?”

客户:“那是什么产品?”

电话营销人员:“是刚推出来的最新汽车防盗器,叫‘GSM 汽车防盗器’,我们这里正好有样品,您随时都可以过来体验。”

客户:“好的,我明天就开车过去。”

电话营销人员:“谢谢您,明天上午 10 点钟,我在公司等您过来,好吗?”

客户:“好的。”

电话营销人员:“再次感谢您,祝您工作愉快。”

(资料来源:李向阳,舒冰冰. 打遍天下:电话营销实战案例精选[M].2 版. 北京:人民邮电出版社,2009.)

问题:

请运用本部分所学知识,分析案例中这次电话营销成功的因素有哪些。

模块二　电话营销管理篇

任务三　组建电话营销团队

1. 熟悉电话营销团队规划的实施步骤。
2. 掌握电话营销团队成员的甄选标准。
3. 了解电话营销团队的绩效考评过程及成员激励方式。

情景案例

在培训方法组合方面，IBM（国际商业机器公司）做得很出色。IBM 有一个理念，那就是绝不让任何一名未经过培训的员工到营销一线。IBM 的电话业务员要接受为期 12 个月的初步培训，主要采用现场实习、课堂教学相结合的方法，其中 75% 的时间在各地分公司度过，25% 的时间在公司教育中心度过。在分公司培训，新学员要在经验丰富的市场营销代表面前进行他们的第一次成果演习。除了现场学习之外，学员还要进行一段较长时间的理论学习，还有附加的课外作业。

另外，IBM 还采取模拟培训法，让学员们在课堂上扮演销售角色，教员扮演客户，帮助学员尽快进入角色。特别值得一提的是，IBM 为销售培训所发展的最复杂、最具代表性的技巧培训——阿姆斯特朗案例练习，通过模拟逼真的业务环境，让学员完成一系列错综复杂的拜访。

阿姆斯特朗案例是 IBM 为销售培训所开发的具有代表性、最复杂的营销技巧之一。它集中考虑一种假设的、由饭店网络、海洋运输、零售批发、制造业和体育用品等部门组成的、具有复杂的国际间业务联系。通过这种练习可以对工程师、财务经理、市场营销人员、主要的经营管理人员、总部执行人员等的形象进行详尽的分析。这种分析使个人的特点、工作态度和能力等都清楚地表现出来。由教员扮演阿姆斯特朗案例人员，从而创造出了一个非常逼真的环境。在这个组织中，学员们需要对各种人员完成一系列错综复杂的拜访。面对众多的问题，他们必须接触这个组织中几乎所有的人员，从普通接待人员到董事会成员。由于这种学习方法非常逼真，每个“演员”的“表演”都十分令人信服。

（资料来源：张萌．销售人员培训方法［EB/OL］．(2010－03－24)［2021－12－27］．http：//www.thldl.org.cn/news/1003/35548_2.html．引用时有微调）

案例点评

所谓竞争，归根结底就是人才的竞争，那么，要打造一个高效率的电话营销团队，就一定要做好培训工作。怎样去培训，采用什么样的培训方法更有效，是电话营销人员应该掌握的，IBM 的电话业务员培训就是一个范例。下面，从团队规划开始介绍一支高效团队是如何建成的。

知识体系

一、团队规划

电话营销管理首先是人的管理，因为一个科学合理的电话营销团队组织构架是电话营销成功的关键。在分析电话营销组织构架前，必须先对电话营销职能做一个简单的分析。

（一）电话营销职能分析

一个完整的电话营销组织中，主要职能包括以下三个方面。

1. 电话营销核心职能

电话营销核心职能主要包括电话营销的现场执行、运营管理、营销活动管理、运营支持。

2. 电话营销支持职能

电话营销支持职能主要包括管理支持与基础设施管理两大职能。

3. 订单后台支持职能

订单后台支持职能指的是开通与配送、业务办理的职能。

需要注意的是，编者把各类职能进行了分类，但是这个并非组织结构，具体的组织设计与职位设计应根据企业自身的具体情况而定。在实际的组织设计与职位设计过程中，可以把某些职能与其他部门共享，同时，多个职能也可以合并由同一个岗位负责。

上述三大职能将在典型的电话营销组织构架中进行具体阐释。

（二）典型的电话营销组织构架

电话营销运营成熟度不同、团队规模不同，电话营销组织的管理架构也会有所差异。一个高效的电话营销团队组织架构的设计需要综合多方面的因素，并结合企业发展的实际情况。在设计电话营销组织架构时，可以把所有职能归类到四个团队：电话营销实施团队、运营管理团队、营销业务管理团队和后台支持团队。这四个团队构成了一个典型的电话营销组织架构（见图 3－1）。

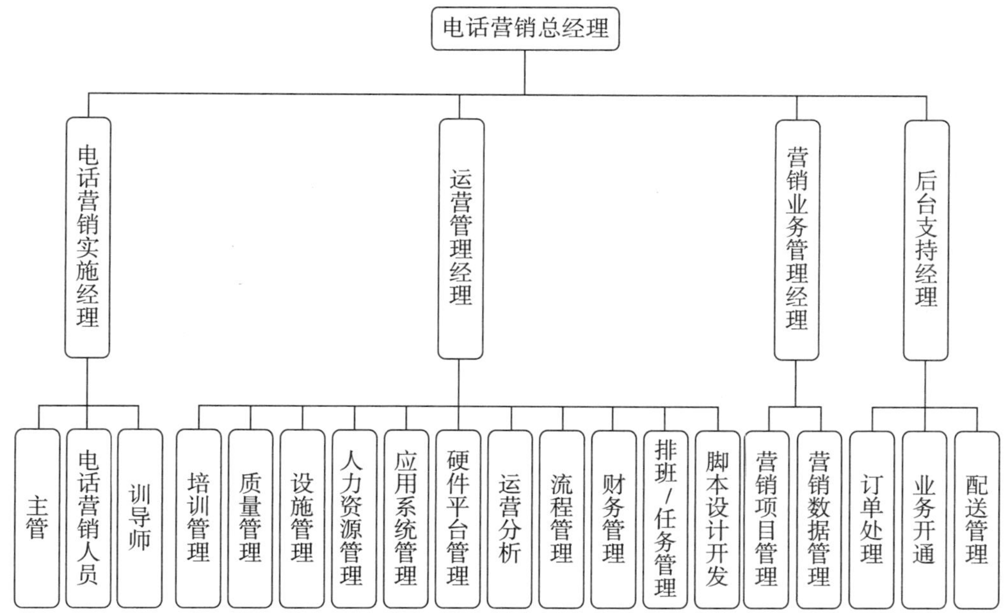

图 3－1　典型电话营销组织架构

资料来源：曾智辉. 电话营销管理［M］. 南京：凤凰出版社，2010.

1. 电话营销实施主体团队

由电话营销经理、训导师、主管、电话营销人员构成的电话营销实施主体团队要负责实施电话呼出、呼入营销活动，进行任务量管理。

（1）电话营销实施经理

实施与管理本部门及其项目使其符合上级部门的目标要求；

完成营销任务、OLA① 和其他指定的业务目标；

决定并监督生产效率及个人营销指标；

有效管理主管及其他管理人员，制订个人绩效指标；

向上级与委托单位汇报项目实施进展、存在问题并提出、落实改进建议；

建立和完善业绩评价标准，跟踪系统保证话务质量；

总体规划具体项目的进程，并保证人力资源的最佳使用；

规范管理，关注客户反馈，提高客户满意度；

协调电话营销中心各项资源，处理现场突发事件；

组织阶段性绩效考核、表彰优秀、开展团队建设活动；

组织呼叫现场的环境布置、营造氛围、活跃工作气氛。

① OLA（Operation Level Agreement）：运营水平协议，是指 IT 服务提供方和客户之间就服务提供中关键的服务目标及双方责任等有关问题签订的协议，如网络的可用性、打印机的可用性等。

(2) 主管

完成营销任务额和其他指定的业务目标;

辅导和带领电话营销人员;

领导和提升电话营销人员的工作能力以满足目前和今后的业务需要,并成为解答他们工作和业务问题的专家;

组织每日、周班会,为电话营销人员解读日常报表,提出改进要求;

协助经理建立和实施电话营销中心的政策和流程;

执行经理下达的其他活动或项目。

(3) 电话营销人员

完成电话营销任务额或其他指定业务目标;

遵循公司及部门制作的各项条例及操作规程;

将客户反映的问题或提出的抱怨反馈给主管或训导师;

对于在标准规定之外的客户需求尽可能合理解决,努力创造最佳客户体验。

(4) 训导师

建立电话营销人员个人技能档案,追踪电话营销人员技能提升发展过程;

采用电话监听与现场走动等方式,及时发现电话沟通技巧与规范相关问题,通过一对一方式解释、辅导;

处理电话营销人员对客户投诉的升级要求;

制订电话营销人员个人技能提升要求与计划,协助电话营销人员理解计划、实施目标;

参与制定电话营销人员培训内容,进行培训后辅导;

与主管协调确保日常工作的合理分工与全面管理。

2. 运营管理团队

运营管理团队需要提供对电话营销活动的运营支持,具体的职责要求如下。

(1) 运营管理经理

实施与管理本部门及项目,使其符合上级的目标要求;

领导运营管理团队对电话营销实施团队业务的支持,确保 OLA 或各类承诺与指标的完成;

开发本部门的运营流程,指导本部门所有管理功能;

了解评判业界最新运营方法、平台的发展,提供规划建议;

合理配置运营管理各个功能及资源。

(2) 培训管理

组织和实施入职培训与在职培训的各项活动;

开发特定培训课程;

聘请管理评价企业内部兼职讲师;

制作及更新培训手册;

掌握外部培训资源,对培训进行考核管理;

协调或主导知识库与其他知识资源的更新与有效使用。

（3）质量管理

建立和完善业绩评价标准与跟踪系统来保证话务质量；

针对质量改进进行竞争对手分析并提出对策建议。

（4）设施管理

保证水、电等供应满足业务的需求；

制订电话营销中心安全保障计划、应急计划并保障该计划的实施；

负责电话营销中心的固定资产管理。

（5）人力资源管理

负责电话营销人员的招聘工作；

保持完整的人事记录，并能提供个人特点及表现分析；

协助人员的调配安排。

（6）应用系统管理

保证电话营销中心应用系统（软件平台）满足业务要求；

带领业务系统的开发以及对外包开发商的管理；

负责业务应用系统的部门与 IT 部门之间的协调沟通。

（7）硬件平台管理

保证电话营销中心硬件平台（计算机、网络、电话等）满足业务需求；

负责对外部硬件供应商及服务商的管理；

负责硬件平台的部门与 IT 部门之间的协调沟通。

（8）运营分析

负责电话营销中心各项业务数据的收集整理及各项业务指标的分析；

制作各类报表、报告；

对系统的报告、展示功能提出需求，协调改进工作；

追踪市场与竞争对手的主要营销与运营数据进行分析。

（9）流程管理

负责电话营销及客户服务流程的文档化及电子化管理；

检测流程的有效性并负责流程的重新制定；

与营销业务开发人员一起开发具体项目的程序与步骤；

负责知识库的建立与维护。

（10）财务管理

电话营销中心各项财务数据的收集整理；

电话营销中心各项财务指标的分析报告；

负责公司各项财务政策在本部门的执行；

协助部门领导进行预算控制。

（11）排班/任务管理

计划人力与资源来保证电话营销任务与服务质量承诺的最佳实现；

总体规划具体项目的进程，并保证人力资源以最佳效率投入；

负责把项目中的任务分配到团队及个人。

（12）脚本设计开发

撰写脚本和呼叫指南；

将项目目标转化为电话营销人员可操作的形式；

将呼叫指导导入系统；

检测脚本有效性并负责调整。

3. 营销业务管理团队

营销业务管理团队负责开发营销业务活动计划，开发列表及呼叫脚本。这部分业务的有些职能有时隶属其他部门。具体职责分工如下。

（1）营销业务管理经理

开发并管理电话营销项目，审定具体项目的方案，包括计划、流程、步骤、开发列表和脚本等；

监控项目的实施，提取并分析客户数据，并与其他各级相关部门进行沟通调整，优化项目实施。

（2）营销项目管理

开发电话营销活动；

开发具体项目的程序与步骤；

监控电话营销项目的实施；

分析营销活动，撰写项目报告；

对产品与项目做出特定的建议与推荐；

保持相关部门对项目进度的了解。

（3）营销数据管理

营销客户列表的选择与分析；

负责用户数据管理的规划和管理；

负责数据清洗、数据整理等工作；

负责列表的调整使之保证项目的正常进行。

4. 后台支持团队

后台支持团队主要提供销售后期的订单处理、配送等相关支持。这部分业务的有些职能有时隶属其他部门。具体职责如下。

（1）后台支持经理

开发并不断优化本部门的运营流程；

合理配置后台的订单处理、业务开通、配送管理等职能及资源，保障服务质量。

（2）订单处理

负责订单在电话营销部门与其他部门之间的协调；

负责把产品库存状态向营销团队反馈；

负责把订单执行的结果向营销团队反馈。

（3）业务开通

负责销售后业务的开通；

处理新客户开通过程中遇到的相关问题。

（4）配送管理

负责配送人员的调配、行程安排；

负责配送人员的激励；

负责配送服务的流程管理和配送问题的处理。

二、成员甄选

（一）甄选标准

通过招聘录用的方式组建电话营销队伍是最常见的一种方式。因此，想要打造一支高绩效的电话营销团队，管理者首先需要了解的就是如何去甄选合适的电话营销人员。

电话本身只是通信工具，要想发挥其巨大的沟通威力，关键还要看电话营销人员的能力与水平。很多人都以为电话营销人员只要工作态度良好，就可以通过严格的培训提升能力。实际上，培训能起到的作用是有限的。如果企业招聘的电话营销人员不具备从业特质，就算经过再好的培训，业绩也无法真正得到提高。亡羊补牢从来都不是最好的解决方法，只能算是一种勉强的补救措施而已，预防总是在最前的。招聘并录用到合适的人才，才是组建高绩效电话营销团队的开始。

一般来说，管理者在制定的拟招聘电话营销人员岗位标准中，往往包括以下几个方面的内容。

1. 声音

将声音作为选拔电话营销人员的首要的硬性标准，是非常有必要的。

电话营销原本就是一门通过声音与客户沟通的艺术，通过声音这一纽带传达彼此的情感和诉求。如果一位求职者在声音方面存在明显的缺陷或不足，则几乎不予考虑。

比如，口音比较重的电话营销人员，客户不容易听清他所说的话，虽然这样的问题可以通过训练来改观，但是需要很长时间，这就会为团队带来不必要的成本。

2. 学历

学历也是很多团队管理者招聘时常用到的重要参考标准。对于电话营销职位而言，有时，本科生反倒不如专科生。因为许多职业院校已开展了相关专业的课程学习，专科生经过系统学习培训，在电话营销方面，综合素质更高。不过这也不是绝对的。企业要结合自己的情况确定招聘的学历标准。

3. 工作经验

在招聘时，工作经验也是一条硬件标准，但并非营销经验越丰富越好，而是要视具体情况而定。

一个关键的原因就是，一位经验丰富的求职者通常已经有了一套属于自己的营销模式，而对于不同的产品，营销的方式可能是完全不同的。比如，复杂产品和简单产品的营销模式就存在很大的差别。此时，求职者以前的营销经验反而成了他在新领域发展的羁绊、一种负累，而且很难发生改变。

所以，如果营销的产品需营销人员通过拨打更多陌生电话来取得好的营销业绩，则营销经验较浅为好，这样比较好组建团队；相反，如果营销的产品要求很高的营销技巧，而求职者以前所营销的产品与该产品有一些共性，则经验越丰富越好。

4. 营销潜质

有这样一则故事：有个人在高山上的鹰巢里抓住了一只刚出生的小鹰。他将小鹰带回家中，把它与家里的鸡一起喂养。于是，这只小鹰一直以为自己是一只鸡。渐渐地，小鹰长大，羽翼丰满，主人想把它训练成一只猎鹰。但是，主人尝试了很多办法都没有效果。最后气得主人把这只老鹰从悬崖上丢了出去，这只鹰开始像块石头一样直直地掉下去，慌乱之中它拼命地扑打翅膀，就这样，它终于飞了起来。从这个故事中，可以看出潜质的重要性。

所谓营销潜质，是指本身适合做营销工作的先天性素质。据分析，它在营销业绩决定因素中的重要性超过了50%。这表明，要让合适的人做合适的事。营销潜能靠主观的面试和感觉是不足为信的，必要时要借助专业的测试工具来进行，如 DISC 个性测验①、MBTI 职业性格测试②、CPQ 职业潜能测评③等。因此，从某种意义上说，合适的电话营销人员是在招聘中“筛”出来的。

5. 营销技巧

所谓的营销技巧，是指做营销这件事情本身所需具备的专业技巧，如倾听技巧、挖掘客户需求技巧、个性化的交流技巧，等等。如果不熟练掌握这些技巧，就很难成为一名专业的、合格的营销人员。

6. 自我激励

自我激励是指能够自动自发地激励自己，或遇到困难越挫越勇。通常这样的人在自我

---

① DISC 个性测验是国外企业广泛应用的一种人格测验，用于测查、评估和帮助人们改善其行为方式、人际关系、工作绩效、团队合作、领导风格等。该测验由 24 组描述个性特质的形容词构成，每组包含四个形容词，这些形容词是根据支配性（Dominance）、影响性（Influence）、稳定性（Steadiness）和服从性（Compliance）四个测量维度以及一些干扰维度来选择的，要求被试者从中选择一个最适合自己和最不适合自己的形容词。

② MBTI 职业性格测试（Myers-Briggs Type Indicator），是一种迫选型、自我报告式的性格评估测试，用以衡量和描述人们在获取信息、做出决策、对待生活等方面的心理活动规律和性格类型。该测试由美国心理学家 Katherine Cook Briggs（凯瑟琳·库克·布里格斯）（1885—1968）和她的心理学家女儿 Isabel Briggs Myers（伊莎贝尔·布里格斯·迈尔斯）根据瑞士著名的心理分析学家荣格的心理类型理论和她们对于人类性格差异的长期观察和研究而著成。经过了长达 50 多年的研究和发展，MBTI 已经成了当今全球最为著名的权威的性格测试，主要应用于职业发展、职业咨询、团队建设等方面，已成为目前国际上应用较广的人才甄别工具。

③ CPQ 职业潜能测评（Craft Personality Questionnaire）是一项衡量个人职业潜能和岗位匹配的在线测评系统。该测评以人类的“八大基本性格要素”为评估基础，衡量和描述员工岗位匹配指数和风格类型，以预测其未来工作表现，实现最佳员工的招募、培育和留用之效。该测评工具由美国心理学家 Larry L. Craft 博士和一批心理学家根据荣格的心理类型理论基础在 1978 年研发，至今已有 30 多年的市场发展实践，对成千上万各行各业的销售人员进行过测评。同时，该测试还可用以帮助销售经理、人力资源部门招募和培育员工，组建最佳团队。

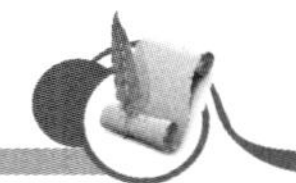

方面能打上高分。

但有些人一定要有别人施压或强迫，或对其进行激励才能做事，即依赖外在激励。要想成为成功人士，一定要从“要我做”向“我要做”转变。涉及这方面的性格和能力因素是最为复杂的，也是人性里最难把握的部分。

根据著名心理学家荣格的观点：一个人只有被自己激励，其他人很难长久地改变和激励他。不过可以创造有利的激励环境，比如为员工提供明亮宽敞的办公环境，有合适的领导帮助提升其能力，包括对优秀的员工进行有针对性的培训，这些方式方法都是可以用来影响员工自我激励的重要因素。

【小贴士 3－1】

自我激励的七步骤

第一步，经常问自己这个问题：“我是否已经具有从事这份工作的积极性?”

第二步，具备强烈的使命感——拥有一个或多个目标，并保持专注。如果专注于目标，兴奋和热情就自然产生。设定有效目标（一定要符合 SMART 原则，即具体、可衡量、可实现、与其他目标相关、有时间期限），然后达成它们，这是自我激励中最有成就感的方法之一。

第三步，不断打破舒适区——不要因为过去的有些事情以某种方式很好地完成了，所以现在它就必须以这样的方式完成。营销职业最大的特点就是勇于自我挑战，不断地创新，不断设定更大的目标，不断挑战自我的极限，就会发现自己能做得更好。

第四步，将每次与客户沟通视为再学习的好机会——在每次营销之后花费点时间进行反省，回忆每个细节，仔细思索如下问题：有哪些方面自己做得很好？哪些方面本来应该做得好，但实际没有做好？哪些问题是新发生的问题？哪些领域是自己还不了解的？

第五步，失败与成功总是分不开的——成功离不开一次次的尝试，尝试中难免有失败，失败中孕育着成功的萌芽。如果不经历这些必然的过程，不总结失败的原因，不改善行为，那成功也就无从谈起。

第六步，告诉自己不是为老板工作，而是为自己工作——自己才是这个世界上最重要的人，命运由自己主宰，而不是由老板、所服务的公司主宰。得到什么，首先取决于想要什么，然后是实际行动，付出总会有回报。一个人所得到的一切都是付出的结果。

第七步，最重要的事——行动、行动、再行动。

不是每个人都愿意时刻自我激励。如果营销人员没有要提升的意愿的话，就根本无法全身心地投入工作和学习之中。

（资料来源：自我激励的七步骤［EB/OL］.（2010－05－24）［2021－12－27］. http：//wenku. baidu. com/view/7a6190f3f90f76c661371ab1. html. 引用时有微调）

（二）甄选的实施过程

1. 筛选简历

在求职者将填好的求职申请表交上来之后，团队管理者就要在此基础上进行初步审查，这便是初始的面试程序。

求职申请表的审查是一种隐藏的面试步骤，团队管理者主要关注以下几个方面。

（1）申请表的完整性

优秀的电话营销人员填写的求职申请表应该是非常完整的。正面和反面的每个问题都会认真填写，不会出现遗漏之处。

（2）书写的规范性

优秀的电话营销人员书写应该比较规范，理解这份表格的重要性。

（3）思维的逻辑性

优秀的电话营销人员在回答诸如“为什么你可以胜任这份电话营销工作”等自由度比较高的问题时，是有条理的，同时能够抓住重点、言简意赅，让对方很容易判断电话营销人员想要表达的重点，而不是东一句西一句让人摸不着头脑。

（4）从笔迹看职位的适应性

优秀的电话营销人员笔迹偏重，而且字体向上扬。若是写起字来十分温柔，犹如小家碧玉，做高压力的电话营销工作就不合适，这点在专门研究心理学的书籍里都有提到。

【小贴士 3－2】

笔迹与性格

书面整洁情况：书面干净整洁者，书写者举止高雅，穿着较讲究，性喜干净整齐，较注重自己的仪表和形象，并多有较强的自尊心和荣誉感。如书面有多处涂抹现象，说明书写者可能有着穿着随便、不修边幅、不拘小节等性格特征。

字体大小情况。字体大，不受格线的限制，说明书写者性格趋于外向，待人热情，兴趣广泛，思维开阔，做事有大刀阔斧之风，但多有不拘小节、缺乏耐心、不够精益求精等不足。字体小，性格偏于内向，有良好的专注力和自控力，做事耐心、谨慎，看问题比较透彻，但心胸不够开阔，遇事易想不开。字体大小不一，说明书写者随机应变能力较强，处世灵活，但缺乏自制力。

字体结构情况。结构严谨，书写者有较强的逻辑思维能力，性格笃实，思虑周全，办事认真谨慎，责任心强，但容易循规蹈矩。结构松散，书写者发散思维能力较强，思维有广度。为人热情大方，心直口快，心胸宽阔，不斤斤计较，并能宽容他人的过失，但往往不拘小节。

笔压轻重情况。笔压重，书写者精力比较充沛，为人有主见，个性刚强，做事果断，有毅力，有开拓能力，但主观性强，固执。笔压轻，书写者缺乏自信，意志薄弱，有依赖性，遇到困难容易退缩。笔压轻重不一，书写者想象思维能力较强，但情绪不稳定，做事犹豫不决。

书写速度情况。如全篇文字连笔较多，速度较快，说明书写者思维敏捷，动作迅速，效率较高，但有时性急，容易冲动。如笔速较慢，说明书写者头脑不是很快，行动较慢，但性情和蔼，富于耐心，办事讲究准确性。

字行平直情况。字行平直，书写者做事有主见，只要自己认定的事，一般不为他人所左右。字行上倾，书写者积极向上，有进取精神。这种人常常雄心勃勃，有远大的抱负，并常能以较大的热情付诸实践。如字行过分上倾，书写者除有上述特征之外，还往往非常固执。字行下倾，书写者看问题非常实际，有消极心理，遇到问题喜看阴暗面、消极面，容易悲观失望。字行忽高忽低，情绪不稳定，常常随着生活中的高兴事或烦恼事或兴奋或悲伤，心理调控能力较弱。

通篇布局情况。这要看左右留白大小及行与行之间排列是否整齐。左边留白大，书写者有把握事物全局的能力，能统筹安排，并为人和善、谦虚，能注意倾听他人意见，体察他人长处。右边留白大，书写者凭直觉办事，不喜欢推理，性格比较固执，做事易走极端，遇到困难容易消极。左右不留空白，书写者有着很强的占有欲和控制欲，比较自私。行与行之间排列整齐，书写者有良好的教养，正直，头脑清晰，做事有条不紊，讲究计划性、系统性和程序性。有较强的自尊心、责任感和荣誉感。行与行之间排列不整齐，说明书写者头脑比较简单，条理性较差，做事马马虎虎，缺乏责任感。

（资料来源：杨丽，任锡源．电话营销［M］. 北京：中国物资出版社，2011.）

2. 电话面试

既然要招聘电话营销人员，通过电话进行面试是一种非常好的方式。在简历筛选之后就可以进行电话面试了。

（1）自我介绍

自我介绍包括求职者对个人信息、学习经历、工作经验等方面进行简单的自我介绍，这方面可以考察求职者的声音条件，说话的条理性、逻辑性及亲和力等。

（2）诵读复述

事先录好一段文字，然后播放给求职者听，要求其进行概括性的复述，因为在电话中客户常常会向电话营销人员讲很多内容（很可能没太大的逻辑性，可能会重复或者啰唆），好的电话营销人员要能从一大段叙述中甄别并概括出核心内容，加以理解并与客户进一步确认。

（3）关键问题

招聘人员可以提一些关键性问题来考察应聘者的表达、组织、反应、逻辑、自我认知能力以及是否具有上进心，等等。例如，可以问“你最有成就感的地方在哪里”“最有挫折感的地方在哪里”“你为什么想应聘电话营销的工作”（见表 3－1）。

表 3－1　　电话面试的关键问题

考察的能力	举例
表达能力、组织能力	请简单描述一下你上一份工作的内容
反应能力、逻辑能力	你最有成就感的地方在哪里？最有挫折感的地方在哪里
是否具备动力和上进心	请问你对这份工作最看重的是什么
自我认知能力	你为什么想应聘电话营销的工作

（4）压力测试

在电话面试过程中，可以适当设计一些意在激怒求职者的问题，比如“你的回答太差了，我听了几遍都没听懂你的意思”等，以观察求职者的情绪反应，在求职者回答后再进行道歉和说明。

（5）反应分析

设计一些情景，观察求职者的反应速度和分析能力。比如，客户说“你们的产品太差了！”“我凭什么相信你？”等常见的异议，以此来观察求职者的情绪反应，并让求职者在回答之后予以说明。

3. 面试

“百闻不如一见。”面对面地与求职者进行交流是整个招聘选拔环节中最关键的一步。

与求职者的当面沟通主要是考察其综合素质（如专业知识、心理素质等）。有一些问题必须通过当面的征询才可能发现，比如，营销人员是否具备强烈的企图心，对困难的情绪反应等。通常，典型的面试包括以下几个步骤。

（1）主考官自我介绍，使应聘者放松

（2）让求职者作简单介绍，并深入谈谈自己的工作经验

招聘方可以基于简历中需要进一步了解的部分或感兴趣的部分，进行深入沟通，典型的问题如下。

“你之前做过的与电话营销相关的工作内容是什么？获得了哪些成绩？”

“你是在多长时间内达到这样的成就的？你的领导是如何评价你的？”

“请你描述你遇到过的最艰难的一次客户沟通经历。这次经历发生在什么时候？是什么原因导致的？你后来用了哪些方法来改善与客户之间的关系的？结果如何？”

“你的主管是如何评价你的绩效的？”

“在你的任职过程中是否有晋升的记录？主管提拔你的理由是什么？当时有多少个竞争者竞争这一职位？”

“在以下选项里，你选择电话营销这个职位最看中的是什么？

a. 高收入的赚钱机会　　b. 工作的成就感　　c. 提供的专业培训

d. 友善的工作环境　　e. 事业发展空间”

（注：在寻找电话营销人员时，最好的答案是“高收入”）

（3）针对重点的部分进行有针对性的 STAR 型提问

“STAR”面试法，是考察个人能力的科学招聘方法。其中，“S”是指情景（Situation），“T”是指目标（Target），“A”是指行动（Action），“R”是指结果（Result）。用这种面试法能很快挖掘出应聘者过去所做过的事情。

通常面试官会先从情景入手，询问“以前是在什么情况下做这件事的”，然后问目标“能不能告诉我你做这件事的目的是什么?”，接下来问行动“你为了做这件事情采取了哪些行动?”，最后问结果。

比如，有的求职者会说：“我在原来的公司是营销冠军，营销量排名一直都是第一。”很多招聘经理、部门经理听后会很满意，心想：“不错，这个人是营销冠军。”但对人力资源专家而言，这个回答没有任何意义，用人单位从中得不到任何信息。求职者说：“我的营销工作一直做得很好。”面试官就要追问：“你以前是在什么情景下将营销做得好呢？公司的氛围怎么样？产品怎么样？”然后再问：“你采取了什么行动来保证营销额？是经常赞美客户，还是运气好、产品好？”最后要问结果。

如果他说“我是公司最好的营销员”，就要问他：“你们公司有几个营销人员？有什么指标来判断你是最好的营销员？你的营销到底是第一，还是第二，具体的营销额是多少?”不断地追问过去所发生的事情，这样就能把应聘者过去的行为表现问出来。同时，也能最大限度地问出其中是否有自相矛盾的破绽之处。

（4）说明电话营销工作内容并施加一定压力，以观察求职者的抗压性

电话营销是非常枯燥且乏味的工作，非常考验人的抗压性。因此，在面试时，要把最坏、最困难的情形描述给求职者听，并观察其反应。特别要观察求职者的手臂和腿部的小动作，有无抗拒、害怕或畏缩的表现，眼神是否游移。这些方面的表现都可以作为判断其是否说谎的重要依据。

（5）表达谢意，友好结束

不论是否决定录用该求职者，都应该以友好礼貌的态度回答完他的疑问，并友好地结束面试，千万不能忽视或怠慢，切不可对求职者表现出傲慢的表情。因为面试官不仅代表个人，也代表所在企业的风采，让所有的求职者对公司留下好的印象是每一个人力资源工作者最基本的要求。

三、成员培训

培训是电话营销中心培养、提高和巩固员工技能的重要途径。根据培训对象、目的的不同，电话营销培训主要分为新员工培训、在岗培训与职业技能认证。其中新员工培训是指从一开始的岗前培训到在岗一段时间后的强化培训；在岗培训是指针对老员工，结合电话监听成绩、主管在日常指导中发现的共性问题等为员工进行有针对性的培训；职业技能认证是按照电话营销人员职业标准，通过组织外部或内部的考核鉴定机构或团队，对从业人员的专业知识和技能水平进行客观公正、科学规范评价与认证的活动。不论是何种类型的培训，营销培训基本流程主要包括以下四个核心步骤。

分析培训需求→制订培训计划→实施培训→评估培训效果

对营销人员的培训，可以在公司由各级主管定期或随时组织实施，也可以让他们参加社会性及各个院校的培训学习。如果资金允许的话，最好委托专业培训机构来做。

（一）分析培训需求

很多营销经理对培训非常重视，他们在招聘新员工或发现客户不满、内部混乱、员工士气低落、工作效率低下时，便会想到通过培训加以解决，但经常忽略培训需求分析工作。很多营销经理在没有对培训需求做清楚界定的情况下便确定了具体培训内容（如课程、时间等），并以自己的经验和理解作为取舍的主要标准，这很可能会导致培训效果不理想。所以，培训需求分析工作必不可少。在做培训需求分析时，可以通过观察、面谈、问卷调查、自我诊断、客户调查等多种方式进行，以全面了解营销人员在哪些方面需要通过培训加以提高。

例如，对于新加入的员工，他们具有融入和认同组织及具备相应上岗技能的需求，基于这样的需求状况要有针对性地提供相应的培训课程。

（二）制订培训计划

在分析培训需求之后，营销经理应制订一份培训计划，该计划的内容应该包括以下几个方面。

1. 培训目标

目标不能太笼统，应当针对具体任务，并告诉员工培训后会达到什么样的效果。

2. 培训对象

如果是外部培训，应选择那些有培养前途、合适的营销人员；如果是内部培训，最好是水平相当的或面临同样问题的人员，这样，培训的针对性和学员的参与热情会更高。

3. 培训内容

培训内容基于培训目标及对象来确定。以新加入团队的营销人员为例，针对他们的培训内容通常包括新员工融入培训（行业背景、职业发展前景、企业背景、企业文化、组织结构、岗位设置、岗位要求等）、职业素养培训（客户满意、商业道德、职业操守等）、电话营销技能培训（电话沟通技能、电话约见技能、电话开拓技能、电话跟踪与服务技能）、产品及业务培训（产品培训、业务流程培训）、系统培训（公司业务平台、CRM 平台、呼叫中心平台、外呼平台、电话系统及其他相关系统的培训）等。

再如，针对在岗老员工的培训一般包括日常业务培训、技能提升培训、晋升管理培训及专题培训等内容。

4. 选择培训师

有些培训可以由营销经理或公司其他人员（如产品经理等）来完成，但更多的培训则应聘请专业培训机构的培训师来进行。团队应该对培训机构和培训师做审核和评估。

通常，培训师应具备以下特征：丰富的营销经验；饱满的教学热情（使学员容易受到

影响）；对团队培训需求的深入了解；娴熟的教学方法和技巧；良好的人格特质、沟通能力和灵活性。

（三）实施培训

培训地点可以根据具体情况进行选择，最好相对封闭一些。时间一般不要超过两天，以免学员过于疲劳。在培训过程中，应实施严格的过程管理，以确保学习效果得以实现。

1. 学员心态的快速转变

作为一名刚刚入门的营销人员，首先要完成的就是心态的转变。很多营销人员在进入营销行业时，通常都会觉得一线营销是丢人的事，即使在团队常规的营销培训后仍会有很多人有无从下手的感觉，因此第一步就是要对他们的心态进行锻炼。

切记培训刚开始的时候绝对不要用公司的产品作为样品。可以通过多种不同形式的训练来达到这一目标。例如，先在室内做发音训练，可以在培训室内让培训人员进行一句话的自我介绍："您好，我是×××。"每个人都要依次站起来讲几遍，以声音清晰、脸不红、声不颤为标准。

室内发音训练通过后，接下来要做的就是真正意义上的电话沟通训练，以促使新员工主动去跟陌生人交流。根据自己所承担的任务与不同的陌生人进行沟通，是一个营销人员必备的能力。

2. 逆境中的意志磨炼

学员心态转变及完成基本训练之后，紧接着要做的就是对营销人员进行逆境中的意志磨炼。营销人员都清楚，每天打电话给各种各样的客户，会遇到许多意想不到的困难，营销工作的艰辛是难以用语言形容的。逆境训练就是要对营销人员进行高强度的锤炼，让他们先体验一下未来可能遇到的困难，磨炼自身意志力。这样的培训还可以使得团队内部人员互相信任，增强团队成员之间的感情。

3. 客户需求点的提炼

在完成前面提到的训练之后，下一步就要提炼产品的客户需求点。很多营销人员只知道按照公司的安排找客户推销产品，而不懂得如何去摸索客户需求切入点，结果往往遭到客户的断然拒绝。因此，要重点培养营销人员寻找客户需求点的能力。

4. 不同产品的营销磨炼

在营销人员对电话营销的关键步骤有了初步了解后，还要继续拿出不同的产品来，让营销人员继续熟悉营销过程。

这种训练的目的在于：①强化营销人员在营销过程中的分析能力；②借助不同的产品磨炼，让营销人员在短时间内接触不同层次的顾客，增强其面对困难的勇气，并提升其应变能力与成交能力。

5. 团队相关内容培训

在完成上述四个步骤以后，还要对营销人员进行本团队文化及产品的培训。有前面的培训做基础，员工对团队营销的理念与方式、产品等信息的接受和消化速度会比较快，非

常容易上手，不需要再进行长时间磨炼。团队在后续的产品营销过程中继续跟进，也会促进新营销人员的成长。

（四）评估培训效果

营销经理有必要对营销培训效果进行评估，这种评估通常在培训结束后进行。评估时，学员可填写“培训评估表”，对培训内容、培训师、培训管理及培训效果做具体评价。另外，在培训结束后的一段时间内，营销经理可以观察、了解学员的实际技能是否有所改进和提高，并针对个别人员单独进行接触和辅导。

四、团队考评

一个具有实效的绩效考核体系要具备以下特点：①考核方法简单、易操作；②符合团队特定的发展阶段的要求，即符合战略要求；③关注过程指标和结果指标；④能够引导营销人员的工作行为，起导向作用，体现出实效。在绩效考核中，考核指标设计、考核过程实施与考核结果应用是三个重要的环节。

（一）考核指标设计

考核指标设计是否合理直接影响到绩效考核的实效性，它体现出团队不同发展阶段的具体工作要求，要能够有效引导营销人员的工作行为。在实际操作中，针对中小团队来说，可以采用以下方法来设计合理的考核指标体系。

1. 提炼并明确重点的考核指标

营销人员往往都有一定的惰性，而且缺乏适当的工作方法，容易出现“你考核什么，营销人员就会重点做什么”的现象；同时，企业在不同时期可能工作重点也不同，再加上人员精力有限，不能同时开展多项工作，这就要求企业在绩效考核中明确考核重点。因此，团队要提炼并明确重点需要考核的指标，不能面面俱到，囊括营销人员职责范围内的所有事项。同时，还要考虑操作上的便利性，这些考核指标所需要的考核信息一定要容易获取。

KPI（关键绩效指标）体系就是一种很好的方法，是指要对营销人员的工作要求进行分析，抓住其中的关键业务环节，选择3—5项主要工作进行考核，通过KPI直接表现出来。通过设立KPI，可以让营销人员将80%的注意力放在推动公司营销策略有效实施的核心环节，使绩效考核更富有针对性。

2. 体现人员层级的差异性

在营销组织系统中，职位越高，所承担的工作越属于管理类工作，因而绩效考核指标就要倾向于最终结果；职位越低，所承担的主要工作越属于执行性工作，所以绩效考核指标就要越倾向于过程。因此，绩效考核指标必须体现出对不同层级职位的针对性和有效性，真正能够有效评价及引导各个层级营销人员的工作行为。比如营销中心总经理考核销售总监，可能主要关注销售额指标、费用率指标、整体市场规划能力；而销售部经理考核区域经理，除了关注销售额指标之外，还必须关注新产品推广、产品铺货率等过程指标。

3. 考虑团队的发展阶段

团队在不同的发展阶段，营销策略和工作重点是不一样的，所以在设定考核指标时，一定要根据当时的策略要求来提炼考核指标。

4. 确定考核周期

考核周期依考核对象和考核指标而定。例如，对于营销总监的考核周期可能为半年或一年；一线营销人员的考核周期可能以一月为宜。

5. 形成考核表

最后，同时将各种考核指标列入，并详细说明考核标准，同时对每项考核指标附以不同的权重，形成考核表（见表3－2）。

表3－2　　　　电话营销部考核评分

被考核者：　　　　　　所在部门：　　　　　　岗位：

考核指标		权重	评分标准	得分
定量指标	电话营销计划完成率	20%		
	新客户开发数量	10%		
	电话回访次数	10%		
	客户有效投诉次数	10%		
	营销回款及时率	15%		
	电话营销费用控制率	10%		
定性指标	产品相关知识	10%		
	业务拓展能力	10%		
	积极性	5%		

本人在考核期前　周就上述内容与主管上级沟通确认无误

被考核者签名：

日期：　　　年　月　日

本人在考核期第　周与被考核者就考核沟通无误

考核者签名：

日期：　　　年　月　日

被考核者意见

签名：

日期：　　　年　月　日

资料来源：电话营销部考核制度设计［EB/OL］.（2010－10－24）［2021－12－27］. http：//wenku. baidu. com/view/47c1041aa8114431b90dd8cb. html.

【小贴士3-3】

常见的绩效考核指标不合理现象

现象1：只注重结果考核，忽视过程考核。

由于结果考核是最容易、最直接的一种考核办法，因而很多人都认为应该“以结果论英雄”。最常用的一种考核指标就是销量完成率。这样的考核指标明确地告诉营销人员只要竭尽全力完成营销任务就好了，对于其他过程指标都可以不予考虑，结果营销人员往往为了完成任务会采用多种手段以实现目标，却忽视了中间过程。

现象2：考核指标太多，没有关键点。

很多团队盲目追求考核指标的全面性，从结果指标到过程指标，把各种指标都罗列出来，最后指标过于繁杂，导致员工精力分散、无所适从，找不到工作的关键点。

现象3：考核指标忽视了人员的差异性。

很多团队针对省级经理、区域经理等各个层级人员的考核指标都是一样的，只考核销量完成率，没有体现出高层岗位的营销管理性工作与基层岗位执行性工作的差异性。

现象4：考核指标未跟进企业发展。

一些企业设定的绩效考核指标长期不变，无法体现公司发展阶段的特殊要求，不符合公司的战略要求。

（资料来源：杨丽，任锡源．电话营销［M］．北京：中国物资出版社，2011.）

（二）实施考核过程

在考核期之前，人力资源部要向相关部门发放“营销人员绩效考核表”，对营销人员进行评估。

考核期结束后的第3个工作日，各相关部门向人力资源部提交“营销人员绩效考核表”。

考核期结束后的第5个工作日，人力资源部完成“营销人员绩效考核表”的统一汇总，并发给营销人员本人进行确认，如有异议由人力资源部经理进行再确认。确认工作必须在考核期结束后的第7个工作日完成。

考核期结束后的第8个工作日，人力资源部完成“营销人员绩效考核表”的汇总统计。

考核期结束后的第10个工作日，将个人考核结果发给上级主管，将整体统计表提交财务部门，财务部门依据考核结果按照激励制度进行薪金发放。

如果需要对绩效考核指标和方案进行修订，上报总经理批准后，在考核期结束后的第15个工作日，由人力资源部完成修订工作。

（三）考核结果应用

根据电话营销人员的年度绩效考核的总得分，团队对不同绩效的营销人员进行薪资与级别调整，具体调整方案见表3-3。

表3-3　　基于绩效考核结果的营销人员薪资与级别调整

考核得分	薪资调整	级别调整
90（含）分以上	基本工资+基本工资×2.0	建议升2级
80（含）~90分	基本工资+基本工资×1.5	建议升1级或不变
60（含）~80分	基本工资+基本工资×1.0	建议不变
50（含）~60分	基本工资-基本工资×0.2	建议降级，给予考察
50分以下	基本工资-基本工资×0.5	建议辞退

五、成员激励

哈佛大学威廉·詹姆斯研究表明：在没有激励措施下，员工一般仅能发挥工作能力的20%~30%，而当他受到激励后，其工作能力可以提升到80%~90%，所发挥的作用相当于激励前的3~4倍。

所谓成员激励，就是组织通过设计适当的外部奖酬形式和工作环境，以一定的行为规范和惩罚性措施，借助信息沟通，来激发、引导、保持和规划组织成员的行为，以有效实现组织及其成员个人目标的系统活动。这一定义包含以下几方面的内容。

第一，激励的出发点是满足组织成员的各种需要，即通过系统设计适当的外部奖酬形式和工作环境来满足团队员工的外在需要和内在需要。

第二，科学的激励工作需要奖罚并举，既要对员工表现出来的符合团队期望的行为进行奖励，又要对不符合团队期望的行为进行惩罚。

第三，激励贯穿于团队员工工作的全过程，包括对员工个人需要的了解、个性的把握、行为过程的控制和行为结果的评价等。赫兹伯格说过，“如何激励员工——锲而不舍”，因此，激励需要耐心。

第四，信息沟通贯穿于激励工作的始末，从对激励制度的宣传、团队员工个人的了解，到对员工行为过程的控制和对员工行为结果的评价等，都有赖于一定的信息沟通。团队组织中信息沟通是否通畅，是否及时、准确、全面，直接影响着激励制度的运用效果和激励工作的成本。

第五，激励的最终目的是在实现组织预期目标的同时，也能让组织成员实现其个人目标，即达到组织目标和员工个人目标的统一。

（一）激励的相关理论

激励理论的基本思路，是针对人的需要来采取相应的管理措施，以激发动机、鼓励行

为、形成动力。因为人的工作绩效不仅取决于能力，还取决于受激励的程度，通常用数学公式表示

$$工作绩效 = f（能力 \times 激励）$$

因此，行为科学中的激励理论和人的需要理论是紧密结合在一起的。

1. 马斯洛需求层次理论

著名心理学家马斯洛把人的需要由低到高分为五个层次，即生理需要、安全需要、社交需要、尊重需要、自我实现需要，并认为这些需要有层级之分。在特定时刻，人的一切需要如果都未得到满足，那么满足最主要的需要就比满足其他需要更迫切。只有排在前面的那些低层级的需要得到满足，才能产生更高一级的需要。

当一种需要得到满足后，另一种更高层次的需要就会占据主导地位。从激励的角度看，没有一种需要会得到完全满足，但只要其得到部分满足，个体就会转向追求其他方面的需要了。按照马斯洛的观点，如果希望激励一个员工，就必须了解此人目前所处的需要层次，然后着重满足这一层次或在此层次之上的需要。

比如，有的员工可能更希望得到更高的工资，而有的员工也许并不在乎工资，而希望有自由的休假时间。又比如，对一些工资高的员工，增加工资的吸引力可能不如授予他“A 级业务员”的头衔吸引力大，因为这样可以使他觉得自己享有地位和受到尊重。

2. 双因素理论

双因素理论，又称激励—保健理论，是美国的行为科学家弗雷德里克·赫茨伯格（Frederick Herzberg）提出来的。

20 世纪 50 年代末期，赫茨伯格和他的助手们在美国匹兹堡地区对 200 名工程师、会计师进行了调查访问。结果发现，使职工感到不满的，都是工作环境或工作关系等保健因素。使职工感到满意的都是属于工作本身或工作内容等激励因素；其中，保健因素包括公司政策、管理措施、监督、人际关系、物质工作条件、工资、福利等。当这些因素恶化到人们可以接受的水平以下时，就会对工作不满意。但是，当人们认为这些因素很好时，它只是消除了不满意，并不会导致积极的态度，这就形成了某种既不是满意，又不是不满意的中性状态。

那些能带来积极态度、满意和激励作用的因素被称为激励因素，这是那些能满足个人自我实现需要的因素，如成就、赏识、挑战性的工作、增加的工作责任，以及成长和发展的机会。如果这些因素具备了，就能对人们产生更大的激励。从这个意义出发，赫茨伯格认为传统的激励假设，如工资刺激、人际关系改善、工作条件改善等，能消除不满意，防止产生问题，但都不会产生更大的激励。

根据赫茨伯格的研究发现，经理人应该认识到保健因素是必需的，不过它一旦中和了不满意，就不能再产生更积极的效果。只有激励因素才能使人们有更好的工作成绩。

3. 期望理论

美国心理学家弗鲁姆于 1964 年提出了期望理论。该理论认为，激发的力量来自效价与期望值的乘积，即

激励的效用=期望值×效价

其中，期望值是达到团队目标的可能性大小，以及团队目标达到后兑现个人要求可能性大小的主观估计；效价是团队和团队的目标达到后，对个人产生的好处或价值，及其价值大小的主观估计。这就是说，推动人们去实现目标的力量，是两个变量的乘积，如果其中有一个变量为零，激励的效用就等于零。这两种估计在实践过程中会不断修正和变化，发生所谓“感情调整”。比如，员工认为自己有能力完成这项任务，完成任务后员工估计老板肯定会兑现他晋升工资的诺言，而增加工资正是员工的最大期望，所以，员工工作的积极性肯定很高。管理者的任务就是要使这种调整有利于达到最大的激发力量。因此，期望理论是过程型激励理论。

小李很想买部手机，他看上了一款6000元左右的手机。但是他一个月只挣1000元，买6000元的手机实在是困难。因此，买手机就相当于小李的高期望值、低效价的事情。因为他期望值很高，想买这部手机，但是他很不容易达到，所以它是低效价的。

作为管理者，在发现员工的激励因素的时候一定要发现高期望值、高效价的因素，这样对员工的激励才是有效激励。高期望值、低效价的因素没有什么激励作用。同样，低期望值、高效价的因素也没有激励作用。

（二）激励的基本原则

1. 目标结合原则

在激励机制中，设置目标是一个关键环节。目标设置必须同时体现组织目标和员工需要。

【案例3－1】

专门研究领导理论的日本学者松井做了一个实验。在一个中学里，他从一班中选出50名学生，发给每人一支粉笔，让他们依次在一面墙前跳起，并在自己能摸到的墙的最高处画一道横线，然后鼓励他们：“尽自己最大的努力往高处跳，看看你们到底能够跳多高。”

到了下一堂体育课。松井事先在每人上次所跳最高点上方三成处画了一道横线，并鼓励所有学生：“你们都还有潜力，都还没有跳出自己的最好成绩，现在你们努力跳，看谁能达到横线。”结果一班50名学生有26人超过了新的横线。

他又在二班挑了50名学生，做了与一班相同的第一次试验，两班的成绩相差无几。但在第二次试验时，松井没有预先给这50名学生画横线以明确目标，只是泛泛地鼓励他们：“相信你们还有潜力没能发挥出来，大家努力跳，看谁能比上次跳得更高。”结果这些学生中超过第一次高度三成的只有8人。

（资料来源：李宁，郑海燕．如何管好电话销售团队［M］．北京：中国社会科学出版社，2007.）

2. 物质激励和精神激励相结合的原则

物质激励是基础，精神激励是根本。在二者结合的基础上，逐步过渡到以精神激励为主。

【案例3-2】

一个培训师在为某公司做人力资源策划时，建议该公司领导借圣诞节晚餐挨户到“十佳销售”人员家中热情道贺，并送上鲜花和烤鸭，与员工家属畅谈公司远景。结果，员工及家属感动得热泪盈眶。

回家的路上，总经理说他看到了公司的未来，而接下来的几个月，这些员工的销售业绩则不断地上升，为公司创造了更多的价值。

一束鲜花、一只烤鸭不过几十元，但其蕴含的感情是多少钱也无法买到的。对销售人员发自内心的关怀是激发其工作热情的关键。

（资料来源：杨丽，任锡源．电话营销［M］．北京：中国物资出版社，2011．）

3. 引导性原则

外部激励措施只有转化为被激励者的自觉意愿，才能取得激励效果。因此，引导性原则是激励过程的内在要求。

4. 合理性原则

激励的合理性原则包括两层含义：①激励的措施要适度。要根据所实现目标本身的价值大小确定适当的激励量；②奖惩要公平。

5. 明确性原则

激励的明确性原则包括三层含义。第一，明确。激励的目的是明确需要做什么和必须怎么做。第二，公开。特别是在分配奖金等大量员工关注的内容上，公开更为重要。第三，直观。实施物质奖励和精神奖励时都需要直观地表达它们的指标。直观性与激励的影响效应成正比。

6. 时效性原则

要把握激励的时机，“雪中送炭”和“雨后送伞”的效果是不一样的。激励越及时，越有利于将人们的激情推向高潮，使其创造力连续有效地发挥出来。

7. 正激励与负激励相结合的原则

所谓正激励就是对员工符合组织目标的期望行为进行奖励。所谓负激励就是对员工违背组织目的的非期望行为进行惩罚。正负激励都是必要而有效的，不仅作用于当事人，而且会间接地影响周围其他人。

8. 按需激励原则

激励的起点是满足员工的需要，但员工的需要因人而异、因时而异，并且只有满足最迫切需要（主导需要）的措施，其激励强度才大。因此，领导者必须深入地进行调查研究，不断了解员工需要层次和需要结构的变化趋势，有针对性地采取激励措施，才能收到实效。

（三）激励过程

激励的目标是使组织中的成员充分发挥出潜在的能力。激励是“需要→行为→满意”的一个连锁过程。

一个人从有需要直到产生动机是一个心理过程。比如，当下属做了一件自认为十分漂亮的事情后，他渴望得到上司或同事的赞赏、认可和肯定，这就是他渴望被上司激励的心理动机。这时，如果上司及时而得体地用表扬激励了他，他在今后的工作中会更卖力，做得更好，这就使他产生了努力工作的行为，而这种行为会导致好的结果，最后达到下属和上司都满意的成效。

（四）激励机制

对一个企业、一个团队而言，要想长足、稳健发展离不开科学合理的激励机制。恰当的激励制度不仅可以吸引优秀的人才加入企业及团队，还可以营造良性的竞争环境，让员工充分发挥才智，同时有助于留住优秀人才。

激励机制就是在激励中起关键性作用的一些因素组合，由时机、频率、程度、方向等因素组成。它的功能集中表现在对激励的效果有直接和显著的影响，所以认识和了解激励的机制，对做好激励工作是大有益处的。

1. 激励时机

激励时机是激励机制的一个重要因素。激励在不同时间进行，其作用与效果会有很大的差别。超前激励可能会使下属感到无足轻重；迟到的激励可能会让下属觉得画蛇添足，失去了激励应有的意义。

激励如同发酵剂，何时该用、何时不该用，都要根据具体情况进行具体分析。根据时间上快慢的差异，激励时机可分为及时激励与延时激励；根据时间间隔是否规律，激励时机可分为规则激励与不规则激励；根据工作的周期，激励时机又可分为期前激励、期中激励和期末激励。激励时机既然存在多种形式，就不能机械地强调一种而忽视其他，而应该根据多种客观条件，进行灵活选择，更多的时候还要加以综合运用。电话营销人员的激励也要关注激励时机的选择。

2. 激励频率

所谓激励频率是指在一定时间里进行激励的次数，它一般是以一个工作周期为时间单位的。激励频率的高低是由一个工作周期里激励次数的多少决定的，激励频率与激励效果之间并不完全是简单的正相关关系。

激励频率的选择受多种客观因素的制约，这些客观因素包括工作的内容和性质、任务目标的明确程度、激励对象的素质情况、劳动条件和人事环境等。一般来说有下列几种情形。

第一，对于工作复杂性强，比较难以完成的任务，激励频率应当高；对于工作比较简单、容易完成的任务，激励频率就应该低。

第二，对于任务目标不明确、较长时间才可见成果的工作，激励频率应该低；对于任务目标明确、短期可见成果的工作，激励频率应该高。

第三，对于各方面素质不够的工作人员，激励频率应该高，对于各方面素质较好的工作人员，激励频率应该低。

第四，在工作条件和环境较差的部门，激励频率应该高；在工作条件和环境较好的部门，激励频率应该低。

当然，上述几种情况，并不是绝对的，通常情况下应该有机地联系起来，因人、因事、因地制宜地确定恰当的激励频率。

对于电话营销工作来说，它通常完成难度大、任务明确、短期可见成效、相关工作人员素质不够、工作条件和环境比较差，因而，激励的频率应该比较高。

3. 激励程度

所谓激励程度是指激励量的大小，即奖罚标准的高低。它是激励机制的重要因素之一，与激励效果有着极为密切的联系。能否恰当地掌握激励程度，直接影响激励作用的发挥。超量激励和欠量激励不但起不到激励的真正作用，有时甚至还会起反作用。比如，过分优厚的奖赏，会使人感到得来全不费功夫，丧失了发挥潜力的积极性；过分苛刻的惩罚，可能会导致人的破罐子破摔心理，挫伤下属改善工作的信心；过于吝啬的奖赏，会使人感到得不偿失，多干不如少干；过于轻微的惩罚，可能导致人的无所谓心理，不但不改掉毛病，反而会变本加厉。

所以从量上把握激励，一定要做到恰如其分，激励程度不能过高也不能过低。激励程度并不是越高越好，超出了某一限度，就无激励作用可言了，正所谓“过犹不及”。

4. 激励方向

所谓激励方向是指激励的针对性，即针对什么样的内容来实施激励，它对激励效果也有显著影响。马斯洛的需要层次理论有力地表明，激励方向的选择与激励作用的发挥有着非常密切的关系。当低层次的需要基本上得到满足时，应该调整激励方向，将其转移到满足更高层次的需要，这样才能更有效地达到激励的目的。比如，对于一个具有强烈自我表现欲望的营销员工来说，如果要对他所取得的成绩予以奖励，给他奖金和实物不如为他创造一次能充分表现才能的机会，使他从中得到更大的鼓励。还有一点需要指出的是，激励方向的选择是以优先需要的发现为前提条件的，所以及时发现下属的优先需要是相关管理者实施正确激励的关键。

任务实训

选择具有代表性的企业的电话营销团队，让学生去分析其电话营销人员绩效考评及激励制度，并分组讨论。

复习思考

1. 简述电话营销团队规划的实施步骤。

2. 电话营销团队成员的甄选标准有哪些？

3. 简述电话营销团队的绩效考评过程。

4. 试述针对电话营销团队成员的激励方式。

案例分析

中国移动自从客服中心集中化管理之后，各地市呼入员工除了相当一小部分分流到营业厅、大客户部门以外，更多是转向电话营销工作，还有少部分员工在从事投诉处理工作。中国联通各省也在进行着集中化管理工作（集中先后顺序不一样，不列举），各地市的呼入人员也会陆续从事电话营销的工作。电话营销的工作越来越受到运营商的关注。以下是一位从业人员提出的针对电话营销人员的激励方式。

第一种：内部电话营销技能大赛。

内部电话营销技能大赛要有明确的活动规则，评委进行点评，奖励方法提倡以物质奖励为主。大赛的优胜者需要后期对全公司营销团队进行电话营销的技能培养。大赛可以设置多种奖项，比如最佳“电话营销脚本奖”“最佳新人奖”“季度营销冠军”等。

第二种：提供多种晋升和学习机会。

在初期整合团队的时候，可以将那些在电话营销能力突出的电话经理培养成内部培训师或者是班组长，希望他们能够带领出更多优秀的电话经理。对于这些培训师或者是班组长，可以给更多的学习机会，作为奖励的一种，比如外派培训，公司组织的培训优先考虑这些人员参加等。

第三种：公司高层对整个电话营销团队的重视。

在电话营销团队激情不足的时候，地市公司各层营销老总要重视，要去现场进行鼓励。有些公司对客服的重视程度是比较低的，主要因为客服是非利润中心，当有了电话营销团队，能够产生业绩的时候，能够有新的信息源传递给公司的时候，公司营销老总肯定会重视，要去鼓励这些电话营销成员勇于拼搏、积极创新。当然，电话营销主管要坚持每天的例会，这样可以及时发现这些电话经理碰到的问题，现场解决，这也是非常有效的激励手段。只有上下一致关注电话营销团队成长的时候，整个团队才会发展得更成熟、健康。

第四种：创建学习型组织。

将优秀的电话营销人员组织起来，结合各地市实际业务情况，汇编电话营销操作手册和考核手册，充分调动他们学习的积极性，同时将这些活动的参与情况和年终考评挂钩。在电话营销团队中，还可以建学习园地，以黑板报、内部刊物等形式宣传，对优秀的文章进行上报表扬，营销团队的学习氛围对电话营销工作有很大的帮助。

第五种：持续有效的团队活动。

几乎所有的激励都会涉及团队活动，比如外出旅游、聚会等一些活动，来加强团队成员的合作和认识，让大家在平时工作中更加默契、有效。但团队活动的激励持续时间并不会太长，所以一定要有活动规划，包括各个时间段的团队活动，这样才能充分保证团队的凝聚力。

第六种：心理及技术辅导。

团队是人的组合，每个人的情绪都会或多或少影响到团队行为。当电话经理在工作中被客户不理解或者投诉的时候，可能会将不高兴的心情带到下一个电话中，这时候需要营销团队主管的帮助，通过一对一辅导，在技巧上进行强化，在心理上进行舒缓，这样的辅导是非常必要的，而且要出现在适当的时候。上层主管必须关心每一个成员的心理变化，包括工作、家庭等引起的心理变化。

第七种：富有人性化的考核。

很多运营商的电话经理，他们的工资待遇和呼入员工差距不大。为什么？其实是考核的问题。实际上建议电话经理的工资构成如下：基本工资要占一半左右，另一半由电话营销所产生的业绩和电话量构成，别的考核暂时不计算在内。但是，有些移动公司按星级电话经理考核，基本上不算电话经理所产生的业绩，实际上这也说明移动公司并不是希望通过电话营销的模式来赢利，但也不愿意放弃这块市场。可是，这样的考核会影响到电话经理的销售热情，他们会觉得即使营销成功了，也没有奖励，因此当联通公司地市集中的时候，一定要有合理化的考核体系，从而保证外呼团队的销售激情。

（资料来源：杨丽，任锡源．电话营销［M］. 北京：中国物资出版社，2011.）

问题：

1. 试评价案例中提到的七种激励方式。
2. 你有没有更好的激励设想？

任务四　做好电话营销的准备

学习任务

1. 了解电话营销资料和硬件准备的内容。
2. 把握电话营销时要有的心理准备。

情景案例

日本营销大师夏目志郎有一次给客户打电话沟通一件重要的事情，客户说：“对不起，夏目志郎，我现在非常忙，我没有时间。”

夏目志郎说：“没关系，××先生，我很理解，但是我只需要5分钟的时间，今天不管任何时间，不管多晚，您告诉我，我都会打过去！请问可以吗？”客户最后说：“今晚开完会

议，安排好工作之后，回到家可能是凌晨一点了，你可不可以凌晨两点再打电话过来？”

夏目志郎立刻说道：“没有问题！”

夏目志郎没有忘记和客户约好的电话。他凌晨一点多起床，开始穿衣服、打领带、刷牙、洗脸、梳头，一共花了四十多分钟，接着他不断地练习自己的微笑、不断地练习自己的声音。

他太太问他：“老公，快凌晨两点了，你要干什么？”

他说：“我要给客户打个电话。”

他太太问他：“你打多长时间啊？”

夏目志郎说：“只要5分钟就可以了，你先休息吧。”

他太太很不解：“打5分钟电话还要起来刷牙、洗脸、穿衣服、打领带？你躺在床上打不就行了吗？”

夏目志郎说：“太太，你对我还不太了解，等会儿打完电话我再告诉你。”

到凌晨两点的时候，他准时把电话打过去，以非常饱满的声音说道：“您好，我是夏目志郎……”他那种发自内心的声音，他那种充满热情、富有感染力的声音，即使在凌晨两点，也可以感染每一个与他通话的人！5分钟后，当他挂上电话，他又开始解领带、脱衣服、准备上床睡觉，一共又花了近20分钟。

他的太太对他说：“你打一个电话，穿衣服等准备工作花了四十多分钟，脱衣服又花了将近20分钟，打5分钟电话真需要前后花费约一个小时吗？”

他告诉他的太太：“虽然我的客户看不到我，但是他可以听到我的声音，可以感受到我此刻的状态、感受到我此刻的热情、感受到我此刻的微笑。”

（资料来源：影响力中央研究院教材专家组．一线万金：电话营销的7阶秘诀［M］．北京：电子工业出版社，2009.）

看完这个故事，大家可能会感叹这样成功的一个人，打电话还这样用心，做这么充分的准备，这也许就是他能够取得如此巨大成就的原因吧。

电话营销前的准备就像大楼的地基，如果地基打得不扎实，大楼可能很快就会倒塌。与客户电话沟通的效果，和前期准备工作有很大的关系。即使电话营销人员沟通能力很强，如果准备工作做得不好，也不可能达到预期的效果。面对面销售的时候，准备工作会花去相当多的时间，在电话营销中，由于时间少、客户易挂电话等因素的存在，准备工作更显得重要。电话营销资料、硬件配套设施及营销人员的心态准备是电话营销人员致电客户之前必须要做的工作。

知识体系

一、电话营销资料的准备

正所谓“知己知彼，百战不殆”，做销售亦是如此。只有对自己和竞争对手、客户等的信息了如指掌，才能把这场仗打得漂亮！试想，哪位客户愿意和一个一问三不知的销售人员打交道呢？

（一）了解公司

公司就是我，我就是公司。电话营销人员必须具备这种职业意识。即使与客户是在线上沟通，营销人员的一言一行也和站在客户面前时一样，代表着公司的形象，展示着公司的文化，体现着公司的服务意识。

在电话中与客户沟通时，客户经常会问一些有关公司的问题，因此，电话营销人员必须在上岗前了解公司的相关知识，其具体内容如下。

公司的历史、现状、发展前景；

公司在行业内的竞争优势；

公司主营业务、生产能力、市场占有率；

公司的组织结构、管理制度、文化、经营理念等；

公司具体的销售政策、服务理念等。

【案例 4－1】

电话营销人员："先生，您好，很高兴能为您服务！我们公司是集艺术交流、活动策划、演艺晚会、公司庆典、影视制作、专辑拍摄、营销策划、广告业务于一体的综合性文化传媒公司。"

客户："我对你们公司的业务很感兴趣，能给我详细地介绍一下吗？"

电话营销人员："我们公司曾多次参与和承办文化交流、广告策划、会议布展等各类文化庆典活动，为其他公司提供企划创意、媒体发布、礼品销售等服务，是行业中知名度较高的王牌公司，连续五年被评为行业的模范标兵。如果您有什么需要，我们将为您提供最全面最周到的服务。"

客户："听了您的介绍，我才明白原来贵公司的服务业务如此之广，以前仅仅知道你们公司是做广告宣传的……"

电话营销人员："是的，先生，我们公司业务范围比较广，请问您有什么需要吗？"

客户："是的，我最近打算举办一个大型的艺术文化交流会。你们能为我做一个全程的策划安排吗？"

电话营销人员："当然可以，先生，大型活动策划是我们的强项……"

客户："嗯，那好，下周我会派人和你细谈有关活动举办的相关事项。"

电话营销人员："好的，我会提前和您约时间。"

……

在上述案例中，电话营销人员熟练掌握了公司的主营业务、公司在行业内的竞争能

力、知名度等相关情况，对客户的问题可以对答如流，最终赢得了客户的信任，让客户能放心地将活动策划交给该公司。

（二）了解产品

产品是电话营销的主线，也是吸引客户的重要因素。电话营销人员要了解产品，除了要了解产品的结构、性能、价格之外，还要成为产品应用专家。

这就要求电话营销人员除了对自己所卖产品的基本信息非常熟悉之外，还清楚自己的产品在客户那里是如何被使用的、是如何帮助客户创造价值的，尤其当所销售的产品比较复杂的时候，这一点就更为重要了。只有这样，电话营销人员才能在电话中快速地与客户建立起信任关系，并根据客户的需求为其有针对性地介绍产品。

【案例4-2】

一位电话营销人员到公司上班的第一天，还没有经过培训，经理告诉她："为了让你尽快适应和熟悉工作，这是潜在客户名单，你今天尝试着与名单所有客户取得联系。"

经理的意图是好的，但最后的结果呢？当这位电话营销人员打通第一个电话的时候，客户在电话那头问她："你们公司是做什么的？"她回答："您好，我们公司主要出售笔记本电脑。"客户又问："我最近正好想换一台商务电脑，你给我介绍一下你们性价比高的几款吧。"这位电话营销人员哑口无言，因为她真的不太清楚公司的产品信息，开始支支吾吾，最后紧张得赶紧挂断了电话。

上述案例说明，电话营销人员在对本公司的产品没有全面、深入了解的情况下就贸然致电客户，当客户对产品提出了越来越具体的问题时，营销人员可能会无言以对，最后仓皇挂机。

（三）了解竞争对手

【案例4-3】

客户："你们公司的笔记本电脑和其他品牌公司的电脑区别在哪里呢？"

电话营销人员："每个公司的产品从外观到内部结构都是有区别的。"

客户："那你能对比一下你们公司电脑的显卡和××品牌的区别吗？"

电话营销人员："我们的产品效果更好一些。"

客户："效果好在哪里？"

电话营销人员："产品性能好，质量过硬，售后服务更好！"

客户："看来你对自己的产品并不了解啊！"

电话营销人员："了解啊，您还想知道什么？"

客户挂机。

在上述案例中，可以看出电话营销人员对于本公司生产的产品与竞争对手的产品的异同、优劣势所在并没有具体、透彻的认识，所以在客户要求就公司品牌产品与其他竞争性品牌产品进行对比分析时，电话营销人员只能作出笼统的回复，无法令客户满意、信服。

其实，在销售人员推荐自己的产品时，经常会得到客户这样类似的回复，见表4－1。

表4－1　电话营销中常见的客户回复

回复一	啊，这种产品啊，我们已经采购了，是××品牌的
回复二	××品牌的产品我们一直在用，不想更换
回复三	你们两家产品都差不多，我为什么要用你们的呢
回复四	我听过××品牌，没听过你们品牌

资料来源：张超．万金系一线：电话销售实战技巧［M］．北京：机械工业出版社，2011.

表4－1中所列的四种情景都可以归结为同一种客户心声：我们有青睐的品牌产品，为什么要买你的产品？电话营销人员遇到这种情况，该如何应对呢？

从以上情况不难看出，对竞争对手产品不了解的消极影响不亚于对所销售产品的不了解。一件产品能吸引客户的关注，通常有两方面原因：一是产品本身很好；二是比其他同类产品还要好。电话营销人员要做的就是证明这两点。具体来说，销售人员可以这样做。

第一，收集竞争对手的相关信息（如产品资料、销售状况等），找出同行中比本公司强的公司，并将其列为重点关注对象。

第二，从产品、价格、促销、服务、品牌等方面对收集到的竞争对手的资料进行整理，综合分析竞争对手产品的优点与不足之处，找准其卖点，比较和总结本公司产品的优势所在，并在与客户沟通中突出本公司产品的优势，引导客户向着有利于本公司产品的方向倾斜。

第三，给每一家同类公司建立档案并进行长期比较和追踪，了解它们的销售策略和计划，调查市场总体情况，进而分析制定出符合市场需求、符合公司现状的一套销售策略和沟通策略，以便找准市场、找准客户。

第四，定期举办行业内的产品文化交流与展示的相关活动，邀请同行业中的知名品牌公司参加，在相互交流与产品展示中，吸收学习其先进的产品技术水平与相关的管理销售策略，找出自己的缺点与不足。在竞争中学习，在产品的交流与展示中提高自己的眼界，开阔自己的视野。

【案例4－4】

客户："你们公司的产品和其他品牌公司的产品有什么不同吗？我们以前一直使用的

是××公司的产品。”

电话营销人员：“我们公司的产品是最新完全自主研发出来的，而××公司的产品相当于我们的上一代产品。”

客户：“最新研发出来的吗？能具体说一下和我现在使用的××公司产品的区别吗？”

电话营销人员：“嗯，好的！我们公司的产品是今年九月份最新研发的成果，和您现在使用的××公司的产品相比有以下不同。首先，售价更低，据我所知，您现在使用的××产品平均使用寿命是6个月，成本是2000元，也就是说一年需要4000元，这还不包括电费、水费等附加费用。而我们公司最新研发的产品平均使用寿命提高到了一年，而费用只需3000元，在价格方面就为您节约了1000元。其次，在其他附加费用里面，由于公司采用新的技术为您极大地节约水电费，能为您节省更多费用。另外……”

客户：“真的吗？没用过你们的产品，也不知道……”

电话营销人员：“李总，请您放心，我们公司的产品申请了国家专利，获得了质量认证。和您现在使用的产品相比，我们公司的产品有更好的质量保证，而且我们的售后服务更好……”

客户：“那么我能看一下你们公司的产品吗？”

电话营销人员：“当然可以……”

上面的这个例子就很好地说明了营销人员对竞争对手和其产品了解的重要性，正因为他对自己竞争对手的产品有很深入的了解，才能明确自己产品的与众不同之处，找到自己产品的卖点，让自己的产品能引发客户的兴趣。

一个行业往往会有成百上千家公司跻身于此，而要想自己的产品被客户接受，营销人员就必须知道自己产品不同于其他产品的地方，知道自己产品的卖点，而要想知道自己产品的卖点，首先就得了解竞争对手产品的卖点，明白它们卖出产品靠的是什么，用什么吸引住客户。客户在乎的是对自己最有利的东西。所以，对于销售人员来说，了解竞争对手，了解竞品在竞争中的优劣势是非常关键的，这关系到能否成功行销产品。

（四）了解目标客户

目标客户是指企业的产品或者服务的针对人群，是企业产品或服务的直接购买者或使用者。确定目标客户是营销工作的前提，只有确立了消费群体中的某类目标客户，营销人员才能展开有效的、具有针对性的营销服务。

电话营销人员需要了解和认识所要接触的客户，熟悉客户的一些基本情况，能在对客户资料的搜寻与解读中大概把握客户的真实需要，以便做好与客户的通话准备。大量事实与经验表明，如果电话营销人员在通话前熟悉客户资料，将会使电话营销工作事半功倍。反之，如果电话营销人员对自己的客户一无所知，那么销售将会陷入非常尴尬的局面。如何面对客户，如何与客户有效沟通，如何激发他们的真实需求，将是电话营销人员面临的一系列问题。

那么一名优秀的销售人员又该如何去了解客户的资料呢？下面就是一套全面了解客户的好方法。

1. 搜寻目标客户

要想分析客户，进一步和客户接触，首先得寻找到目标客户，搜寻客户的方法主要有以下几种。

（1）借助展会搜寻目标客户

电话营销人员一般都要参加产品展示、产品发布、行业交流等各种各样的专业型展会，经常参加这样的展会可以让电话营销人员最大限度地接触到潜在的目标客户，获得他们的相关资料，为日后的产品销售打下坚实的基础。同时，这样的展览也会为电话营销人员提供一个综合性交流平台，让电话营销人员对整个行业以及行业内其他竞争对手的情况有所认识与了解。

【案例4－5】

某大型电子产品展销会现场

电话营销人员："您好，先生，请问我有什么能帮助您吗?"

客户："您好，我想看一下你们的这款产品。"

电话营销人员："好的，先生，您请。"（双手送上）

客户："这个产品有什么特别之处吗?"

电话营销人员："先生，您请看……"（具体演示）

客户："哦，原来是这样啊，挺不错的，但是样式对我来说有点儿不合适。"

电话营销人员："没关系的，先生，能留一下您的联系方式吗? 我们公司正在研发一款新样式的产品，不久将会面世销售，我想您应该会感兴趣的。"

客户："好的，到时候通知我吧……"

（2）利用互联网搜寻目标客户

现代社会是网络信息化社会，这使得人们在网上搜索潜在客户成为可能。首先，一定要关注行业网站，比如，电话营销人员是做机械产品销售的，那么就可以经常去塑料机械网等网站看看。这里不仅有同行，更有非常多的潜在客户，在这里电话营销人员有可能寻找到自己的目标客户。另外，现在一些受欢迎的新媒体平台也是需要关注的，如购物商城、论坛、博客、微博、微信公众号、App等。互联网上的信息量大、更新速度快、信息收集效率比较高，不失为寻找客户的好渠道。

（3）通过关系网来搜寻目标客户

电话营销人员可以利用自己的关系网，比如亲戚、朋友、过去的同事、老客户等作为

寻找客户资源的重要载体。调查表明，80%以上的销售业务是由老客户介绍和推荐的。由老客户推荐的客户是最好的客户资源。通过这样的方法寻找到的客户，容易建立起长期稳定的合作关系。这种途径也往往会为电话营销人员带来连锁的销售反应，形成一个强大的电话营销关系网络。

当然，收集客户资料的途径还有很多，比如利用行业杂志、专业报纸等。过去，还可利用专用的公用电话簿来搜寻目标客户，但现在，应用得已比较少了。总之，作为一个电话营销人员，只要有心，客户资料的收集就不是一个大问题。

【案例4-6】

迈克尔·戴尔打电话卖报纸

许多人都知道戴尔电脑，但是戴尔的创始人迈克尔·戴尔是如何从大学宿舍的办公室起家做到全球前几名的电脑制造商却鲜有人知。原来，和比尔·盖茨一样，戴尔也是辍学创业，他在大学期间就借助电话营销创造了奇迹。

大一暑假期间，戴尔应聘了通过电话销售报纸的工作。暑假结束开学后，财务课老师说："我相信很多同学在假期都去打工了，今天我们讲的是财务，首先大家要对收入支出有一个概念，你们算一下暑假的两个月期间自己赚了多少钱。"

五分钟过后，老师说赚了1000~2000美元的同学举手，这时有六十几个人举手；老师又让赚了2000~3000美元的举手，又有十几个人举手；老师又让赚了5000~10000美元的同学举手，大概有四个举手。老师又让赚到10000美元以上的同学举手，这时只剩一个人举手，这个人就是迈克尔·戴尔。他赚了多少呢？他赚了18400美元。

这时，老师没有问戴尔是怎么赚到这么多钱的，而是对大家说："我们财务第一课的要点是什么呢？就是认真仔细。认真仔细到一个小数点都不能错。"然后，老师要求戴尔重新计算一下两个月来到底赚了多少钱。戴尔重新算了一下，并请老师帮忙复核了一下，发现确实是赚了18400美元。

全班同学和老师都很好奇，就问戴尔是如何赚到这么多钱的。原来，戴尔是通过电话销售报纸赚钱的。订阅一份全年的报纸80美元，戴尔每通过电话销售出一份订阅全年的报纸可以获得20美元的佣金。当时还有3个和戴尔一起去做电话销售工作的人，2个月内，一个赚了4400美元，一个赚了2000多美元，一个赚了1000多美元。

其实，戴尔刚开始也经历了很多挫折。第一个星期里，他每天打80个电话，但是只成交了3单。而其余三人，一个成交了11单，两个成交了9单。在这批40多个暑假工作人员中，个人普遍成交量约为9单。

到第二个星期，戴尔就在星期一、星期三、星期五去拜访了那3个成交的客户，他发现成交的客户有两个特点：其一，他们都是接到电话30秒后，就开始促成订单；其二，他们都是刚刚搬家过来不到一个月。后来他还发现，刚刚结婚的人订阅报纸的概率也比较大，于是他找到搬家公司找寻名单，同时雇了一批中学生去收集最近结婚和即将结婚的人的电话。在搬家公司那里获得了300个电话后，他就一个个打过去，最后成交的有150多个。

戴尔通过电话和网络来销售电脑获得成功以后，回忆起这段经历。之前他百思不得其解，为什么刚搬家和刚结婚的人更容易订阅报纸，原来是因为搬家的人的信箱都是空荡荡的，他们会有一种失落的感觉，想通过订报纸填充内心的失落感。

（资料来源：戴尔是如何通过电话销售创造奇迹的?[EB/OL].(2019-02-24)[2021-11-20].https://www.e0575.cn/simple/?t11265148.html.）

2. 客户类型分析及对策

锁定目标客户之后，公司需要准确的客户信息。有句话说得好："避免万一失手，胜过百发百中。"在战场上，最忌讳的是在不了解对方的情况下就冒然发动进攻，因为这样往往会凶多吉少。所以，当电话营销人员对客户没有把握时，最好先按兵不动。当然并不是说无所事事，而是蓄势待发，因为在此期间，电话营销人员必须花费精力去调查，去分析客户的背景，想办法尽可能多地掌握对方的资料。

电话营销人员在营销过程中，常常会遇到各种各样的客户，电话营销人员可以根据不同的分类方法对客户进行划分。针对不同类型的客户采用不同的策略，往往会取得事半功倍的效果。

（1）按性格差异划分类型及对策

第一类：理智稳健型。

这类客户的特征是凡事喜欢深思熟虑、冷静稳健，不容易被推销员的言辞所说动，对于疑点必详细询问。与他们进行沟通时，应该加强产品品质，公司性质及特点、优点的说明，一切说明须合理有据，以获取客户理性的支持。

第二类：情绪冲动型。

天性易激动、易受外界怂恿与刺激，很快就能作决定是情绪冲动型客户的最明显特征。针对这种类型的客户，可以在沟通伊始就大力强调产品的特色与实惠，促其快速决定。如果客户不欲购买，须应付得体，以免其影响到其他潜在客户。

第三类：沉默寡言型。

沉默寡言型的客户一般都出言谨慎，经常三缄其口，反应冷漠、严肃。如果电话营销人员想与他谈定一笔生意，除了介绍产品，还必须以亲切、诚恳的态度拉近距离，想办法了解其工作、家庭等情况，以了解其心中的真实想法和需要。

第四类：优柔寡断型。

这一类型的客户总是犹豫不决、反复无常，缺乏购买经验，怯于作决定。如买房时本来认为四楼好，一下又觉得五楼好，其实六楼也不错，对于这一类型的客户，应对的办法就是不要给客户太多的选择，在充分了解客户的需求后取得其信任，帮其作出选择。

第五类：喋喋不休型。

这一类客户对任何事情都过分小心，说话往往喋喋不休，有时甚至离题甚远。这时，电话营销人员须先取得他的信任，增强其对产品的信心。客户离题太远时，电话营销人员须随时留意适当时机以便切入正题。从下订金到签约须快刀斩乱麻，免得夜长梦多。

第六类：盛气凌人型。

趾高气扬，以下马威来吓唬营销人员，拒人于千里之外是盛气凌人型客户的典型特征。面对此类客户，电话营销人员必须稳住立场，态度不卑不亢，尊敬对方，适度恭维对方，找寻突破口，以真诚来打动对方。

第七类：敏感计较型。

敏感计较型的客户大多心思细密、锱铢必较，且容易往坏处想，任何事都可能会刺激到他。与此类客户打交道需谨言慎行、多听少讲、态度庄重、重点说服。利用气氛进行说服，并强调产品的优惠，促其快速决定。

（2）按年龄划分的客户类型及对策

第一类：老年型客户。

特征：这种类型客户的共同特征便是孤独。他们往往会寻求朋友及家人的意见，来决定是否购买商品，对营销人员所说的话，他们疑信参半。因此，在作购买决定时他们比其他客户更谨慎。

对策：进行商品说明时，电话营销人员的言辞必须清晰、确定，态度诚恳而亲切，同时要着力消除他的孤独感。电话营销人员向这类客户销售商品，关键在于必须让他相信自己的为人，这样才能事半功倍。

第二类：中年客户。

特征：这种类型的客户拥有家庭，也有稳定的职业，他们希望能拥有更好的生活，注重自己的未来，想努力使自己活得更加自由自在。

对策：最重要的是和他们做朋友，让他们有所信赖。电话营销人员必须对其家人表示关怀之意，而对其本身，则要予以推崇与肯定，同时说明商品与其美好的未来有着密不可分的关联。这样一来，在他高兴之余，生意自然成交了。中年家庭是消费市场的领先者，如果电话营销人员拙于言辞，那么还是尽量避免浮夸不实的说法，认真而诚恳地与客户交谈，才是最好的办法。

第三类：年轻夫妇与单身贵族。

特征：一般来说，这类客户接受新生事物的能力比较强，其中有一些还是时尚追求者。他们不仅注重产品的使用功能，还关注产品的外观及附加价值。

对策：对于这类客户，电话营销人员必须表现自己的热忱，进行商品说明时，可刺激他们的购买欲望。同时，在交谈中不妨谈谈彼此的生活背景、未来、感情等问题，这种亲切的交谈方式很容易促使他们的冲动购买。当然，电话营销人员必须考虑这类客户的心理负担。总之，只要客户对商品具有信心，再稍受刺激，他们自然会购买。

(3) 按熟悉程度划分的客户类型

电话营销人员面对的客户，总体分为两类：一类是陌生客户，即从未电话联系过的客户，处于初次电话沟通阶段；另一类是已建立联系的客户，即打过电话，建立了一定的联系，正处于不同的跟进阶段。

对于陌生客户，营销人员需要做的是掌握客户的情况，如表 4 – 2 所示。

表 4 – 2　客户资料准备清单

	项目	本项资料描述
基本情况	客户所在行业的客观情况	
	客户的销售业绩状况	
	产品的使用部门及高层管理人员的基本情况	
	客户的产品使用情况	
	客户近期的商业活动情况	
	客户的多种联系方式	
背景情况	客户的工作单位以及职务	
	客户的专业背景和毕业院校	
	客户的个人爱好和突出才能	
	客户的个人志向	
	客户的家庭关系	
	客户的收入状况	

资料来源：张超．万金系一线：电话销售实战技巧［M］．北京：机械工业出版社，2011.

了解了客户的基本情况，营销人员可以有针对性地向客户推荐产品，有利于把初级阶段的客户发展成为以后的 VIP 客户。

(4) 按职业划分的客户类型

电话营销人员还可以根据客户的职业将其划分为不同的类型，在分析其不同的性格特征基础上，采取相应的行销策略，如表 4 – 3 所示。

表 4 – 3　按职业划分的客户类型

职业划分	性格特征	战略方法
企业家	心胸开阔，思想积极，能当场决定是否购买	可夸耀其事业上的成就激发荣誉心理，再热忱介绍商品，相信很快可以完成交易
劳工	不轻易相信他人，有自己的想法	让他切实了解产品的好处，这样他才会产生购买动机
公务员	有较强的戒备心，无法作决定	销售员需要详细介绍产品的优点，并进行诱导使其信服，否则其不会购买

续 表

职业划分	性格特征	战略方法
医师	经济情况良好，思想保守	强调商品的实际价值，显示专业知识及独特风格，则很容易达成交易
护士	对任何事持乐观态度，为自己的职业而骄傲	只要热忱作商品介绍，表达对其职业的兴趣和尊重以博其好感，多半能达到成交目的
银行职员	头脑精明，依心情状况选择商品，不喜欢承受外来压力	谦虚地进行商品说明，表现出自信的专业态度会提升成交概率
高级建筑师	喜欢工作与玩乐，较为富有且喜欢购买	简要介绍产品的优点与价值，重要的是接近他们，与其为友
工程师	追根究底，头脑清晰，不冲动购买	电话营销人员唯有凭自己的一番赤诚去介绍产品的优点，尊重他的权利，才是最有效的做法
农技师	思想保守、自信心强、独立、心胸宽大、乐意与人交往，对任何事都能接受	积极而热忱地推销说明，并与其建立友谊，日后其可能成为最忠实的客户
警官	善于怀疑人，对购买产品挑剔，为自己的职业感到骄傲	专心倾听、推崇其职业及人品，并表示敬意以提高成交的可能性
退休人员	对购买产品采取保守态度，决定和行动都相当缓慢	以刺激性的情感为诉求，引发其购买动机，介绍时需恭敬稳重，着重理论性，详细说明，逐渐激发其购买欲望
推销员	个性积极，考虑充分才会作决定	在推销时让他认为了解产品行情，以言辞佩服其知识性和专业能力会很容易成交
教师	习惯谈话、思想保守，对任何事需有所了解才肯付诸行动	介绍时谨守清晰而不夸张的原则，对其职业表示敬意，对其谈话内容需专心倾听
司机	富于常识，喜欢交友及说笑	翔实说明产品实用价值，以言语激励他谈及工作，需用心倾听，别与之发生辩驳就易成交
商业企划员	头脑精明，非常现实，绝不轻易作决定	翔实说明产品优点，强调优点，提高成交概率
室内设计师	不研究产品细节问题，只关心产品价值及实用与否	强调产品的优点和魅力，给其一个思考机会更易成交

资料来源：职业划分［EB/OL］.（2011－02－08）［2021－11－03］. http：//wenku. baidu. com/view/0bc0b43467ec102de2bd899b. html.

在电话营销过程中，不是所有客户都可以为企业带来利润，也不是所有客户都会购买营销人员所推荐的产品。所以营销人员在掌握客户资料后，下一步要做的就是筛选出具有发展潜力的客户，重点调查这类客户的需求及意见，尽量满足其需求。

3. 发展中的客户

掌握了初级阶段客户的情况后，要将客户资料迅速地整理、归入客户资料数据库，分门别类地保存这些资料，便于以后查找、详细分析以及不断更新。客户资料数据库的建立有利于不断地积累客户源，在进一步拉近与老客户距离的同时，能帮助电话营销人员不断熟悉新客户。

电话营销人员在每天拨通客户电话号码之前，都必须清楚地知道：要给谁打电话、对方情况如何、与对方的联系进行到哪种程度、本次通话的目标是什么。对于发展中的客户，电话营销人员还要在第一时间想起他是一个什么样的人，曾经进行过什么样的谈话，进行过一笔什么样的交易，合作是否愉快等。但是这些内容，只是凭营销人员的回忆肯定不够准确。所以之前提到的电话营销数据库，不只是客户的大概情况，还应该包括一些非常具体的内容作为备注补充信息，如表 4 -4 所示。

表 4 -4　　客户资料备注补充信息

具体项目	具体项目内容
客户的个人、家庭信息	
客户与相关企业的关系信息	
客户与电话营销人员的历史信息	
客户对交易合作的满意程度	
客户的经济情况及信用信息	
客户最近的贸易情况	

资料来源：张超．万金系一线：电话销售实战技巧［M］．北京：机械工业出版社，2011.

在这个表格中，历史信息相关的内容应该重点记录和随时更新。电话营销人员逐次记录电话沟通的情况、各阶段的进展，把握客户最近一段时间的购买情况，就可以有的放矢，有目的地追踪客户，向其推销产品或者服务了。

（五）其他准备

1. 准备好问题

电话营销人员在打电话之前要准备好问客户的问题，以便获取有用的信息，了解客户的需求。如果不明确该提出哪些问题，电话营销人员就无法准确地得到所需要的信息，也就无法实现目标。

2. 准备好回答

当然，客户也会向电话营销人员提出一些问题。如果客户向电话营销人员提出的问题电话营销人员不是很清楚，需要花时间找一些资料，客户很可能怕耽误时间而把电话挂掉，或者觉得电话营销人员不够专业，从而加重质疑心理，不利于信任关系的建立。因此，电话营销人员事先要假设客户可能提出一些什么问题，并考虑如何回答这些问题。可以把客户可能问到的问题列入一个工作帮助表，在手边准备好充足的相关资料，这样当客户问到这些问题时，电话营销人员可以迅速找到答案。另外，需要准备相关人员的联系电

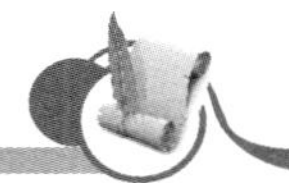

话，如果客户问的问题电话营销人员不是很清楚，可以请相关人员给客户解答。

3. 准备好等待

100 个电话中通常可能只有 80 个电话是打通的，80 个电话中又往往可能只有 50 个电话能找到相关的人，找到相关的人之后又可能因为各种原因中断谈话或是延迟进行，这样电话营销人员就需要做好等待的准备，而不能急于求成。

比如，一个刚刚入职 1 个月的电话营销人员同客户通话。这个电话营销人员已经找这个客户很长时间了，一直没有找到。这次他打客户的手机，终于打通了，客户说："我现在正在开会，回头再打电话给我。"但这个电话营销人员太激动了，因为好不容易才找到了这个客户，所以他根本就没有注意到客户所讲的话，独自在那里说个不停，最后的结果是什么呢？相信大家也可以猜得到，客户非常生气地挂掉了他的电话。因为客户在开会，开会时不能打电话，但这个电话营销人员并没有意识到这一点，这也说明他并没有做好等待的准备。

二、硬件及配套设施的准备

成功的电话营销不仅需要好的软件准备，相关的硬件设施也是必不可少的，好的硬件设备往往能使电话营销人员的营销工作更加顺利，收到事半功倍的效果。

（一）电话和电脑

正所谓"工欲善其事，必先利其器"。电话是电话营销人员的首要工作设备，公司配给工作人员的工作电话一定要保证通话质量，如电话接通后没有杂音、信号要好等，另外直拨电话支付、销售跟踪软件支持等也是必备的。配套销售跟踪管理软件可以提高销售效率，同时便于管理层管理和分析客户，制订合适的电话营销策略。

电话营销人员应该拥有自己专用的电脑，最好是笔记本电脑。这样，不仅可以上网查找一些相关信息，而且可以随身携带大量的电子版资料。

（二）传真机和扫描仪

前些年除了准备电话，传真机和扫描仪也是电话营销业务必不可少的设备。通过传真机和扫描仪，电话营销人员可以把有关产品或服务的资料及时发给客户，让客户体会到专业精神。发送完资料后电话营销人员需要及时询问客户是否收到，资料是否完整和清晰。

（三）笔和本

电话营销人员即使对自己的记忆力再有信心，也一定要做好电话交谈记录。据统计，在完全没有任何记录的情况下，一般人在打完第五个电话后，就已经记不清第一个电话的内容了，更别说记清楚客户的特殊要求了。

电话营销人员要养成这样一个习惯：一边和客户通话，一边记录客户在电话中透露的相关信息，然后将记录下来的重要信息在电话结束后补充到客户档案里。这是一个非常好

的工作习惯，因为对客户了解得越多，电话营销人员给客户打电话时可以聊的话题也就越多。如果电话营销人员在与客户通话时，能够提起上一次通话时谈过的相关内容，客户就会觉得很受重视，从而为建立良好的关系奠定基础。很多电话营销人员不愿意这样做，总认为自己的记忆力非常好。如果客户不多，不做笔记也无妨，可是电话营销人员要想成为顶尖高手，就要积累客户资源。当电话营销人员的客户积累到 100 个，甚至几百个时，电话营销人员还能记得那么多吗？俗话说："好记性不如烂笔头。"养成边通话、边做记录的习惯，其实可以节省很多的时间和精力。

（四）电话录音系统

很多公司选择电话录音系统主要是用来监控员工的工作表现，其实电话录音系统完全可以用来提高电话营销人员的沟通水平，具体操作如下。有针对性地录下电话沟通水平较好的和电话沟通水平有待提高的两组人员与客户的交流过程，然后组织所有员工对电话录音进行分析和讨论。这样每周一次，只要坚持一段时间，相信对所有员工都会有所帮助。同时，电话录音系统还可以用来自检，电话营销人员将自己的通话过程录下来，回到家后，静下心来仔细分析自己的电话录音，有时会有意想不到的收获。

（五）舒适的工作环境

环境的好坏对一个人的影响是很大的，一个好的环境可以给人带来一份好心情，好心情又能带来好业绩。

电话营销人员可以在自己的办公桌上放一盆喜欢的植物，比如放一盆"节节高"的竹子。这样，不仅能提供清新的空气，还能在烦躁时带来平静，重新激起斗志和信心，让电话营销人员保持一种平和宁静的心态。

饮料和茶水也很重要，它不仅可以补充体力，更可以滋润嗓子，让嗓音保持洪亮，即使电话营销人员每天打通 100 个电话，客户听到的依然是亲切清晰、自信热情的声音。

喜好音乐的电话营销人员，不妨在办公桌上配备相应的设备，让悠扬的音乐帮助调整心态，使声音充满热情，从而感染客户。

（六）镜子

经常照镜子的人都会有一个经验，就是在镜子里看自己的次数多了，也会对自己越来越满意。所以电话营销人员要多照镜子，只有对自己满意，才会让别人满意；只有喜欢自己，才会得到别人的喜欢。当然，照镜子的目的不是孤芳自赏，而是时刻检验自己的状态。有句话说得好，"先处理心情，再处理事情"，电话营销人员的精神面貌怎么样，心理状态如何，只要照一照镜子，就一目了然了。电话营销人员务必在拨通每一个电话前，让自己处于最佳状态。

（七）电话耳机

电话耳机是一种很实用的辅助工具，它可以解放电话营销人员的双手，让电话营销人

员不至于在需要做记录时手忙脚乱；同时，戴上电话耳机打电话，通话质量会比较稳定，给客户的感觉也会好很多。电话营销人员疲惫之时，戴上耳机听听音乐既可以舒缓情绪，又不会影响别人。

（八）发泄室

有条件的公司还应该为电话营销人员配备一个发泄室，供电话营销人员宣泄。电话营销的工作人员每天的工作量较大，忙的时候，要处理好几百个电话，工作节奏快、压力大，加上有的客户发脾气，甚至是恶语相加，以上种种因素的综合作用会使电话营销人员的情绪逐渐恶化，这时如果无法有效宣泄，糟糕的情绪就会影响工作的质量。每当这时，电话营销人员可以暂时放下手中的工作，去发泄室宣泄一下，等情绪恢复后再接着工作。所以，建一个发泄室是一项很人性化的措施。

（九）计算器

任何一个小小的细节都可能影响客户对电话营销人员的整体印象，从而影响到客户的购买情绪和行为。计算器能让客户感觉到电话营销人员是一个效率专家，因为电话营销人员瞬间就能把数字算给他听。准备计算器，既方便又快捷，还能为客户节省时间。

（十）钟表

钟表可以让电话营销人员以较快的时间做好工作，从而掌握通话时间。客户的每一分钟都是很宝贵的，钟表可以帮助电话营销人员随时做好时间管理。例如，问候电话不超过1分钟，预约拜访电话不超过3分钟。

三、营销人员的心理准备

打电话既是一种心理游戏，一种心理的较量，又是一种体力劳动。与日常生活中的体力劳动不同的是，它更多地体现了电话营销人员的态度和应变能力。心态、技能、行动策略是电话营销成功的三要素，其中心态占80%。电话营销人员的心理承受能力、瞬间反应能力、情绪控制能力、心态调节能力等直接影响着电话业务的结果。好的心态是成功的开始，有了好的心态电话营销人员的技能才能不断提高，行动策略才能更趋多样性和实用性。

（一）电话营销应有的六大心态

1. 学习的心态

为什么在同一家公司销售同样的产品，不同的员工工作的收入却相差好几倍甚至几十倍？原因在于其销售能力大不相同。提高销售能力的办法有两种：一是靠自己摸索；二是学习成功者有效的方法。智力投资是回报率最高的投资。电话营销人员学习的态度决定了未来成就的大小。

2. 事业的心态

电话营销人员是把现在的销售工作当成一份职业还是事业？换言之，电话营销人员是把自己当成员工还是老板？把工作当事业的心态就是主人翁的心态，把公司当成自己的家，当成自己的公司。假如电话营销人员是老板，会以怎样的精神状态来迎接每天的工作，会以什么样的要求来管理员工？得到答案后，电话营销人员就应以同样的要求来管理自己。现在以老板的心态来要求自己，将来的几年后或十几年后电话营销人员就将拥有一份属于自己的事业。

3. 积极乐观的心态

被客户拒绝后电话营销人员会怎样做？放弃吗？当电话营销人员拥有积极乐观的心态的时候，会不再害怕客户的拒绝，做任何事都会全力以赴。业绩的好坏，取决于电话营销人员是否拥有积极乐观的心态。世界销售冠军乔·吉拉德说："当客户拒绝我七次后，我才有点儿相信客户可能不会买，但是我还要再试三次，每个客户至少试十次。"

【案例 4－7】

客户："对不起，我现在没空！"

电话营销人员："先生，美国富豪洛克菲勒说过，每个月花一天时间在钱上好好盘算，要比整整 30 天都工作来得重要！我们只要花 25 分钟的时间，麻烦您定个日子，选个您方便的时间！"

客户："我确实没兴趣。"

电话营销人员："我非常理解，先生，要您对不晓得有什么好处的东西感兴趣实在是强人所难。正因为如此，我才想向您亲自报告和说明，您看什么时候方便呢？"

客户："你可真够执着的。那好吧，就今天下午吧。"

电话营销人员："好的，先生！我下午两点过来，您看行吗？"

客户："好。"

在这个案例里，面对客户的拒绝，电话营销人员并没有放弃，而是更加积极地面对，站在对方的角度考虑问题。最终，他以积极的心态打动了客户，得到了一个属于自己的机会。相反，如果总是害怕拒绝，不敢去面对，那么结果必败无疑。

4. 感恩的心态

中国人懂得感恩，自古就有"滴水之恩，当涌泉相报"的说法。电话营销人员怎样对待别人，就会得到别人怎样的对待，付出多少，就会得到多少。当电话营销人员以一种感恩的态度对待周围的人时，周围的人同样会有所回报。乔·吉拉德每个月都会给以前的顾客邮寄一张贺卡，最多的时候一个月发出去 10000 多张。电话营销人员是不是也应该在一些特殊的日子，打个电话或邮寄一张贺卡问候一下客户呢？

5. 长远的心态

电话营销人员把销售当成什么呢？是赚钱维持生活的一种生存方式，一个暂时的过渡，还是准备在这个领域为之奋斗5年、10年的事业？电话营销人员是为生计所迫，还是热爱这份工作？一般的人与成功的人最大的区别是，一般人只看到眼前的利益，而成功的人在看到眼前利益的同时，更多关注长远利益。看得长远，才愿意为此付出更多。电话营销人员不妨仔细想想：愿意为现在的工作付出多少？

用长远的心态看问题，吃亏就是占便宜，眼前的一些小亏，往往带给人长远的利益。要有长远的利益，首先得有一份足够的耐心。与客户建立良好的关系往往不是一通电话就能达成的，而是需要有一个过程，通过每一通电话的不断努力，完成从量变到质变的飞跃。从了解到熟悉再到信任，这个过程的长短因人而异，但都需要电话营销人员耐心等待。只要看得长远，有了这份耐心，相信电话营销人员都将达到自己的目标，成为一个成功的销售人员。

6. 自信的心态

阿基米德说过："给我一个支点，我能撬动地球。"如果电话营销人员有这样的自信，就能创造超凡的业绩。

当电话营销人员非常肯定自己的产品时，就不必担心他人的拒绝。电话营销人员在销售过程中，无论是对公司，对产品，还是对自己，一定要很有信心。电话营销人员永远不可能销售好连自己都不相信的产品和服务。电话营销人员只有对自己服务的公司充满自信，对产品充满自信，才能说服别人相信自己的产品。当电话营销人员充满自信与果敢的时候，客户会受到感染，也跟着满怀信心。

成功者总认为他能获胜，自信能够成功，成功的可能性就会大大增加。坚信自己能够成功，是取得成功的绝对条件，坚信自己是胜利者，最终才可能成为一个胜利者，如果认定自己能成功，最后就会取得成功。

【案例4－8】

电话营销人员："做出购买决策就是一种投资决策，一般人很难对投资效果做出正确的评估，既然是投资，就要多看看以后会怎样，现在也许只有一小部分作用，但对未来的作用很大，所以它值。"

客户："不好意思，我不需要。"

电话营销人员："您是位眼光独到的人，您现在难道怀疑自己了？您的决定是英明的，您不信任我没关系，您也不相信自己吗？"

客户："我说了我不需要。"

电话营销人员："我的字典里没有'不'字，我相信您也一样。"

客户："你什么意思？"

电话营销人员："我知道您每天用许多理由拒绝了很多推销人员，但我的经验告诉我，没有人可以对我说不，说不定我们最后能成为朋友呢，当你对我说不，你实际上是对即将到手的利益说不……”

客户：“你这么确信？”

电话营销人员：“是的，先生，我们合作一定会给您带来无穷的利益。”

客户：“好吧，让我考虑一下。”

（资料来源：叶冠. 销售从被拒绝开始［M］. 北京：企业管理出版社，2006.）

在这个案例里，销售人员的自信，让一件不可能的事变成了可能。

心理学上有一个“皮格马利翁效应”①，简单地说，就是指人期望什么，就会得到什么。在人们的生活中，父母的期望，老板的期望，人们对别人的期望，特别是对儿女、对配偶、对同事、对下属的期望，以及人们对自己的期望，都是对人们生活是否愉快有重大影响的期望。假如电话营销人员对自己有极高且积极的期望，每天早上对自己说：“我相信今天一定会有一些很棒的事情发生。”就可能会改变整个心态，在每一天的生活中都充满自信与期望。“皮格马利翁效应”告诉人们，当怀着对某件事情非常强烈的期望时，期望的事就更有可能成真。

熟练的销售技能与良好的心态是治标与治本的关系，是现象与实质的关系。心态端正了，电话营销人员自然会积极想尽办法来提高自己的销售技能。

（二）电话营销中常见的几种不良心态

真正导致业绩平庸的，不是电话营销人员经常抱怨的激烈的同行竞争、萧条的市场环境、难缠的客户，而是潜在他们内心深处消极的心态。如果不能消灭这些侵蚀业绩的蛀虫，即使外部条件再有利，也不能成就卓越的业绩。这些不良心态如下。

1. 害怕拒绝，寻找退缩的理由

被客户拒绝是不可避免的，关键是怎样去看待它。不管做什么事，要想有所收获，就必须勇敢面对、敢于承担风险、敢于面对失败。去除畏惧心理的最好办法就是立即行动。

2. 在客户面前低三下四、过于谦卑

推销不是要把产品或服务硬塞给别人，而是帮助客户解决问题。只有电话营销人员看得起自己，才能得到客户的信赖，工作价值才能得到肯定。自卑是影响销售业绩的不良心态，只有改变它，将自卑变为奋发向上的动力才能走向成功和卓越。

3. 满足于已有的销售业绩，不思进取

自满心理是阻碍销售业绩继续攀升的最大绊脚石，营销人员不满足自己已有的业绩，积极向高峰攀登，才能使潜能得到充分发挥。真正的成功是永远向前看，永葆进取之心。

---

① 皮格马利翁是古希腊神话中的塞浦路斯国王。这个国王性情孤僻，常年一人独居。他善于雕刻，孤寂中用象牙雕刻了一尊倾国倾城的美女雕像。久而久之，他竟对自己的作品产生了爱慕之情。他祈求爱神赋予雕像以生命。爱神为他的真诚所感动，就使美女雕像有了生命。皮格马利翁遂娶她为妻。

4. 靠电话量取胜

这跟守株待兔没什么区别，这样谈成的客户不过是那只自己撞到树桩上的兔子而已。假设平均成功率是 1/100，别人一个月打了 1000 个电话，成交了 10 个客户，某电话营销人员打了 1300 个电话，成交了 13 个客户，只能说他比较刻苦，但不是一个优秀的销售员，虽然这样对公司来说赢利提高了，但这个电话营销人员没有任何进步。

5. 经常抱怨生意不景气，从不反思

不从自身找原因，总把失败归于外部环境，更谈不上下苦功努力改进，结果业绩越来越差，离成功也越来越远。对一个销售员来说，生意是否景气，不在于外部环境，全在于有没有积极的心态。积极的想法会产生行动的勇气，而消极的想法只会成为面对挑战的障碍。以积极的心态带着热情和信心去做，全力以赴，就能提升销售业绩。

6. 害怕同行竞争

竞争是不可避免的，关键是抱着什么样的心态去对待，坦然且积极主动地面对同行的竞争是任何一个想创造卓越业绩的营销人员必备的素质和能力。

7. 把工作无限期地拖延下去

说一尺不如行一寸，如果什么事都拖着不去做，就没有取得成功的那一天。行动是最有说服力的，千百句雄辩胜不过真实的行动，只有遇事不拖延、立即行动的人，才能赢得卓越的销售业绩，最终走向成功。

对于电话拜访，人们容易有极端的看法：不是认为它是一件最不起眼的工作，便是认为它是一件极其简单的工作。但事实并非如此，要真正做好电话拜访是一件相当不简单的事，所以电话营销人员不妨给自己一点心理暗示：完成一次电话营销便是做了一项伟大的工作。电话拜访所获得的成就感及满足感，并不像一般工作一样在付出同等努力的同时便可得到等值的掌声，而是付出十分努力可能只得到一分掌声。但不要灰心，只要不懈努力，说不定这一分的掌声所带来的是更高的成就感及满足感。为何不勇于挑战？成功的电话营销人员在未成功前所忍受的挫折感是相当大的，所花的时间之多也是无法想象的。

任务实训

“看电影学电话营销”实训

影片介绍：以美国黑人投资专家克里斯·加德纳为原型的影片《当幸福来敲门》，讲述了一位濒临破产、老婆离家、独自带娃的落魄业务员，如何克服重重阻碍、奋发向上成为股市交易员，最后成为知名的金融投资家的励志故事。主角克里斯在实习期间主要通过打电话开发客户，该实训需提醒学生提前观看影片，并分组进行角色扮演，演绎以下几段电话营销对白，每段表演结束后教师围绕“电话营销人员的心理准备”组织课堂讨论。

表演片段1：

克里斯排除万难获得珍贵的实习机会后，主要工作内容是按照公司发的潜在客户名单从上往下打电话，从门卫一直打到首席执行官，因为要在6小时内完成9小时的工作去接儿子，克里斯为节省时间都不放电话直接拨打，然而电话接通后对白通常是这样的。

客户A

“你好，罗纳德·菲尔先生，早上好，先生，我叫克里斯·加德纳，是迪安·维特公司的，是的，我有些非常实惠的资讯，关于节税……好吧，谢谢，先生。”

客户B

“下午好，我是克里斯·加德纳，迪安·维特公司的……好的，太感谢了。”

客户C

“早上好，我是克里斯·加德纳，迪安·维特公司的，是的，我希望有机会……好的，没问题，先生，谢谢。”

……

表演片段2：

屡次失败之后，克里斯拨通了退休基金会CEO沃尔特·瑞本的办公室电话。

秘书：“沃尔特·瑞本办公室。”

克里斯：“你好，我是克里斯·加德纳，找沃尔特·瑞本先生，我是迪安·维特公司的。”

秘书：“请稍等。”

瑞本先生：“你好?”

克里斯：“瑞本先生?”

克里斯：“您好，先生，我叫克里斯·加德纳，迪安·维特公司的。”

瑞本先生：“什么事，克里斯?”

克里斯：“瑞本先生，我希望有机会当面向您介绍一下我们公司的服务，我肯定能为您做点事。”

瑞本先生：“你能20分钟内赶过来吗?”

克里斯：“20分钟，当然了。”

瑞本先生：“有个预约取消了，你现在就过来吧，我会在49人队（旧金山市橄榄球队）比赛前给你几分钟时间，老兄，周一晚上可是橄榄球比赛时间啊。”

克里斯：“好的，先生，太感谢您了。”

瑞本先生：“那一会儿见。”

克里斯：“再见。”

表演片段3：

然而由于替上司停车耽误了时间，克里斯错过了和瑞本先生的会面。为了表达歉意，周末的时候克里斯带着儿子登门拜访。

克里斯：“瑞本先生吗?”

瑞本先生："我就是。"

克里斯："您好，我是克里斯·加德纳，迪安·维特公司的。"

瑞本先生："哦，嗨。"

克里斯："这是我儿子克里斯托弗。"

克里斯托弗："嗨。"

瑞本先生："嗨，克里斯托弗。"

瑞本先生："有什么事吗？"

克里斯："我是为那天失约而来道歉的。"

瑞本先生："没必要专程来的。"

克里斯："我们正好在这附近看一位好朋友，我只想借此机会向您表示感谢，多谢您腾出宝贵时间，我知道当时您可能在等我。"

瑞本先生："只等了一会儿。"

克里斯："我得说明，我完全没有'您应该等我'的意思。"

瑞本："哦，算了吧，那是什么？"

克里斯："是国骨公司生产的骨质密度扫描仪，是我加入迪安·维特公司之前买的。比赛后我有个会。"

瑞本："你们也去看比赛？"

克里斯："是。"

克里斯托弗："可能。"

克里斯："有可能。"

瑞本先生："我们也去，我要带我儿子提姆去，他 12 岁了，我们要出发了，提姆。"

克里斯："那……那我们不耽误您了，再次感谢您，那天的事很抱歉，希望我们这周晚些时候，能再重新安排个时间会面。"

瑞本先生："没问题。"

克里斯："太谢谢您了，先生，多保重，来，说再见，克里斯托弗。"

克里斯托弗："再见。"

瑞本先生："再见，克里斯托弗。"

瑞本先生："想和我们一起去吗？"

克里斯："呃……去烛台球场吗？"

瑞本先生："我们现在就走，一起去吧。你们的座位在哪里？"

克里斯："我们……我们在顶层露台上。"

瑞本先生："我们有个包厢，来吧。"

克里斯："你想坐包厢吗？"

克里斯托弗："不……想。"

克里斯："呵呵，不是说真的箱子啦，是个球场的专属区，看比赛更舒适些，想去吗？"

克里斯托弗："好啊。"

表演片段4：

观看球赛的时候，克里斯心想，沃尔特·瑞本和他管理的数百万“太平洋贝尔电话公司”退休金资产，是让他晋升的好途径。

克里斯：“哇，这……呃，这才叫看球，真的谢谢您。”

瑞本先生：“别客气，克里斯。”

克里斯：“瑞本先生，还要感谢您给我个机会向您介绍我们公司在资产管理方面的能力，相信我们的能力会比摩根士丹利公司更为卓越，真的，相信您一定会很惊讶，坦白说，迪安·维特公司该替您管理退休金的投资运用。”

瑞本：“克里斯，我不知道你是那里的新员工，我很欣赏你，但是我绝不可能让你来管理我们的资金，至少近期内不可能，老兄，所以……轻松点，看球吧，快，快。”

球赛后，克里斯获得了瑞本好友的几张名片，并预约了后续电话联系。

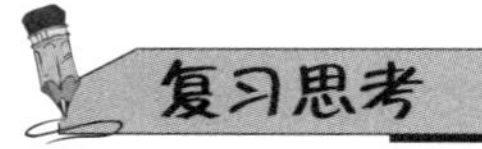

1. 电话营销人员需要做哪些资料的准备工作？
2. 可以通过哪些方法寻找目标客户？
3. 开展电话营销需要哪些硬件设施？
4. 电话营销人员如何做好心理准备？

阿里内部教程：电话营销人员的准备工作要求

1. 资料

（1）客户资料的收集整理。注意：这部分工作是在工作时间之前或之后。电话营销人员的工作时间：只要客户在工作，可以接听电话，这段时间就是电话营销人员的工作时间，电话营销人员在工作时间内的唯一工作就是打电话同客户沟通。所以，切记其余工作要在非工作时间内进行。

（2）尽可能了解客户的产品、出口金额、广告预算、内外销比例等。

（3）公司产品资料：公司介绍（公司历史、公司最新动态）；服务介绍；成功故事、竞争对手比较；合同；一份要传真给客户的使客户印象深刻的基本资料、计划书或联系方式等。

2. 电话稿模板

反对意见的回答方式、沟通思路（这一点尤为重要）。

3. 产品

电话营销人员非常熟悉正在销售的产品并热爱本公司的产品。

对客户可能的反对意见的解决方案准备。

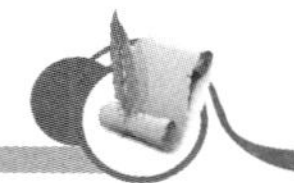

对签单中可能出现的问题做好准备：付款方式、折扣、是否分期、发票的发送、制作周期、后期服务人员跟进时间等。

4. 成交的心理准备

销售的每一个环节都有成交的可能，在开始每一个电话的时候都要做好成交的心理准备，电话营销人员永远要表现得比客户经验丰富、比客户专业，客户才会信任电话营销人员能够帮助到自己。所以，每一个电话都要当作签单电话处理。

附：电话营销方案

● 方案一：

“您好，请问×××先生在吗？”

“我是阿里巴巴×××，我收到您发过来的关于诚信通的申请信息，请问是您注册申请吗？”

“请问您在公司负责哪一部分工作？这件事同您联系就可以吗？”

“经过客户反馈、市场调查，为了提高网上贸易的成交率、诚信问题，我们阿里巴巴决定……这次同您联络一方面了解您使用我们网站的情况，另一方面我们需要确定您是否符合诚信通的要求……”

“问您几个问题：①公司性质规模。②目前的市场开发方式。③使用 Alibaba 的情况，是否有成交，金额多大，国内还是国外等。④认为网上成交的最大问题在哪里？⑤您了解诚信通吗？”

“明白了，这样的，这个栏目是收费栏目，费用是×××元，您如果可以接受，我就将您的资料加入申请客户中排队，通过初步审核后将尽快同您联络，您看如何？”

（客户如果没有意见）

“这样好吗，我这里有份文件要经过您公司确定盖章，我们要开始安排时间和其他内容，我现在给您传过去，请问您什么时候能回传给我？”

（如果客户不能确定）

“如果您有疑问，您可以尽管同我讲，我会帮助您……您看我什么时候给您打电话比较方便？由于现在诚信通的申请客户数量很大，如果您可以确定的话，我要尽快帮您安排时间和技术人员，因为这会影响您公司的排序和服务问题，您看如何？”

“我的联系方式是这样的，您有任何问题请同我联系……”

● 方案二：

电话营销人员问过关于网上成交的主要问题后，询问客户：“您做网上贸易最担心什么？同客户联系中最困难的是什么……”

（客户说明相关意见）

听的过程中电话营销人员要做好归纳总结工作。其中关键是总结，通过对客户意思的总结归纳出几个关键词，这几个关键词可以使电话营销人员在回复客户的同时将诚信通对客户的利益抛出来。

“××先生，您的意思是不是这样的……您看对吗？”

最理想的状态是让客户说出："这些问题要怎样解决才好呢?"

这是公司最希望看到的情况：让客户来买而不是公司去卖。

"××先生，我们通过市场调查、客户反馈，已发现阻碍成交的主要原因就是您说的这一点，我们 Alibaba 一向以客户为重，以服务为主，所以，现在推出相应解决方案——诚信通。它的内容是这样的，……目前是推广期，我们选择 Alibaba 合作很久的老客户优先服务，现在的价格是×××元，如果您感兴趣，我们可以先将您的资料加入申请队列中，尽快帮您申请，您看如何?"（传合同，要重申付款的日期、付款方式加强客户的印象）

- 方案三：

以售后服务，调查为入手点。（具体内容略）

针对不同公司的切入点：

大公司——保持和提升大公司地位和形象，进一步拓展业务。

小公司——节省人力。

新成立公司——迅速开拓市场。

（资料来源：阿里内部教程之电话销售 [EB/OL].（2010-08-04）[2021-10-15]. http://www.youshang.com/content/2010/08/04/34118.html.）

问题：

试用本部分所学知识，评价一下阿里巴巴的电话营销准备工作。

任务五　电话营销的流程

学习任务

1. 熟悉电话营销的流程。
2. 掌握电话营销流程各个环节的技巧。

情景案例

电话营销人员："您好，是实力润滑油有限公司吗？你们的网站好像反应很慢，谁是网络管理员，请帮我转一下电话。"

前台："我们网站很慢吗？好像速度还可以呀。"

电话营销人员："您使用的是内部局域网吗?"

前台："是呀!"

电话营销人员："这样肯定会比在外面访问要快，但是，我们现在要等1分钟，第一

页还没有完全显示出来，你们有网管人员吗？”

前台：“您等一下，我给您转过去。”

电话营销人员：“您等一下，请问，网管怎么称呼？”

前台：“有两个呢，我也不知道谁在，一个是小吴，另一个是刘芳。我给您转过去吧。”

电话营销人员：“谢谢！”（等待）

刘芳：“您好！您找谁？”

电话营销人员：“我刚才访问你们的网站，想了解一下有关奥迪用润滑油的情况，都2分钟了，怎么网页还没有显示全呢？您是？”

刘芳：“我是刘芳，不会吧？我这里看还可以呀！”

电话营销人员：“您使用的是局域的内部网吗？如果是，您是无法发现这个问题的，如果您用外网上一下公司的网站，就可以发现了。”

刘芳：“您怎么称呼？您是要购买我们的润滑油吗？”

电话营销人员：“我是蓝天服务器客户顾问，我叫曹力，曹操的曹，力量的力。我平时也在用你们的润滑油，今天想看一下你们网站的一些产品指标，结果发现网站打开很慢。是不是中了病毒了，还是被攻击了？”

刘芳：“不会呀！我们购买了雷神防火墙，杀毒软件我们使用的是比特梵德的，应该没有问题。”

曹力：“那就是和运营商的接口带宽不够或者故障，不然不应该这么慢的。以前有过同样的情况发生吗？”

刘芳：“好像没有，不过我是新来的，我们主要网管是小吴，他今天不在。”

曹力：“没有关系，你们网站服务器是托管在哪里的？”

刘芳：“好像是酒仙桥鹏博士数据中心。”

曹力：“哦，用的是什么服务器？”

刘芳：“我也不知道！”

曹力：“我在这里登录看似乎是服务器响应越来越慢了，有可能是该升级服务器了。不过，没有关系，小吴何时来？”

刘芳：“他明天才来呢，不过我们上周的确是讨论过要更换服务器了，因为企业考虑利用网络来管理全国上千家经销商。”

曹力：“太好了，我看，我还是过来一次吧，也有机会了解一下我用的润滑油的情况，另外，咱们也可以聊聊有关网络服务器的事情，我们的服务器还免费提供网络攻击防护服务呢。”

小芳：“那您明天就过来吧，小吴肯定来，而且不会有什么事情，我们网管现在没有什么具体的事情。”

曹力：“好，说好了，明天见！”

（资料来源：杨丽，任锡源．电话营销［M］. 北京：中国物资出版社，2011. 编者有删改）

案例点评

在上述通过电话预约来促进营销的案例中，可以看到电话营销人员采用了独特的开场方式，成功地完成了电话预约的目标。电话营销人员先从润滑油有限公司的网站响应缓慢入手与前台进行沟通，让其认识到该问题的重要性，从而顺利地跨越前台联系到该公司的网管。在与网管刘芳沟通的过程中，电话营销人员先提示其可能是病毒入侵、带宽不够、服务器等造成网站响应缓慢，引起网管对该问题的重视与忧虑，进而以该公司的用户与网络服务器的销售人员的双重身份获得了登门拜访的机会。

知识体系

熟练掌握电话营销的流程是每一个电话营销人员必修的功课，这直接关系到电话营销的成败。电话营销的流程本质上来讲是电话营销人员联系客户，寻找客户需求，并最终完成销售以及后期跟踪服务的过程，也就是人们通常所说的开场白、产品推荐、建议成交、客户维护的过程（见图 5 – 1）。下面分别介绍一下电话营销流程中的这四大重要环节。

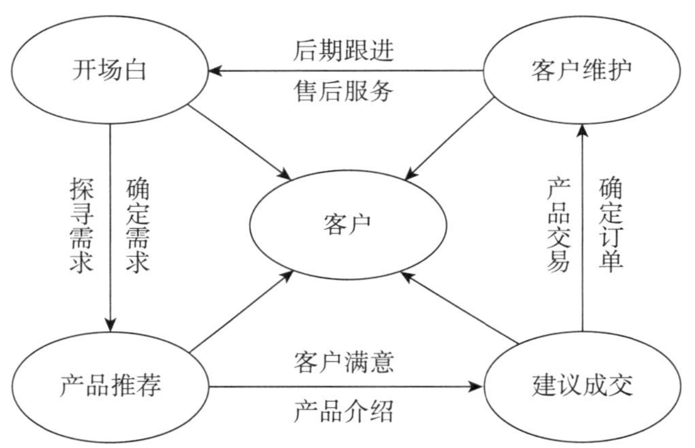

图 5 – 1　电话营销流程

一、开场白

【案例 5 – 1】

一家司法考试辅导中心的电话营销人员想要劝说在今年参加司法考试的陈某报该中心的辅导班。

电话营销人员：“您好，是陈××同学吧，现在能打扰一下吗？”

客户：“您是哪位？”

电话营销人员：“我是××辅导中心的于××。今天打电话过来是向您道歉的，希望

您能原谅我的过失。”

客户：“道歉？但是我们并不认识啊？”（对于莫名其妙的道歉，客户想必会感到疑惑和好奇）

电话营销人员：“是这样的，以前我们学校的王老师在你们学校举行了一次免费讲座。最近，所有同学都收到了我们寄去的最新的课程价目单和免费辅导书，唯独落下了您。”

客户：“原来是这样啊！”

电话营销人员：“是的，我们感觉有点儿对不住您。不过为了补偿您，我们学校决定，如果您来听课的话，将会享受到比其他学员更优惠的价格。”

客户：“是吗？那就说说你们具体的优惠措施有哪些吧。”

（资料来源：雷铠心. 金牌电话营销：做电话营销金牌培训师［M］. 北京：中国财富出版社，2015. 引用时有微调）

俗语云：“好的开始是成功的一半。”好的开场白在销售过程中的地位是不言而喻的，而探寻客户的需求、和客户达成协议并保持长期合作更是每一个电话营销人员必备的技能。案例 5－1 中的电话营销人员在开场白中通过致歉的方式引发客户的好奇心，从而逐步获得了客户的信任。

开场白或者问候语是电话营销人员与客户通话时在前 30 秒要说的话，也就是要说的第一句话。这可以说决定了客户对电话营销人员的第一印象，而第一印象是决定这次通话能否进行下去的一个关键因素。

（一）开场白的六要素

一般来说，电话营销的开场白内容包括问候及自我介绍、与客户建立关系、表明打电话的目的、陈述证据以建立可信度、确认对方时间上的可行性、转向探测需求。

1. 问候及自我介绍

问候及自我介绍非常重要，电话营销人员一定要在开场白中很热情地问候客户，表示友善并自我介绍，这是开场白的第一个要素。

2. 与客户建立关系

如果有相关的人或物，要对相关的人或物做一个简明扼要的说明，这等于搭建一座与客户沟通的桥梁。开门见山地直奔主题，显得很唐突，也不利于良好关系的建立。

3. 表明打电话的目的

说明打电话的目的时有一点非常重要，就是突出对客户的好处。电话营销人员在开场白中要让客户真正感受到价值，这样更能吸引客户。

4. 陈述证据以建立可信度

这算是对上一条的补充和巩固，虽然电话营销人员说出了对客户的价值所在，但是得给出让客户信服的理由。

5. 确认对方时间上的可行性

电话营销人员可能要花5～10分钟的时间来跟客户进行交流。因此，电话营销人员要很有礼貌地询问对方现在接电话是否方便。当然，这句话未必对每个人都适用，电话营销人员也不必每次必讲。如果觉得这个电话可能要占用客户较多的时间，同时觉得对方是一个时间观念很强的人，在这种情况下电话营销人员应有礼貌地征询对方的意见。

6. 转向探测需求

开场白的最终目的便是找到客户的需求，将供求挂钩。

好的开场白除应该具备这六要素外，还应该根据现实情况进行灵活变通。

（二）运用开场白吸引客户

开场白就像一本书的书名或报纸的大标题一样，如果使用得当的话，可以立刻使人产生好奇心并想一探究竟。反之，则会使人觉得索然无味，不想再继续听下去。那么怎样开场才合适呢?

1. 开场白的要求

（1）基于客户的声音特性把握其性格

客户的声音往往会在一定程度上体现出某方面的性格，电话营销人员要学会判断。关于这一点，很多人往往都没有意识。有人声音非常大，有人声音非常果断、干脆，而有人讲起话来却是软绵绵的。一个人的声音跟他的性格有很大的关系。所以，接通电话以后，电话营销人员可以通过声音来判断客户的性格。对于不同类型的客户，电话营销人员要满足他们不同的情感需求。譬如，如果客户是个果断干脆的人，肯定不喜欢电话营销人员慢吞吞地讲话；而如果客户本身就是一个慢条斯理的人，那一定很难适应电话营销人员如机关枪般的语速。

（2）满足客户的情感需要

客户往往用理性来做分析，但又用感情来作决策。所以，对于电话营销人员来说，面对不同的客户类型，要满足不同的情感需求。

如果客户是一个非常热情的人，像孔雀般喜欢激情地展示自己，电话营销人员要给客户充足的表现机会，并给予同样热情的欣赏。

如果客户是一个非常冷漠的人，相对不太容易笑，电话营销人员要把热情稍微降降温，以便尽可能地适应他，这是建立融洽关系的一个非常重要的因素。

（3）赞美客户

赞美是沟通中的润滑剂。在电话中要善于把握住恰当的机会去赞美客户，这一点对建立起融洽的关系是非常有帮助的。赞美客户有很多方法，其中最容易切入的方法就是赞美客户的声音，这是非常直接和有效的。

（4）指出客户目前存在的问题

关于客户现阶段碰到了哪些问题，电话营销人员可以在打电话之前通过各种渠道去了解，这样在电话沟通时就有客户感兴趣的话题，从而能保证沟通顺畅进行。

2. 开场白技巧

开场白决定了客户对电话营销人员的第一印象。虽然人们经常说不要以第一印象来评判一个人，但客户经常用第一印象来对电话营销人员进行评价。在电话被接通后约 30 秒内，开场白是否成功将直接关系到谈话能否继续，如果电话营销人员啰啰唆唆、不着边际，最后被“扫地出门”也就在情理之中了。然而，对于一些顶级的电话营销人员而言，30 秒的时间对他们来说太长了。

【案例 5－2】

一天，知名顾问帕利奈罗顺道载销售人员丹尼尔一同上班，两人一起讨论电话营销的技巧。帕利奈罗告诉丹尼尔，有研究显示，接通营销电话后，电话营销人员只有 8 秒的时间可以引起对方的注意。

丹尼尔满脸狐疑地说道：“8 秒太短了，喘口气都不够，哪能与对方进行有意义的交谈?”丹尼尔说话的时候，正巧遇到红灯。等到绿灯亮时，帕利奈罗仍旧踩着刹车，开始数着 1 秒、2 秒，后面的车子已开始按喇叭，当他数到 4 秒钟时，丹尼尔催促快开车，等到 6 秒时，后面的人已下车准备走向前来，等到 8 秒时，不耐的喇叭声已响彻云霄，这时帕利奈罗才开动车子。自此之后，丹尼尔再也不质疑 8 秒太短。

（资料来源：1 分钟行销 [EB/OL].（2011－01－29）[2021－11－03]. http://wenku.baidu.com/view/23e68d13a2161479171128dc.html.）

可见，电话接通后的开场对于营销的成功起着举足轻重的作用。下面将介绍一些开场方法供电话营销人员参考。

（1）请求帮忙法

助人为乐是中华民族的传统美德，人们往往乐于帮助别人，从中体现出自己的重要性，前台或者秘书也不例外。因而，电话营销人员可以用诚恳的态度请求帮忙，既满足前台或者秘书上述的心理需求，又能挖掘到关键负责人，把握住与其通话的机会。

【案例 5－3】

电话营销人员：“您好，我是××公司的，有件事情想麻烦一下您！我先谢谢您了！”

客户：“什么事?”

电话营销人员：“麻烦您帮我接通一下总经理办公室，我有一件很重要的事情要和李经理沟通，请务必帮忙!”

客户：“好的，请稍等!”

一般情况下，电话营销人员在刚开始就请求对方帮忙，对方是不好意思断然拒绝的。

电话营销人员会有很大的机会与接线人继续交谈。

（2）第三者介绍法

第三者介绍法是指电话营销人员可以告诉客户，是第三者（如客户的亲友）推荐来找他的。这是一种迂回战术，因为几乎每个人都有“不看僧面看佛面”的心理。一般而言，大多数人对亲友介绍来的电话营销人员都比较客气。

【案例5－4】

电话营销人员：“您好，请问是张经理吗？”

客户：“是的。”

电话营销人员：“我是王伟的朋友，我叫鲁东，是他介绍我认识您的。在打电话给您之前，他还叮嘱我务必要向您问好。”

客户：“客气了。”

电话营销人员：“实际上王伟既是我的朋友，也是我的客户。一年前他使用了我们的××产品之后，公司业绩提高了20%，在验证效果之后他第一个想到的就是您，觉得您公司应该也用得着。”

通过第三者这个桥梁过渡后，更容易打开话题。因为“朋友介绍”这种关系的存在，在很大程度上降低了客户的不安全感和警惕性，便很容易与客户建立信任关系。

（3）资格限制法

如果被告知有机会获得100万元的奖金，但需要符合一定的条件，相信很多人会想办法让自己符合这个条件。电话营销人员可以利用这一点来开场，比如，“我们最近有一个××优惠活动，不知您是否符合这个条件，所以，请问一下……”

（4）羊群效应法

在大草原上，成群的羊群一起向前奔跑时，它们一定是很有规律地向一个方向跑，而不是乱成一片。把自然界的这种现象运用到人类的市场行为中，就产生了所谓的羊群效应法。就电话营销人员而言，羊群效应法是指通过提出“与对方公司属于同一行业的几家大公司”已经采取了某种行动，从而引导对方采取同样行动的方法。具体话术如下。

电话营销人员：“罗总，下午好！我是××公司的××。现在很多知名的互联网公司都是通过电话销售产品的，我们作为一家专业的电话营销咨询和培训机构，已经与多家大型互联网公司合作，培训出超过1万名电话营销人员了，我想我们对贵公司也会有所帮助的。今天打电话给您，是想与您讨论一些这方面的问题。不知道罗总现在方便吗？”

客户：“可以，你说吧。”

通常，电话营销人员在介绍自己的产品时，告诉客户同行业的前几个大企业都在使用自己的产品，这时羊群效应法开始发挥作用。电话营销人员可以通过客户同行业前几个大企业已经使用自己产品的事实，来刺激客户的购买欲望。

（5）激起兴趣法

这种方法在开场白中运用得最多、最普遍，使用起来也比较方便、自然。激起对方兴趣的方法有很多，只要电话营销人员用心去观察和发掘，话题的切入点是很容易找到的。

【案例 5 –5】

电话营销人员："您好！请问是朱总吗?"

客户："对，请讲。"

电话营销人员："朱总，您好！我是××公司的网络销售××。今天打电话给您，是想请教您几个问题。"

客户："好吧，你快点，我很忙。"

电话营销人员："好的。朱总，作为公司市场部总监，您一定非常重视公司产品的市场推广工作，对吗?"

客户："那是肯定的。"

电话营销人员："那么，如果有一种推广方式，您只需投入少量的成本，就能给您的企业带来大量的潜在客户，您是否会考虑尝试一下呢?"

客户："哪有这种好事?"

电话营销人员："朱总，您说得对，传统的营销渠道确实很难获得这样的推广效果，而我们的成功经验与市场反馈证明，我们公司的搜索排名网络推广方式，可以切实地提高客户的投资回报率。我想您对此也一定会有兴趣的，对吗?"

客户："你们那个搜索排名是怎么回事？具体是怎么推广的?"

通过这样一番对话，电话营销人员很明显已经引起了客户的兴趣，这样接下来的推销就会顺利得多。

（6）巧借"东风"法

三国时，诸葛亮能在赤壁一战中，一把火烧掉曹操几十万大军，借到的东风功不可没。如果电话营销人员能够敏锐发现身边的"东风"，并能巧妙运用，往往能起到"四两拨千斤"的效果。

【案例 5 –6】

张某是国内一家大型旅行公司的电话营销人员，她的工作是向客户推荐旅行服务卡。如果客户使用该卡住酒店、乘坐飞机，可获得折扣优惠。这张卡是免费的，她的任务是让客户充分认识到这张卡能带来哪些好处，然后去使用它，这样就可以产生业绩。刚好她手里有一份客户资料，下面介绍一下她是怎样切入话题的。

电话营销人员："您好，请问是李经理吗?"

客户："是的，什么事？"

电话营销人员："您好，李经理，这里是××公司客户服务部，我叫张×，今天给您打电话最主要是感谢您对我们公司一直以来的支持，谢谢您！"

客户："这没什么。"

电话营销人员："为答谢老顾客对我们公司一直以来的支持，公司特赠送一份礼品表示感谢，礼品是一张优惠卡，使用这张卡您在以后的旅行中不管是住酒店还是坐飞机都将有机会享受优惠折扣。"

客户："哦？具体怎么使用？"

（资料来源：杨丽，任锡源．电话营销［M］．北京：中国物资出版社，2011.）

（7）礼貌赢得接纳

中国是礼仪之邦，做任何事情都讲求以礼待人。尊重客户能够让电话营销人员赢得客户的好感，这有利于营造良好的沟通氛围，为之后的沟通奠定基础。

【案例5－7】

客户："喂？"

电话营销人员："我是××电脑商贸有限公司的，我们公司有一种微电脑数位控制的全稳压不停电220伏交流电源系统，是专为网站系统和精密电子仪器用户设计的。请问你们是×××公司吗，我找一下你们老总……"

客户："打错了。"

电话营销人员："错了?!"

"嘟——嘟——嘟——"（接线人已经挂掉电话）

（资料来源：销售技巧［EB/OL］．(2011－05－18)［2021－10－23］．http：//wenku.baidu.com/view/d8fd740d76c66137ee061915.html.）

出现这样的结局，原因何在？在这一案例中，电话营销人员一开口就是冗长的句子，没有起码的招呼、寒暄而且术语多，让客户摸不着头脑，不知所云。电话营销人员只顾自己说得痛快，不顾接听人的反应。这样不仅导致接听人对电话营销人员的第一印象不佳，还会给人一种骚扰电话的感觉。电话营销人员大大咧咧地上来就找老总，更会令接听人反感。电话营销人员是不是可以这样说："您好，我是××公司的××，有个样品介绍单需要发给你们老总，请帮我转一下电话。"简练的自我介绍，听上去要亲切得多；很好的试探，给双方都留有谈话的余地，礼貌地回避了令人反感的啰唆话。因为清楚明了，顺情合理，电话营销人员就很容易得到接听人的认可。

（8）老客户回访

老客户就像老朋友，一说出口就会有一种很亲切的感觉，客户拒绝的可能性极小。

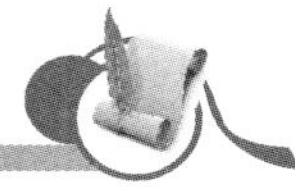

【案例5－8】

电话营销人员："王总您好！我是G旅行公司的小舒，您曾在半年前使用过我们的会员卡预订酒店，今天是特意打电话过来感谢您对我们工作的一贯支持。另外，有件事情想麻烦一下您，我们系统显示您最近三个月都没有使用它，我想请问一下，是卡丢失了，还是我们的服务有哪些方面做得不到位？"

王总："上一次不小心丢了。"

（资料来源：杨丽，任锡源．电话营销［M］．北京：中国物资出版社，2011.）

从事销售工作的人几乎都知道，开发一个新客户花的时间要比维护一个老客户的时间多3倍。权威调查机构的调查结果显示：在正常情况下客户的流失率将会在30%左右，为了减少客户的流失电话营销人员要经常采用客户回访方式与客户建立联系，从而激起客户重复购买的欲望。

通常在做客户回访时电话营销人员可以选择交叉销售，给客户介绍更多的产品以供客户选择。电话营销人员在客户回访时要注意以下几点。

第一，在回访时要向老客户表示感谢。

第二，咨询老客户使用产品之后的效果。

第三，咨询老客户近期没再次使用产品的原因。

第四，如客户在上次的交易中有不愉快的地方，一定要道歉。

第五，请老客户提一些建议。

第六，向老客户介绍新的产品以及公司的新动向。

（9）程式化语句趣味化

面对枯燥的工作环境，不管是多么有耐心的人都会有不耐烦的情绪，这时，那些程式化的语句往往会吃闭门羹。

【案例5－9】

"喂，您好，我是××广告公司的，请问我可以找贵公司负责产品广告的人谈谈吗？"

"你找哪个公司？"

"我找××数码公司。"

"找谁？"

"找你们业务主管。"

"不在！"

"请问……"

"嘟——嘟——嘟——"

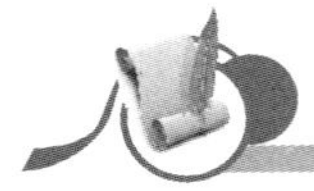

通常，听到这种程式化的、缺乏专业水准的销售开场白，接听人的第一反应就是挂断电话。“请问我可以找贵公司负责产品广告的人谈谈吗？”这种专业上忌讳的暗含否定意味的提问方式，让人一听就知道是贸然打来的推销电话。换个方式说，效果可能要好得多，比如：“您好，我是××广告公司，有一个买1000元送500元的广告，各单位领导都想了解一下这次优惠活动的细节，您知道总经理的电话吧，我记一下。”用好奇心勾起对方的兴趣。

（10）适时转移部门

当电话营销人员在有经验的总机那里不能有所作为的时候，必须转换一下方法。总机不灵，电话营销人员就把电话打到其他的科室，比如销售科，销售科不灵就找会计科，会计科不灵就转供应科……一般，这些部门的接听人员不会有总机那样的经验，他们对来电不会过多地筛选，电话营销人员很容易得到要找的信息。

（11）引导接听人说“行”

在回避障碍的时候，有些业务人员不知道如何诱导接听人。

“请问销售科的电话您知道不知道”或者“我可不可以找一下你们的经理”能不能用这种提问的方式呢？不可以的，实践表明，它们没有引导性。

电话营销人员要养成一个习惯，不要用这种问法。应该说：“您知道销售科的电话吧，我记一下。”引导接听人默认“是”，然后告诉电话营销人员相关信息。或者“麻烦您，请您找一下经理好吗？谢谢您。”引导接听人默认“好”，然后告诉电话营销人员相关信息。

请对比下面两句话。

“这个星期再吸收5个会员，行不行？”

“这个星期再吸收5个会员，有没有信心？”

很明显，后一种问法更能诱导出肯定的回答。

电话营销人员所以选择语气时，要学会把接听人向一个正确的方向引导。就是说，只有给接听人一个很便利的回答语境，电话营销人员才能得到想要的肯定的回答。不要去诱导接听人说“不行”“不可以”“没有时间”……如果电话营销人员拿起电话对接线人说：“销售科的电话你可能不知道吧？”他很可能会说：“嗯，不知道。”那电话营销人员还怎么回避障碍呢？

（12）其他一些别开生面的开场白

第一，提及客户目前最关心的事情，参考话术如下。

“王总您好，听您同事说，您目前最头疼的事情是公司现在的销售量上不去，是吗？”

第二，赞美客户，参考话术如下。

“同事们一致说应该找您，您在这方面是专家。”

“我相信贵公司能够发展这么快，与您的人格魅力是分不开的。”

第三，提及客户的竞争对手，参考话术如下。

“我们刚与××公司（目标客户的竞争对手）合作过，××公司认为我们的服务非常好，所以我今天决定给您打个电话。”

第四，引起客户的担心和忧虑，参考话术如下。

“不少顾客都反映现在的美容产品多是治标不治本，一旦停止使用，皮肤会恢复原样甚至更糟，想请教一下您对这种问题的看法。”

“不断有客户提到，公司的销售人员很容易流失这一现象，这实在是一件令人担心的事情。”

第五，提到曾寄过的信/邮件/快递，参考话术如下。

“前几天我曾寄过一封重要的信/邮件/快递给您……”

“我寄给您的快递，相信您一定过目了吧……”

第六，强调所推介产品是畅销品，参考话术如下。

“我公司产品刚推出一个月时间，就有 1 万个客户注册了……”

“有很多客户主动打电话过来办理手续……”

第七，用具体的数字说话，参考话术如下。

“如果我们的服务能让您的销售业绩提高 30%，您一定有兴趣听，是吗?”

“如果我们的服务可以为贵公司每年节约 20 万元开支，我相信您一定会感兴趣，是吗?”

二、产品推荐

（一）了解客户的需求

在完整、清楚识别及证实客户的明确需求之前，请不要盲目推荐产品。一般来讲，客户认为自己存在某些问题，或者认为现状与理想状况有差距，为了弥补或缩小这个差距，会产生购买的需求。因此，电话营销人员需要明确地认识到他们的需求之后，再推荐产品。客户的需求又分为潜在的需求和明确的需求，那么如何去帮客户明确需求，并且去挖掘其潜在需求呢?

1. 了解客户需求的基本流程

（1）了解客户以往的购买经历

电话营销人员要充分利用已经掌握的客户信息，了解客户的以往购买经历，这样既能对他的购买习惯有一个充分的了解，还能据此推断他的现有需求。对此，电话营销人员可以调出客户数据库来深入分析客户档案。有一位高档轿车推销员，喜欢在以往客户的数据库里寻找机会。在对老客户的相关信息（如姓名、职业、收入、工作单位、联系方式、购买经历等）进行细致研究之后，他就会开着客户可能感兴趣的最新上市的高档轿车到客户所在公司楼下。然后拨通客户的电话，告诉他，现在有一款××品牌的新车就停在客户公司楼下，可以免费试驾。

（2）发现客户的问题与不满

电话营销人员可以通过分析客户以往的情况，发掘客户对产品或服务的意见或不满，并在以后的工作中加以改正，从而提高服务水平。

（3）确认客户的期望

发现客户的问题、不满和需求之后，电话营销人员总结出客户对产品和服务的期望，然后找出与之匹配的产品或服务进行推销，就完成了对客户需求的了解。

2. 了解客户需求的方法

无需求的地方，就无购买行为。不管电话营销人员对商品的推介技巧有多高明，如果无法把握客户的真实需求，就无法获得订单。因此，有效销售的前提条件是发掘客户需求，甚至引导出客户的潜在需求，帮助客户建立需求并明确化。下面给大家介绍几种了解客户需求的方法。

（1）询问了解法

发掘客户需求的最有效的方法就是询问了解法。电话营销人员可以在与目标客户的对话中，借助有效的提问，刺激客户，让他们说出心中的潜在需求。销售中常见的询问方式有两种：一种是开放式的询问，另一种是封闭式的询问。

开放式询问的特点是一般情况下，客户不能用“是”或“不是”来回答，而是需要根据电话营销人员的问题做多方面的回答，答案没有一定的标准，参考话术如下。

“您对电话营销的看法如何?”

“您在买车时会考虑哪些因素?”

封闭式询问的特点是针对特定的范围对目标客户进行询问，客户一般只能选择“是”或“否”。主要的目的在于引导客户注意到电话营销人员想要强调的重点或是引导客户思考的重点朝电话营销人员希望的方向发展，参考话术如下。

“‘安全性’和‘性能’是您选择车时最重要的两个考虑，是不是?”

“基本上，您也同意这个产品的‘价值’是吗?”

“也就是说，如果您能得到一个更合理的价格，您会立即决定购买，是吗?”

【小贴士 5－1】

询问了解法需注意的要点

问句要简单易懂，不要造成意义上的混淆、歧义。

不要问涉及个人隐私的问题。

不要问具有挑战性或是攻击性的问题。

不要质疑客户的诚实度，尽管他的回答并不诚实或不是电话营销人员想要的。

不要咄咄逼人，给客户多一点时间思考。

不要过于直接、让客户强烈感觉到推销的意味。

（2）倾听了解法

在推销过程中，谈话是在传递信息，听别人谈话是在接收信息。越是善于倾听他人的谈话，推销成功的可能性越大，因为聆听是褒奖对方谈话的一种方式，能加深彼此的感

情，为营销成功创造和谐融洽的环境和气氛。

【案例5－10】

乔治·伊斯曼因发明了感光胶卷而使电影得以产生，他积累了巨额的财富，成了世界上极有名望的商人之一。

伊斯曼曾经在曼彻斯特建过一所“伊斯曼音乐学校”。同时，为了纪念母亲，他还盖了“凯伯恩戏院”。当时，纽约某座椅公司的员工艾特森想得到这两栋大楼的座椅订单，他同负责大楼工程的建筑师通了电话，约定拜见伊斯曼先生。

在见伊斯曼之前，那位好心的建筑师向艾特森提出了忠告：“我知道你想争取到这笔生意，但我不妨先告诉你，如果你占用的时间超过5分钟，那你就一点希望也没有了，他是说到做到的。他很忙，所以你得抓紧时间，把事情讲完就走。”

艾特森被领进伊斯曼的办公室时，伊斯曼正伏案处理一堆文件。

过了一会儿，伊斯曼抬起头来，说道：“早上好！先生，有事吗？”

自我介绍之后，艾特森诚恳地说道：“伊斯曼先生，当我在外边等您的时候，我很羡慕您，假如我有这样宽敞的办公室，那么即使工作辛苦一点我也不在乎。您知道，我从事的是房子内部的木建工作，我还从来没有见过这么有格调的办公室呢。”

“你使我想起一件几乎忘记的事了。这间办公室很漂亮，是不是？当初盖好的时候我就很喜欢，但是现在，因为公事繁忙我甚至几个星期坐在这里也无暇看它一眼。”伊斯曼叹气道。

艾特森一边听着一边走过去用手摸着一块镶板，那神情就如同抚摸一件心爱之物。“这是用英国的栎木做的，对吗？英国栎木的组织和意大利栎木的组织就是有点儿不一样。”

伊斯曼答道：“不错，这是特地从英国运来的栎木，是一位专门同细木工打交道的朋友帮我挑选的。”随后伊斯特曼领着艾特森参观当初自己帮忙设计的房间配置、油漆颜色及雕刻图案等。

接下来，伊斯曼带艾特森参观了那间房子的每一个角落，他把自己参与设计与建造的部分一一指给艾特森看，他还打开一只带锁的箱子，从里面拉出他的第一卷胶片，向艾特森讲述他早年创业的艰辛，讲述小时候家中一贫如洗的惨状，讲述母亲的艰辛，讲述自己是怎样没日没夜地在办公室搞实验……

最后伊斯曼对艾特森说：“上次我去日本时买了几把椅子回来，日子久了油漆就晒褪色了，我从商店买了一点油漆自己动手把那几把椅子重新漆了一遍。你想看看我漆椅子的活儿做得怎么样吗？这样吧，你和我一同去我家共进午餐吧，饭后我再给你看。”

当伊斯曼说这话时他俩已经聊了两个多小时。吃罢午饭，伊斯曼把从日本带回来的椅子指给艾特森看，那些椅子每把不过15美元，但是伊斯曼对椅子格外珍惜，因为那是他亲自动手油漆的。对伊斯曼如此珍视的东西，艾特森自然大加赞赏。最后，艾特森轻而易举地得到“伊斯曼音乐学校”和“凯伯恩剧院”两栋大楼的座椅订单，共计9万美元。

（资料来源：吴蓓蕾．把斧头卖给美国总统［M］. 北京：新华出版社，2006.）

案例中，艾特森在见到伊斯曼之后，并没有急切地推销自己的产品，而是将伊斯曼办公室品质优良的木制装饰品作为沟通的切入点，结果引起了伊斯曼的兴趣。伊斯曼不仅带艾特森参观房间、展示自己的第一卷胶卷、讲述自己创业的艰辛，最后还邀请伊斯曼共进午餐。在此过程中，艾特森倾听了伊斯曼的“心声”，全面了解了他的需求特点，因此顺利拿下了大订单。

对于营销人员而言，要实现有效倾听应做到以下几点。

第一，对客户的陈述表示浓厚的兴趣，全神贯注地听。

第二，在恰当的时候，以反问确认和重复陈述的方式，明确客户的需求。

第三，配合开放式与封闭式询问，引导客户的思维向着产品销售的方向发展。

第四，克服聆听时的一些恶习（如抖腿、左顾右盼等）。

（3）间接了解法

间接了解法是指电话营销人员通过第三渠道，例如，通过询问他人或市场调查，来找出目标客户的需求的方法。

【案例5－11】

林某是一名化妆品推销员，最近她代理了一套非常名贵的化妆品。由于化妆品价格不菲，她必须要认识一些高消费群体，才可能完成销售目标。在一次聚会上，林某从好友那里听说有一位姓吴的富婆，爱好美容，凡是能使自己增色的方法她都要试试，并且为人豪爽，在朋友中是个非常活跃的积极分子。林某心想，要是能与吴玲玲认识，自己的客户就有着落了。林某没有贸然行事，她在计划着……

接下来，林某对吴某进行了全面调查，包括吴某的肤质是油性的还是干性的，吴某喜欢玫瑰香型还是茉莉香型，她平时都喜欢穿什么色系的衣服，擦什么颜色的眼影，等等。林某了解到，吴某是个有点小怪癖的人，她不喜欢任何带香味的东西。吴某肤色偏暗，额头上有时会长些小疙瘩，眼角有些小鱼尾纹。

根据以上情报资料，林某为吴某配了一套新型化妆品：没有香味，可补充皮肤水分等。具体产品包括日霜、晚霜、护理面膜以及一套彩妆。

一切准备就绪之后，林某找了一个恰当的时机与吴某相遇。之后，两人一见如故，不用多说，林某那一套精心搭配的化妆品，当然完全符合吴某的口味了。

间接了解法应用的重点是有可利用的第三渠道，无论是人还是情报机构，调查对象及情报资料要真实、可靠。此外，接近目标客户的时机与技巧要准确、恰当。

（二）有针对性推荐产品

面对市场上越来越多的同类产品，不了解具体情况的客户通常会认为电话营销人员所销售的产品与其他厂家的产品大同小异。如果电话营销人员不能有针对性地推荐产品，让客户了解到产品的优势，便无法成功地完成销售。

1. 找准产品推荐的时机

为了使销售更加顺利进行下去，为了减少客户的不同意见，电话营销人员要把握好产品推荐的时机，不要过早地推荐产品。电话营销人员常见的一个错误就是，在对客户的需求还没有弄明白之前，就过早地开始推荐产品，甚至有些电话营销人员根本不去关心客户的需求，而只是一味地介绍产品。

当下列情况同时发生时，电话营销人员推荐产品获得成功的可能性会大大增加：客户有明确的需求，而且电话营销人员对这一需求有清楚、完整的认识，他们会就这一需求达成共识。

电话营销人员要知道自己可以满足这一需求。如果电话营销人员没有办法帮助客户，那就不存在推荐产品这一说法。例如客户需要解决录音的问题，而电话营销人员却强行推荐一个收音机给客户，这能成功吗？

客户乐于与电话营销人员交谈时，如果客户时间上不方便，应换个时间再谈；否则即使谈下去，效果也不会太好。

2. 产品推荐的步骤

经过判断，如果电话营销人员认为进行产品推荐的时机到了，要先判断出最适合客户的产品，然后遵循以下产品推荐的三个步骤进行推荐，如图 5－2 所示。

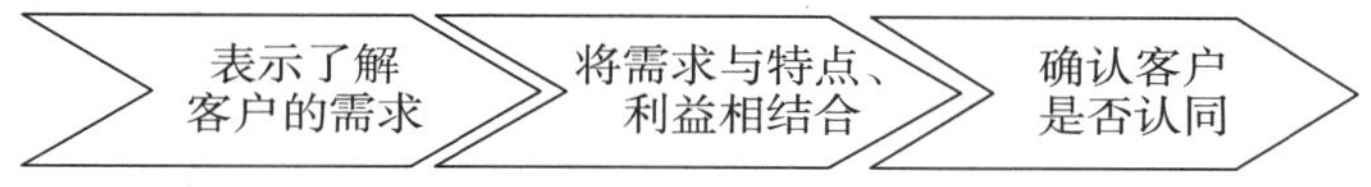

图 5－2　产品推荐步骤

第一步：表示了解客户的需求。

在目前的销售工作中，大部分电话营销人员没走完第一步就已经出局了。导致这一结果的主要原因是大部分刚做销售的人员在向客户推荐产品时，急于向客户展示自己产品的优势和卖点，急于求成的心理占上风，而忽略了客户的感受和对产品的需求，所以还没有讲完优点和卖点时，客户就明确回答他“不需要”，让本次推荐直接画上了句号。下面是一个数码产品的业务人员给一个代理商推荐产品的实例。

【案例 5－12】

电话营销人员：“张总，您好，我是×××公司的小李。”

客户：“嗯，你好！”

电话营销人员："张总，今天主要是想向您推荐一下我们新出的一款网络电话系统产品。这款产品是疫情期间网络电话系统市场最好的产品，它采用最新的互联网云计算技术，具有 8 大功能，12 大优势……"

客户："对不起，我目前不需要网络电话系统产品，我们现在有免费的电话会议系统可供使用，我这边现在有点事要忙一下……"

电话营销人员向客户询问需求之前要先建立良好印象也就是信任感，然后准确地判断客户当下最需要什么东西。如果达到这些目的，电话营销人员就完成了推荐产品的第一步。

第二步：将需求与特点、利益相结合。

电话营销人员在推销产品的时候最容易犯的一个错误就是对产品的所有特点进行详细介绍，客户听完后只是了解了产品的特征却不知道到底能带来什么利益。客户购买某种产品的目的都是满足某些需求。而这些需求的满足很多时候并不是靠产品表面所提供的功能。此时电话营销人员就需要采用 FABE 推销法。FABE 推销法是非常典型的利益推销法，而且是非常具体、具有高度、可操作性很强的利益推销法。它通过四个关键环节，极为巧妙地处理好了客户关心的问题，从而顺利地实现产品的销售。

其中，F 代表特征（Features），即产品的特质、特性等最基本功能以及它是如何用来满足客户的各种需要的。

A 代表由这些特征所产生的优点（Advantages），即 F 所列的产品特征究竟发挥了什么功能？电话营销人员需要向客户证明"购买的理由"：与同类产品相比较，列出比较优势，或者列出这个产品独特的地方。

B 代表这一优点能带给客户的利益（Benefits），即产品的优点带给客户的好处。

E 代表证据（Evidence），包括技术报告、客户来信、报刊文章、照片、示范等，电话营销人员通过相关证明文件、品牌效应来印证刚才的一系列介绍。

针对产品的每一个卖点电话营销人员都要进行 FABE 分析，在推销产品时就不会再简单罗列产品的功能。

【案例 5－13】

表 5－1　　用 FABE 推销法介绍卧室家具

产品	F	A	B	E
高弹椰棕垫	原料选用泰国椰壳纤维； 用天然乳胶喷淋，经科技工艺制作； 三维主体空间排列； 高温杀菌定型	绿色环保，不含甲醛； 高温处理，无菌无螨、透气良好、回弹特佳	在保证人体健康的同时，能提供优质的睡眠； 使用寿命长	有国家相关机构的检测报告

续　表

产品	F	A	B	E
棕簧两用垫	垫子的正反两面分别是弹簧和椰棕	软硬结合、冬夏可交替使用；也可根据不同的体型反转使用	用一张垫子的价钱买了两张垫子，经济实用	有透明视窗，客户可眼观也可用手触摸两面的不同

资料来源：杨丽，任锡源．电话营销［M］．北京：中国物资出版社，2011.

第三步：确认客户是否认同。

“您觉得这款机器如何？”

“它符合您的要求吗？”

当电话营销人员提出问题后，客户可能会有什么反应？如果客户无异议，那当然再好不过了，双方可以直接进入达成协议阶段。但有时，客户还会表达一下自己的看法，这时，电话营销人员需要针对客户不同的反应，作出不同的解释。电话营销人员在有针对性地推荐产品时，一定要注意不介绍太多不相关的特征，只陈述与客户的需求相关的特征和利益。

3. 与客户谈论竞争对手的技巧

（1）客观性原则

电话营销人员与客户第一次打交道时，对竞争对手的评价就更要客观准确，不要在不了解事实真相的情况下凭借主观臆想对竞争对手妄加评论。在这种情形下，电话营销人员完全可以根据客户反应进行顺水推舟，然后寻找机会对本公司的产品进行有力推荐。

客户：“我们一直都与××公司进行合作，你们不知道吗？”

电话营销人员：“我当然知道贵公司以前一直与××公司保持着良好的合作关系，该公司确实有一定的实力。不过，我们公司的具体情况您可能还不太了解……”

（2）包容性原则

有时，客户为了获得更多的利益可能会故意列出竞争对手的优势。客户对竞争对手的种种赞美之词，电话营销人员不必急于辩解，更不要试图反驳。因为一旦电话营销人员反驳客户的说法，客户就会认为电话营销人员觉得自己的判断是错误的，这会引起客户更强烈的反对。电话营销人员一定要包容客户口中竞争对手的种种优势，即使这些优势并不存在，也不必急于一时、斤斤计较。在这种情形下，电话营销人员切勿急切地打断客户的谈话并进行辩解，而要认真、耐心地倾听客户对竞争对手的种种赞美，并且要从中准确地领会出客户表达的意思。然后，电话营销人员根据自身产品的竞争优势与客户提出的产品进行客观比较，用事实说服客户。即使客户仍然坚持原来的观点，电话营销人员也要尊重客户的意见，然后想办法转移话题，一方面给客户留下回转的空间，另一方面有利于其他问题的有效处理。

（3）表面性原则

表面性原则是指电话营销人员对竞争对手进行赞美时，不需要过分深入和广泛，只要根据销售过程中的实际情况进行一些表面性赞扬就可以了。即使客户在这方面表现出强烈的兴趣，电话营销人员也要想办法控制局面，要在这个地方适可而止，否则电话营销人员辛辛苦苦展开的客户拜访活动，很可能就会成为替竞争对手进行的免费广告宣传。

客户：“××公司的销售人员也在与我们联系，对方的产品价格比你们的要低得多……”

电话营销人员：“的确，对方的价格具有一定的竞争力。不过，产品的价格高低也不是绝对的，如果产品的使用寿命更长、性能更优良，那么您的购买成本实际上就大大降低了。”

客户：“可是，你们公司的产品在价格上与对方的产品相差太悬殊了，而××公司的产品质量也不错啊!”

电话营销人员：“我们曾经对对方的产品进行过研究，做工还算不错。不过，您也是这方面的专家，您可以到我们公司的生产车间去实地考察一下……”

4. 报价的技巧

（1）报价时机

价格谈判中，报价时机是一个很重要的内容。有时卖方的报价比较合理，但并没有使买方产生交易欲望，原因往往是买方正在关注商品的使用价值。

因而，价格谈判中，电话营销人员应当首先让对方充分了解商品的使用价值和为对方带来的实际利益，待对方对此产生兴趣后再来谈价格问题。经验表明，电话营销人员提出报价的最佳时机，一般是对方询问价格时。因为这说明对方已对商品产生了交易欲望，电话营销人员此时报价往往水到渠成。

有时，在谈判开始的时候对方就询问价格，这时电话营销人员最好的策略应当是听而不闻。因为此时对方对商品或项目尚缺乏真正的兴趣，过早报价会徒增谈判的阻力。这时电话营销人员应当谈该商品或项目能为交易者带来的好处和利益，待对方的交易欲望被调动起来再报价为宜。

当然，如果对方坚持即时报价，电话营销人员也不能故意拖延，否则，就会使对方感到不被尊重甚至产生反感情绪，此时应善于采取建设性的态度，把价格同对方可获得的好处和利益联系起来。

报价的先后对实现各方既定的谈判利益具有举足轻重的意义。报价时有两个原则：首先，不要轻易报价；其次，尽量让客户先出价。

【案例 5－14】

电话营销人员：“您好，我是××，有什么需要帮助的吗?”

客户：“你好，我想问一下你们的舒体机的价格。”

电话营销人员：“哦，先生，请问您贵姓?”

客户：“我姓王。”

电话营销人员：“王先生，您好！我们的舒体机根据功能的不同分为高、中、低三个档次，您大概想了解什么价位的呢?”

客户："四五百元的吧！"

电话营销人员："嗯，我还想问王先生一个问题，您是准备给谁买呢？"

客户："我自己用，也给员工买几台。我们伏案工作，颈椎、腰部容易受损，应该适当按摩按摩。"

电话营销人员："您真是一个体恤下属的好老板。我建议您个人用×××型号的产品，一定适合您；而给员工买××型号的即可，因为他们还年轻，而且价格更便宜。"

（2）预留空间

电话营销中，"一口价"的报价方式不是最好的选择。报价时，电话营销人员必须预留一定的空间以备客户砍价，这也是给自己留出降价空间。

当然，这个预留空间要适度，否则电话营销人员会给自己带来一些不利影响。过高的报价可能会吓走客户，相反，预留空间太小，又满足不了客户想要砍价的心理。

（3）价格依据、价值展示

电话营销人员在给客户报价之前，要准备好一套令人信服的价格依据，这样才能让客户信服。在报价之前，电话营销人员必须进行价格展示，价格展示能调整客户的心理价位，因此，电话营销人员在报价之前，应该先充分地向客户展示商品的价值。

（4）其他技巧：让上级参与报价、得到承诺之后再报价

让上级参与报价也是一种有效的报价方式，可以使客户感觉到目前的价格已经是电话营销人员权限内的最低价格，最后电话营销人员请示领导，又适当让步，表示无利可让，这样既能促使客户购买，又能体现对客户的重视。

电话营销人员可以在报价之前，要求客户给予承诺，比如"今天我会给您最低价格，但前提是您能做主，今天就给我一个明确的答复"。采用这种策略，电话营销人员可以让客户作出决断，快速成交。

三、建议成交

（一）找准成交时机

就像推荐产品要找准时机一样，成交也是要找准时机的，这要依成交信号而定。成交信号是指客户通过语言、行为等表现出来的，表明其可以采取购买行为的信息。在电话营销中，电话营销人员只能通过电话发掘、识别客户的购买信号，而无法通过诸如客户表情、举止等判断其对产品或服务的态度。当电话营销人员捕捉到客户发出的购买信号时，就要把握时机，即时成交。什么情况下客户想成交呢？以下五点可作为参考。

第一，当客户很关心产品或服务的细节时。

第二，当客户不断地认同电话营销人员的看法时。

第三，在电话营销人员回答或解决客户的一个异议后。

第四，当客户对某一点表现出浓厚的兴趣时。

第五，当客户在电话那端保持沉默时。

（二）促使成交的方法

为了提高电话营销的成交率，电话营销人员很有必要学习一下促使成交的方法。

（1）危机成交法

电话营销人员通过讲述一个与客户密切相关的事情，并阐明事情的发生对客户及周围的人造成的不良影响，从而让客户产生危机感，并最终下定决心签单。或者电话营销人员故意说出一些没有把握的情况，让客户去担心，并最终下定合作决心。参考话术如下。

"李经理，这段时间正是每年的招聘旺季，我们这边的摊位非常紧张，如果您迟些作决定，恐怕没有合适的位置了，我建议您现在就确定下来，我这边好给您安排一个接近入口的最佳位置。"

"嗯，请稍等，让我查一查我们张老师这个月的课程安排，可能他这个月的时间都安排满了，如果这样的话，我们就不得不安排到下个月了。"

"您刚才提到的这款电脑，是目前最畅销的品种，我们几乎每三天就要进一批新货，目前仓库里可能没有存货了，我先打个电话查询一下。"

（2）典型故事成交法

在促成之前，先讲个故事，在故事结尾时，巧妙进行促成。

【案例5－15】

日本保险业有一个叫柴田和子的家庭主妇，从1978年第一次登上日本保险业"冠军"后，连续16年蝉联"日本第一"，她能取得如此好的业绩，与她会讲故事的本领分不开。

针对父母在给孩子买保险时，总是犹豫不决的问题，她总会讲一个"输血"的故事。

有一个爸爸驾车到海边去度假，回家的时候，不幸发生了车祸。当这个爸爸被送往医院进行急救时，却一时找不到相同的血型，这时，爸爸的儿子勇敢地站出来，将自己的血液输给了爸爸。

过了大约一个小时，爸爸醒了，儿子却心事重重。旁边的人都问那个孩子为什么不开心，儿子却小声地说："我什么时候会死？"原来，儿子在输血前以为一个人如果将血输出去，就会死掉，他在作决定前已经想好了用自己的生命来换取爸爸的生命。

讲完这个故事后，她会补充说："您看，做儿子的可以为了我们做父母的牺牲自己的生命，难道我们做父母的为了儿子的将来买一份保险，都还要犹豫吗？"

（资料来源：舒冰冰，李向阳．一点就通：电话销售业绩倍增指南［M］．北京：人民邮电出版社，2006.）

（3）以退为进成交法

在与客户谈判时，可以适当地做一些退让，同时将合作的其他条件进行相应调整，通

过将两个不同时间、不同地点、不同前提条件下的合作方式同时列举出来，进行对比，最后选择一个对对方更加有利的方案进行促成。参考话术如下。

“如果贵公司连续做五期培训的话，价格方面我们可以给到九折。而如果只是做一期的话，价格就是原价，您看是做一期还是五期呢？”

“这段时间正值五一劳动节，我们公司推出了一系列优惠活动，您刚才看中的这几件上衣，在平时都得要好几百元，现在只要不到一百元就可以买到一件，您看要几件呢？”

（4）直接促成法

直接促成法就是直接要求客户下订单、签协议。认真倾听客户在购买产品前的所有疑问，最后用一个问题结尾，并直接进行促成，参考话术如下。

“王女士，我现在已经用××App 生成了协议，您有空的时候用手机登录查看，没问题的话直接签字就可以了。”

“李女士，我们这里有一份合同的样板，我先发给您看看，如果没有什么问题，就签字、盖章后给我，好吗？”

“马经理，为了使您尽快能拿到货，我今天就帮您下订单可以吗？”

（5）假设成交法

这种促成技巧用得比较多，就是事先假设客户已经同意合作，然后直接询问合作后的相关细节问题以及展望客户得到产品后的好处，参考话术如下。

“吴先生，您希望我们的工程师什么时候给您上门安装？”

“您觉得什么样的价格合理呢？您出个价。”

“胡先生，现在就办理宽带接入业务，您明天就可以享受到快速网络冲浪的感觉，再也不用担心时常死机、文件丢失的情况了，您看今天下午我们就派工程师去为您安装，行吗？”

“王总，如果您马上引进我们的课程的话，贵公司的工作人员在参加完培训后，电话沟通水平会上升一个台阶，公司业绩也会稳步上升，您看我们现在就把这件事确定下来，怎么样？”

（6）最后期限成交法

明确告诉客户某项活动的优惠期限还有多久，在优惠期内客户能够享受的利益是什么；同时提醒客户，优惠期结束后，客户如果购买同类产品的话将会受到怎样的损失，参考话术如下。

“韩女士，这是我们这个活动在这个月的最后一天了，过了今天，价格就会上涨 1/3，如果您需要购买的话，必须马上作决定了。”

“陆总，这个月是因为庆祝公司成立十周年，所以您才可以享受这个优惠的价格，下个月开始我们就会调回原来的价格，如果您现在购买每盒能节约 50 元，您需要购买多少呢？”

“张先生，如果您在 16 日之前报名的话可以享受八折优惠，今天是 14 日，过了今明两天，就不再享有任何折扣了，您看，我现在帮您报名，可以吗？”

(7) 少量试用成交法

任何一个人在第一次接触一样新鲜东西时，几乎都会有很多担心，此时电话营销人员可以建议对方先少量试用，试用后如果觉得效果不错的话，再进行第二次合作。参考话术如下。

“方经理，我们是第一次接触，彼此不是很了解，我有一个建议，您第一次可以少买一点，如果您在使用后觉得效果不错，再多买一点，您看如何呢?”

“按照贵公司业务部门的规模，需要五期才能培训完，不过我建议您先做一期比较好，如果您觉得我们的培训的确能够帮得上您，您再增加也不晚，您看呢?”

“雷经理，我建议您先开通一个月试试，如果使用一个月后，您觉得很满意，我们再续约也不晚，您觉得呢?”

(8) 坦诚成交法

坦诚成交法是指电话营销人员从客户的切身利益出发，以一种特别坦诚的态度看待自己的产品，如果真的适合客户需求，就推荐给他；如果产品并不能满足客户需求，就放弃促成。参考话术如下。

“王总，您好！我们已经在电话里沟通了好几次了，咱们之间也算有了初步认识。从这几次同您的沟通来看，我个人觉得您完全没有必要购买如此高配置的电脑，因为很多功能在您的日常工作中用的概率很小。我建议您不妨买 k88 电脑试试，k88 从配置和性能来说都非常适合您，您看如何呢?”

“关于价格方面，我们的产品的确比同类产品贵了一点，但我希望您能再花点时间多做一些比较，比较一下同类产品的质量和服务，我希望大家做生意是一种长期稳定的关系。如果我这次卖给您的价格高了，您就不可能再次照顾我的生意，我也不是傻瓜，有生意不做，对不对？我刚才给您报的价格的确是目前能给到您的最优惠价格，您就别再犹豫啦。”

(9) 3f 成交法

3f 成交法是指营销人员可以先表示理解客户的感受（feel），然后列举一些实例，说明其他人刚开始也觉得（felt）如此，但他们在使用产品后发觉（found）非常值得。参考话术如下。

“苏大姐，我了解您的感受，我们有一些其他客户刚开始也觉得没有什么把握，但他们发现员工经过培训之后，业绩居然提高了 1/3，难道您还有什么顾虑吗?”

“瑶姐，我能理解您的感受，刚开始目标公司的王总也觉得价格太高，后来他使用我们的服务之后发现这套产品的确非常有效，绝对物超所值。您不妨买一套先试试?”

“肖先生，您这样说，我非常理解您的感受，我的很多客户刚开始时也觉得来我们这边招聘没什么把握。不过，在他们来过我们这里招聘一次之后，他们发现我们这里无论是服务，还是场地都非常不错，您不妨这个星期来我们这里感受一下，如何?”

(10) 强化信心成交法

强化信心成交法是指电话营销人员通过向客户列举相关证明，进而强化客户对产品的

购买信心。相关证明可以是公司的实力、信誉，也可以是其他已经购买过产品的消费者见证，还可以是某项产品已经获得的相关资质证书等。参考话术如下。

“李总，您好，关于我们公司在业内的口碑，我相信您应该也听说过，上个月因为公司财务的关系，我们将一款产品的出口报价报低了 5 美元/双，后来我们公司老总还是按原来的报价与外商合作。所以您尽管放心，就算吃亏，我们公司也会遵守承诺，这是我们公司的一贯风格。关于我们公司的信誉问题，您应该没什么好担心的，是吗？要不，我现在就把合同给您传真过去，您看看，如果没什么问题，咱们就把合作确定下来，您觉得如何？”

四、客户维护

（一）为什么要进行客户维护

企业要生存和发展，必须创造利润，而企业的利润来自客户的消费。企业的客户来源主要有两类：一类是新客户，即企业利用传统的市场营销组合 4P（产品、价格、促销、渠道）策略，进行大量的广告宣传和促销活动，吸引到的初次购买产品的客户；另一类是企业原有的客户，他们已经购买过企业的产品，使用后感到满意，没有抱怨和不满，经企业加以维护愿意继续购买产品。

开发新客户时，企业首先要对其进行大规模的市场调查，了解客户各个方面的感受，然后对调查结果进行总结分析，根据分析结果制定相应的广告宣传策略。同时，企业要不定期地进行大规模促销活动来提醒消费者购买。以上每一个环节都需要大量的财力、物力和人力，这样一来，单位产品成本大幅度提高，企业赢利相对就会减少，而对现有客户，让他们进行再次购买则不需要上述环节。

以往在企业营销活动中，有相当一部分企业只重视吸引新客户，而忽视维护现有客户，使企业将管理重心置于售前和售中，造成售后服务中存在的诸多问题得不到及时有效解决，现有客户大量流失。然而，企业为保持销售额，则必须不断补充新客户，如此不断循环。这就是著名的漏斗原理。企业可以在一周内失去 100 个客户，而同时得到其余 100 个新客户，从表面看销售业绩没有受到任何影响，而实际上为争取这些新客户所花费的宣传、促销等成本显然要比维护现有客户昂贵得多，从企业投资回报程度的角度考虑是非常不经济的。因此，以漏斗原理作为制定企业营销策略的指导思想，只适用于传统的生产观念以及以产品观念和推销观念为主导的时代。

如今，买方市场背景下，产品同质化程度越来越高。同时，由于科学技术的发展，产品本身的生命周期也越来越短，很多企业推出的营销策略和手段也大同小异，消费者已变得相当理智，所以对客户进行维护和售后服务非常必要。

（二）怎样进行客户维护

在电话营销中，与陌生客户的第一个电话，对大部分电话营销人员来讲是一个挑战。

只是，对于那些经验丰富的电话营销人员来讲，陌生电话拜访已经成了一种习惯，没有什么能难倒他们的。他们关心的热点问题已经开始转移，其中一个就是如何与客户保持长期联系。

（1）对客户进行分类

已服务的客户：实行客户档案分类细化管理，分期定时进行电话跟踪。

正在服务的客户：从销售开始进行电话跟踪，到客户资料进入客户档案分类细化管理。

准客户：对有联系方式但未成交过的客户进行分析，并根据分析后的需求进入电话培养服务期，增强客户对企业的信赖感，从而达成促成的效果。

转介绍的客户：让其感受优质服务和科学管理。

（2）后续服务的方式

第一种，跟进电话。

与客户保持长期联系的方式有很多，首先讲讲如何来打跟进电话。例如，当电话营销人员在电话中与一些客户初步交流过后，客户可能会说："好，你给我些资料看看。"而当电话营销人员发过电子邮件后，再打电话跟进时，可能会出现如下场景。

电话营销人员："今天给您打电话，就是想和您确认一下资料是否收到。"

客户："收到了，谢谢！"

电话营销人员："有什么有疑问的地方吗？"

客户："没有，谢谢！"

电话营销人员："如果是这样，让我们保持联系，如果以后有什么需要的话，请随时与我联系！"

客户："好的，好的，一定，一定！"

这个跟进电话是否成功？相信经验丰富的电话营销人员会说："不。"因为这样讲的客户80%以上不会再主动与电话营销人员联系。

那如何打跟进电话才可以既推动销售，又保持长期关系，并增强客户对电话营销人员的良好印象呢？

首先，要在第一次电话中确定这个客户是否值得再次打电话，以免浪费时间。

其次，电话目标很重要，像刚才的例子中，电话营销人员除了确认客户是否收到资料外，还应尽可能多地提些问题，获取更多的信息。例如："这个问题您怎么看""它对您有帮助吗""主要体现在哪些方面""您建议我们下一步如何做""为什么呢"，等等。

跟进电话在开场白中应把这次电话与之前通话的要点和结果联系起来，让客户想起之前谈话的要点，如双方都做过的承诺等，同时应陈述这次电话目的，而不是仅仅告诉客户，"打电话给您主要是想看看您最近好不好""看看是不是有什么变化""很久没有联系了，觉得应当给您打个电话"。

电话营销人员打跟进电话时可以参照以下流程：①表明身份，如"我是中国电信的王刚……"；②从某点上过渡到打这个电话的目的，"上个星期您提到……"，"今天就是具体同您一起探讨那个降低成本的计划的"；③确认客户时间是否允许，如"可能要花10分

钟时间，现在方便吗”；④通过提问把客户引入会谈，如“您对我提交给您的新方案有什么建议”。

另外，打跟进电话给客户时，电话营销人员最好能有些新的、有价值的东西给客户，让客户觉得每次通完电话后都有收获。对于这一点，电话营销人员最好能与同事一起进行头脑风暴，看看可以找出多少有价值的理由与客户保持联系。例如，公司最新的产品、同客户约好回电、客户在这期间业务上发生了变化、同客户确定价格等，参考话术如下。

“我们公司最近根据客户的要求，开发了一种新的成本更低的产品……”

“最近看到您公司的业务在调整，所以，想着您可能会需要我们的帮助……”

“最近在看报纸，觉得其中的一条新闻您可能会感兴趣……”

“我一看到我们的新产品，第一个想到的就是您，我觉得您可能会从中获得利益……”

前面重点谈了如何用电话与客户保持长期关系。电话营销虽然是一种成本较低的营销方式，但这是相对的，如果对所有的客户都运用电话来保持跟进的话，那成本也很高，而且效率也很低。况且，如果每次没有新的东西给客户，也会让部分客户有种被骚扰的感觉。但如果很久都不联系，万一客户有了需求，可能早被其他电话营销人员抢占先机，造成销售机会的丧失。

【案例 5－16】

国内一家著名的电脑制造企业在给电话营销人员做培训时，一个电话营销人员讲了这么一件事。

有个客户两个星期没有联系，过了两个星期与他联系的时候，客户说：“哎呀，你怎么不早点和我联系？我昨天才买了几台电脑。”

这个电话营销人员觉得挺委屈：“我两个星期前才与你联系过啊？”

（资料来源：与客户保持长期关系［EB/OL］.（2011－03－13）［2021－10－23］. http：//wenku. baidu. com/view/911681bec77da26925c5b0d6. html.）

所以，在这里，有必要探讨一下除了电话以外，还可以用哪些方式与客户保持持续的联系。

第二种，短信及微信。

随着手机的普及，短信和微信也是比较好的与客户保持长期接触的方式。短信最常用于节日问候、生日祝福等。使用短信时有一点要慎重：那就是产品和服务介绍。当电话营销人员准备通过短信的方式向客户介绍产品或者服务时，最好事先告诉客户。要注意这里的客户，是电话营销人员的目标客户，而不是盲目从什么渠道获取些手机号码就向他们发短信，这样做的结果只能招来手机用户的反感甚至投诉。一些营销短信平台，可以帮助企业向自己的客户进行短信群发，效率高，成本低，是一种十分不错的与客户保持沟通的方法。

第三种，亲自拜访。

亲自拜访虽然成本很高，却可以产生最好的交流效果，是能够与客户面对面进行双向沟通的有效方式。

【案例 5－17】

2002 年上映的美国电影 *Door to Door*（中文译名《永不放弃》）取材自真实人物经历，讲述了在电脑还没普及的年代，一位歪嘴、驼背、行动不便、口齿不清的脑瘫残障人士如何锲而不舍地做好上门推销的工作，成为公司十周年年会的年度销售冠军的故事。

这十年中，比尔这个名字在社区中已家喻户晓，他用自己并不清晰的口齿传递着信息，传递着冷暖。他牢记妈妈的叮嘱——“人们对你感兴趣需要时间，你要有耐心，加上恒心，你会很出色的”，他希望自己像已故的父亲一样成为一名出色的推销员。

每个节日，每家都会收到一张精致的贺卡和比尔朴实的祝福语，包括对他并不友好、从不购买的潜在客户。他成功的模式在于勤于拜访客户，能从客户的角度出发，真心关心客户，打开客户封闭的心。因长相怪异吓坏客户小孩被投诉后，他再次登门借助手偶逗乐小男孩，进而使这家主妇成了他的忠实客户；他会故意送错物品，促成一对反目成仇的邻居和好，并成就一段姻缘；一位因癌症去世的客户多年来一直用购买产品的方式支持他、鼓励他，客户死后人们才发现客户的一间房里放满了比尔的商品，很多都没拆封……这样的例子不胜枚举。

后来，公司引进了先进的销售模式——电脑网络销售。不会使用电脑，加上行销模式的改变以及已衰老的现实让比尔备受打击，意外车祸导致腿骨折之后他下决心选择退休。这时，那位小时候被他吓哭、现在在报社做记者的男孩写了一篇关于这位登门推销员的文章，里面温情地描述了他存在的价值——“他是一根线，一根无形的线，串着邻里，给我们带来欣慰。谁死了，谁搬走了，谁结婚了，他都知晓，他是 Watkins 公司的推销员，现在已经不再被雇用了……”报道引起了广泛关注，让人倍感温暖和怀念，于是公司又重新聘用了他，还用他的名字做公司的网站（www. billporter. com）。他又开始了钟爱一生的事业，继续服务大家。

尽管科技在不断进步，新的沟通媒介在不断涌现、迭代，行销方式也在不断演变，但人们的基本需求并没有改变，用心维系客户、贴近客户依然非常重要。

（资料来源：基于电影相关剧情整理）

第四种，电子邮件。

覆盖范围广、操作简单、成本低廉、适用性强、精准度高的电子邮件也是与客户保持联络的媒介之一，像节日问候、新产品介绍等都可以通过电子邮件来完成。很多公司都会制作公司简讯，每两周向自己的客户发送一封电子邮件，这样做的一个好处是不让那些暂时没有需求的客户忘记自己。但是需要注意的是，信息大爆炸的时代，很多人对陌生的及

毫无新意的电子邮件，都潜意识不愿意阅读，企业可以思考如何通过创新模式来吸引接收者的关注。比如以母亲节为例，针对那些囊中羞涩的客户，Kate Spade（凯特・丝蓓）在电子邮件中直接规定特定的价格范围（100 美元以内），并提供好几样预算内的产品推荐，大大降低了客户的搜索成本，吸引客户前往购买。母亲节营销期间，提供演唱会、球赛的订票服务的网络搜索平台 Seat Geek，以对话框的 GIF 图为主，让对话信息一个一个弹出，让客户很好奇接下来的内容是什么，也让客户觉得有一种和妈妈对话的感觉。紧接着，下方显眼的文字 Make It A You & Mom Day，再次点出：妈妈希望孩子陪在身边，所以带妈妈一同观看表演或球赛吧，这会是最棒的母亲节礼物！

第五种，信件或明信片。

信件或明信片可以用于感谢客户签下订单并承诺继续为其服务，可以在销售结束后的一段时间内由销售人员寄出。不过，这种方式有一种很大的缺陷：它们都是成批制作的，因此缺少客户满意、非常重要的个性化色彩。一点点服务上的差异所带来的效果真的格外不同。

【案例 5－18】

汽车销售冠军乔・吉拉德认为所有已经认识的人都是潜在的客户，每年他要为这些潜在的客户寄上 12 封广告信函，而且每次都以不同的色彩和形式投递，并且在信封上尽量避免出现与他的行业相关的名称。1 月，他的信函上是精美的喜庆气氛图案，上书“恭贺新禧”，署名“雪佛兰轿车，乔・吉拉德上”。此外，再无多余的话。即使大拍卖期间，他在上面也绝口不提买卖。2 月，信函上写着：“请您享受快乐的情人节”，下面仍然是简短的签名。3 月，信函上写着：“祝您圣帕特里克节快乐！”（这个节日是爱尔兰人的节日。客户是不是爱尔兰人无关紧要，关键是他不忘向客户表示祝愿。）然后是 4 月、5 月、6 月……不要小看这几张印刷品，它们所起的作用并不小。不少客户一到节日，就会问家人：“过节有没有人来信？”“乔・吉拉德又寄来一张卡片！”这样一来，每年中就有 12 次机会，使乔・吉拉德的名字在愉悦的气氛中来到这个家庭。乔・吉拉德没说一句：“请你们买我推荐的汽车吧！”不讲推销的推销，反而给人们留下了深刻、美好的印象，等他们打算买汽车的时候，往往第一个想到的就是乔・吉拉德。客户即使自己暂时不更换汽车，也会主动介绍客户给他，相信这也是乔・吉拉德成功的关键因素之一。

（资料来源：乔・吉拉德的营销故事（一）贺卡的问候［EB/OL］.（2009－10－18）［2021－12－01］. http：//www.360doc.com/content/09/1018/19/258492_7478330.shtml.）

当今社会，快递行业比较发达，企业可以通过快递方式邮寄信件或明信片，方法得当、态度诚恳的话也会令客户印象深刻。

第六种，有价值的优惠或礼品。

到节假日来临的时候，通过短信、电子邮件、微信等媒介向客户问候的方式已非常普遍，但除此以外，在条件允许的情况下，最好日常能给忠诚客户提供有价值的优惠或赠送走心的礼品，这是实施情感营销时必要的一个环节。

【案例5-19】

东京池袋的“小料理屋东风”规模不大，面积仅6平方米，由店主一人打理。为了吸引回头客，店主面向老客户推出实名杯赠品活动。该店会登记每位来店消费的客户信息，到店消费一次得1分。集齐日间50分、夜间20分的客户，将获赠一只实名杯。

这家店开业几年以来，持有这种实名杯的客户已突破150人。为了得到店方赠送的“常客证明”，有的客户专门挑选每周四来此消费，因为周四可以获得双倍积分。

这种实名杯为陶制，是店主向专门制作手工艺品的供应商定制的。每只杯子上都刻着专属客户的名字和座右铭，其魅力在于强调每个人都是世界上独一无二的存在。另外，这种杯子可以用来装掺冰块的烧酒，容量是普通杯子的两倍，价格却与普通的一杯酒持平，用意是答谢老客户长期的支持与厚爱。

这家店的实名杯由店方保管，摆在店内一角的收纳柜上。渐渐地，有的客户还带来了“专用筷”，交给店方一并保管，成了忠实的客户。

（资料来源：8个经典营销案例教你吸引回头客！[EB/OL].(2018-01-19)[2021-11-11]. http://www.canyin168.com/glyy/yxch/yxgl/201801/72137.html.）

第七种，客户联谊。

现在不少企业为了更好为客户服务，成立了自己的大客户俱乐部，定期举办各种主题的客户联谊活动，以进一步增进客户关系，这种方式特别适合那些以关系为导向的电话营销人员，而且适用于业务地域比较明显的行业，例如电信行业、金融行业等。电话营销的实践经验：把客户当成一生的合作伙伴来看待，而不是单纯销售产品给客户！一旦有了这样的想法和理念，相信电话营销人员会马上行动起来，与客户建立长期关系，以获得更稳定的销售业绩。

【案例5-20】

2020年迎新春读者专场联谊会成功举办

北京日报报业集团所属《北京日报》《北京晚报》等报2020年度报纸订阅工作圆满结束后，为感谢读者的支持与厚爱，北京晚报读者俱乐部2020年1月11日在新兴宾馆举办了2020年迎新春读者专场联谊会。来自京城很多行业的近300名读者代表参加，大家欢聚一堂，共话友情，笑迎新春。

迎新春读者专场联谊会，共分四个环节：互动及抽奖、新年旅游活动介绍、新疆特产品鉴、相声专场演出。

在互动及抽奖环节中，读者俱乐部的工作人员、部分读者分享了参加读者活动的经历和感受，提出了建设性的建议。在抽奖环节中，有近百名读者获奖，奖品有新疆特产礼盒、旅游优惠、纪念品等。

读者俱乐部旅游项目负责人介绍了2020年度计划举办的部分读者活动。

1. “北京晚报读者走进俄罗斯”系列活动，包括以下内容。

俄罗斯莫斯科＋圣彼得堡8日游（读者价约3980元/人）。

俄罗斯圣彼得堡＋莫斯科9日品质游（读者价约7980元/人）。

俄罗斯贝加尔湖＋莫斯科＋圣彼得堡＋新西伯利亚11日游（读者价约12800元/人）。

2. 北京周边游：每月预计组织2次。

3. 国内游：包括以下内容。

二月：三亚5天随团+9天旅居飞卧15人游（读者价约3680元/人）。

三月：广东双卧巽寮湾10日旅居（读者价约3380元/人）。

四月：华东七日双卧古镇游（读者价约2680元/人）。

五月：陕西全景双卧九日游（读者价约3180元/人）。

六月：广西北海双卧9天养生旅居（读者价约3180元/人）。

七月：东北伊春避暑养生双卧10日游（读者价约3680元/人）。

八月：湖南全景双卧九日游（读者价约3280元/人）。

九月：西北五省全景双卧12日游（读者价约5180元/人）。

十月：安徽全景养生旅居10日游（读者价约4180元/人）。

十一月：攀枝花·泸沽湖连线双卧11天行程（读者价约3180元/人）。

十二月：福建全景游双卧九日游（读者价约3580元/人）。

4. 国际游：包括以下内容。

三月斯里兰卡＋马尔代夫8日游（读者价约12800元/人）。

六月巴尔干半岛五国15日游（读者价约26800元/人）。

九月俄罗斯＋北欧四国12日游（读者价约15800元/人）。

十二月东欧五国深度12日游（读者价约16800元/人）。

注：以上活动线路及读者报名价，为年度计划，供读者参考。实际路线安排及读者价，以活动举办前的具体宣传为准。

在本次联谊活动中，参加活动的读者，品鉴了由西域天圣农业发展有限公司提供的新疆特产——产自新疆巴音布鲁克大草原的野血牦牛肉、黑头羊肉，干果、蔬菜等。

在专场相声演出中，北京晚报读者俱乐部新兴相声馆的相声演员，为大家上演了精彩的六个节目。

（资料来源：北京晚报读者俱乐部.2020年迎新春读者专场联谊会成功举办［EB/OL］.(2020-01-17)［2021-12-01］. https：//www. sohu. com/a/367477557_120053680. 有删改）

任务实训

每位同学各选择一种产品，并以 FABE 推销法进行推销，课堂随机抽签选择几位同学进行展示。

复习思考

1. 简述电话营销的流程。
2. 通常，开场白包含哪几个关键要素？
3. 开场白中的资格限制法的含义是什么？试举一例说明。
4. 简述产品推荐的步骤。
5. 什么是 FABE 推销法？
6. “如果您现在下订单可以享受八折优惠，到明天的话折扣就没有了”，这句话属于哪种促使成交的方法？
7. 什么是 3f 成交法？
8. 进行客户跟进有哪些可供选择的方式？

案例分析

电话营销人员：“您好！请问是人力资源部的董小姐吗？”

客户：“是我。找我有什么事吗？”

电话营销人员：“董小姐，上午好！我是××人才网的李宁。××人才网是国内最早、最专业的几家人力资源综合服务网站之一，已经为 27 万余家企业提供了专业的人力资源服务。今天打电话给您，是因为看到贵公司在自己的网站上设有招聘专栏，并且正在发布招聘信息。我觉得贵公司完全可以将这些信息发布在××人才网上，从而获得更快、更多、更优质的求职信息。您觉得呢？”

客户：“如果能免费发布招聘信息的话，我们肯定会发布。如果要收费的话，我们就不考虑了。”

电话营销人员：“董小姐，我明白您的意思，能够感觉出来，贵公司是非常重视招聘成本的，从这一点也能看出贵公司对人才招募工作的谨慎和重视。董小姐，您目前除了公司网站以外，还有没有开发其他招聘渠道呢？”

客户：“目前来说，只是通过公司网站招聘。”

电话营销人员：“确实，在企业网站上发布招聘信息，除了人工和网站维护的成本以外，几乎不需要交纳任何费用。那么您觉得这种方式是否能够满足贵公司对人才的需求呢？”

客户：“基本上还可以。”

电话营销人员：“我看到贵公司网站上发布的招聘信息中，有一个市场总监的职位，请问这个职位还在对外招聘吗？”

客户："是的。"

电话营销人员："我看到这个职位的发布时间差不多是半年前了。这是不是因为贵公司对这个职位的要求很高，所以导致这么久都没有找到合适的人选呢？"

客户："是的。这也是一方面原因，更主要的是这个职位属于公司高管职位，所以投递简历应聘这个职位的人不是很多。"

电话营销人员："对，我觉得您说的这点才是根本原因！那么，除了市场总监这个职位以外，其他正在发布的职位里，还有没有类似的情况存在呢？"

客户："有，还有几个职位也空缺了一段时间。"

电话营销人员："董小姐，您觉得这个职位的长期空缺，是否会影响贵公司市场开发的进度以及您个人工作的开展呢？"

客户："肯定有影响，但没办法，宁缺毋滥嘛。"

电话营销人员："是的，我很赞同您这条用人原则。我有很多在企业里做招聘主管的朋友，也经常遇到这种情况，他们都对这个问题感到很矛盾。一方面，企业对求职者的考核非常严格；另一方面，应聘者的人数确实不多，导致企业一连几个月都找不到满意的人才，结果公司不断给他们加压，弄得他们很郁闷。所以我很理解董小姐您的难处。"

客户："谢谢，我跟您那些朋友都差不多。"

电话营销人员："其实，在××人才网上，应聘市场总监这一职位的求职者很多。即便是再挑剔的企业，也基本上可以从收到的大批应聘简历中，发现称心如意的人才。同时，我们还为企业提供简历搜索的功能。通过这个功能，企业可以主动出击，在海量的求职简历中，筛选出最符合公司实际需求的人。相比投入少量的招聘成本，我觉得如果能够更快、更多地获取更为优质的应聘信息，那么无论是对企业，还是对您这样的管理者来说，都是最大的实惠！董小姐，您觉得呢？"

客户："嗯，你说的话也有一定的道理。那你们的收费怎么样呢？"

（资料来源：李宁，李云迪．电话应该这样打［M］．厦门：鹭江出版社，2008.）

问题：

1. 分析案例中的李宁是如何开场的。
2. 李宁是如何探寻需求并确定需求完成产品推荐工作的？运用了什么技巧？

模块三　电话营销技能篇

任务六　声音

1. 了解声音感染力的来源。
2. 了解形成魅力声音的十大关键因素。
3. 掌握声音训练的方法。

情景案例

山羊婆婆的小孙子到外地去读书了。山羊婆婆非常想念小孙子，经常担心小孙子吃不饱穿不暖。有一天，山羊婆婆收到小孙子的来信，非常高兴，可是山羊婆婆不识字，于是就出去找人给自己读信。在路上，山羊婆婆碰到了大熊，于是掏出信让大熊看一看，大熊用一种非常粗鲁、沙哑的声音读道："亲爱的婆婆，我好想你，我在这里很好，非常想你做的小饼干。"山羊婆婆一听非常反感，就说："这个不孝顺的家伙，只会想到我做的饼干。"山羊婆婆还没听完就气呼呼地往家走。在回家的路上，山羊婆婆碰到小黄莺，小黄莺看山羊婆婆一脸不开心的样子，就问："山羊婆婆，什么事情这么让你不开心啊?"山羊婆婆拿出信来给小黄莺看，小黄莺接过来用一种非常甜美而清澈的声音读道："亲爱的婆婆，我好想你，我在这里很好，非常想你做的小饼干。"山羊婆婆一听，幸福地笑了："哎哟，我的小宝贝儿，我这就回去给你弄小饼干。"山羊婆婆说完，高高兴兴地回家弄小饼干去了。

（资料来源：电话销售人员如何提升声音的感染力［EB/OL］.（2016－05－16）［2021－10－31］. http：//www. docin. com/p－1579850404. html. ）

案例点评

大熊和小黄莺的声音完全不同，给山羊婆婆的感觉也有天壤之别。大熊用一种非常粗鲁和沙哑的声音读信让山羊婆婆感觉非常难受，所以山羊婆婆非常生气，而小黄莺的声音非常甜美，让山羊婆婆觉得小孙子饱含了对奶奶的思念之情，所以山羊婆婆听后欣欣然。

对于需要借助电话来和陌生潜在客户直接沟通的电话营销人员来说，“谁都不会拥有第二次机会来给别人留下美好的第一印象”，把握形成印象的短短几秒的时间对于促成交易至关重要。人们生活在“感知即现实”的文化中，如果电话营销人员拥有自信、有说服力、有感染力的声音，那么可以更容易获得客户信任。

知识体系

一、声音的感染力

有人认为，声音与人心以及风度、志趣和德行之间都存在着连带的关系。听一个人说话的声音就能知道这个人的风度，观察这个人的风度就可以明白他的志趣，而清楚他的志趣后就能知晓他的德行了。

电话营销人员只能通过听声音来感觉客户的所有反应，并判断营销方向是否正确。客户也只能凭借他所听到的声音及电话营销人员所传递的信息来判断自己是否认可这个营销人员，是否可以信赖这个人，并决定是否继续通话。所以，声音在电话营销中起到了至关重要的作用。

人们在电话中都喜欢与什么样的人沟通交流呢？相信答案有很多。例如，声音甜美、有磁性、语速正常、说话清晰、思维敏捷、语气亲切、耐心、思维集中、简洁明确、平和、沉稳、有理解力、易沟通、礼貌、有问必答、热情、幽默、不厌其烦等，这些都是声音有感染力的表现。

无论是面对面与客户沟通，还是借助电话与客户沟通，感染力无疑都是影响沟通效果的一个关键因素。

（一）声音的特性

电话营销原本就是一门通过声音与客户交流的艺术，电话营销人员与客户之间可能相隔万水千山，仅仅凭借一根电话线，用声音来传递彼此之间的信息和感情。

电话营销人员在电话中要讲的话就好比一件礼物，声音就是交通工具，电话营销人员可以选择一款落落大方、极具品位的豪华轿车作为交通工具；也可以选择一辆“除了铃铛哪里都响”的自行车作为交通工具。虽然这两种工具都可以把礼物送到客户身边，但是客户收到礼物时的感受与心情却是完全不同的。

即使是同样一句话，经过不同的人以不同的声音讲出来，人们听到的感觉是不一样的，甚至可能完全不同。

有的电话营销人员一讲话，声音听起来犹如银铃一般，立刻就能让客户感受到那种活力、自信、热情，从而心生好感，将内心想法和盘托出，和电话营销人员顺畅沟通下去；而有的电话营销人员一讲话，客户听着就觉得索然无味，觉得好像例行公事一般，虽然可能电话营销人员内心的想法并非如此，遗憾的是，客户此时只想尽快挂断电话。

可见，电话营销人员的声音要有魅力才能保证与客户有效沟通。下文总结了形成魅力声音的十大关键因素。

1. 发音吐字

电话营销人员要做到发音标准、吐字清晰，能够让客户在电话中很容易听清楚自己所说的话。一些公司在每次招聘电话营销人员时，都会要求应聘人员现场模拟打电话的过程，主要考察他们的语言表达是否清晰、普通话是否流利等。因为表达清晰对于一名电话营销人员来说是一项最基本的要求。

2. 语气

语气是反映电话营销人员心理状态的晴雨表，电话营销人员的语气要平和中有激情、耐心中有爱心，要避免产生不耐烦的语气。

声音的美感很大程度上来自语气的轻重，因此电话营销人员的声音还要听起来高低分明。可以选择由轻到重的顺序，比如，问候客户说“早上好，王经理”的时候，前面的“早上好”三个字稍微轻一点，后面的“王经理”三个字则重一些，这样客户就会感觉到电话营销人员的热情度在往上升。如果声音一成不变，那么就犹如催眠曲，会让客户昏昏欲睡。

3. 语速

所谓语速是指说话的速度。在电话中与客户沟通时，电话营销人员的语速忌太快或太慢。电话营销是一种快节奏的工作，由于长期工作的原因，大多数电话营销人员说话的速度都偏快。语速太快容易造成客户听不清楚的情况，语速太慢又容易给客户留下不自信的印象，因此电话营销人员需要具备控制语速的能力。一般情况下，语速保持在120～140字/分钟比较合适。当然，电话营销人员也要根据客户的语速灵活调整自己的语速，比如，对视觉型的客户①说话速度要快一些，对听觉型的客户②说话就要稍微慢一些，对触觉型的客户③速度就要更慢，区别对待效果要更好些。

【案例6－1】

电话营销人员小张说话很幽默，与客户电话交谈时，总是妙语连珠，引人发笑。一开始，客户听得很感兴趣，可到后来，客户发现自己不但没有说话的机会，还得接受他一连串的“狂轰滥炸”，最后实在无法忍受，就会找个借口结束通话。

电话营销人员小寇刚好与小张相反，他说话慢条斯理。有一次，他遇到一位急性子的客户，那真是“急惊风遇到慢郎中”，客户开始极力克制自己的性子，最后还是按捺不住，以“我很忙，以后再说”为由，匆匆挂掉了电话。

电话营销人员小刘不存在上述两位的问题，他平时说话语速不急不缓，让人感觉非常

---

① 视觉型的人，能运用脑中的视觉部分，发挥出最大的认知效果。由于要赶上脑海中画面的变换，所以这种人说话很快，不管遣词用字是否得当，能描述完全就行。

② 听觉型的人，遣词用字比较慎重，讲起话来不疾不徐，声音平稳。由于看重用字，所以说话十分小心。

③ 触觉型的人，说起话来最慢。由于偏重感受，他们声音低沉，说话慢得像糖蜜淌出来似的。

沉稳。但是一到与客户电话交流时，特别是遇到一些比较难缠的客户，他就会不由自主地加快语速，有时甚至会紧张得说不出话来，或是口吃，这让他感到非常难堪。

（资料来源：影响力中央研究院教材专家组．一线万金：电话销售的7阶秘诀［M］．北京：电子工业出版社，2009.）

4. 节奏

在讲话的过程中一定要善于运用停顿，控制好节奏。这样就可以有时间来感知谈话的进展情况，也让客户有机会参与其中。大多数电话营销人员都会犯一个错误：只顾自己说，说完了就挂机。高明的电话营销人员可以做到根据客户的语言节奏来决定自己的节奏，中间穿插适当的停顿，这样可以更有效地吸引客户的注意力，从而使整个谈话过程非常默契、顺畅。停顿还有一个好处，就是客户可能有问题要问，电话营销人员停顿下来，他才能借机提出问题。停顿的频率一般是每说两句话就停顿一二秒钟。

5. 语调

语调要自然，要做到抑扬顿挫，但不能太怪、太夸张。语调要富于变化，不要太机械化。有些电话营销人员总是用一种语调跟所有客户讲话，好像是电子音一样，缺少变化，因而自己的语言也就缺少生气。相声演员姜昆说过一段相声，他是这样形容经典歌曲的：经典歌曲刚开始时就像平地行走，音调较平，然后开始爬坡，音调往上走，爬到最高处时，突然往下，音调骤降，到结尾时，翻几个跟斗，音调也跟着绕几个圈。这样的歌曲唱出来后，那简直是“余音绕梁，三日不绝”。

6. 音量

对于电话营销人员而言，讲话的音量很重要，声音既不能太小也不能太大，要适中。音量太大有些刺耳，太小对方听不到。把握音量最好的办法是请同事或朋友帮忙，让他们听听自己以多大的音量讲电话效果最好。如果电话营销人员配有专用的电话耳机，耳机中话筒的位置也很重要，不要直接对着嘴部，要放在嘴的左下角，这样有助于保持正常的通话音量和音质。

7. 简洁

电话营销人员每天要打很多电话，通话时间有限，再加上目标客户一般都很忙，这就要求营销人员的语言必须简洁明了。简洁，主要指用词要简洁，尽量不要谈太多与销售无关的内容。当客户比较老练时，这一点尤为重要。不要耽误自己的时间，也不要占用客户太多的时间。

如何做到简洁呢？这里介绍一个小窍门。电话营销人员每次打电话前，将要表达的核心内容写成提纲，那么在打电话时就会胸有成竹，谈话自然简单明了；如果没有提纲，想起什么就说什么，客户会觉得电话营销人员思路不清，啰啰唆唆，不得要领。

【案例6－2】

有一次林语堂被邀请到一个会议上发表讲话。在他前面安排了两个教授先讲。这两个教授的讲话空洞无物，又特别冗长，等他们讲完，台下的与会者已经被折磨得疲惫不堪。终于等到林语堂上台，他望了一眼台下，用力敲了敲桌子，然后提高嗓门，说了一句话："绅士的演讲，应该像女士的超短裙一样——越短越好。我的演讲完了。"台下顿时爆发了雷鸣般的掌声。

这一句话堪称古今中外演讲史上的典范，任何时候都会令人深思，这就是简洁的力量。

（资料来源：王静．如何做电话销售［M］．北京：中国物资出版社，2008．编者有删改）

8. 热情

热情一定是由内而外自然流露的。作为电话营销人员，如果对自己的工作没有热情，说话有气无力，即使学会了一大堆的技巧和方法，也是徒劳。虽然热情能带来积极影响，但凡事有度，要注意不能热情过度。有的电话营销人员不管对谁，都像革命时代的热血青年，声音高亢、慷慨激昂。有些客户也许可以接受，有些客户却可能会不喜欢，觉得电话营销人员太过热情，有点虚情假意。特别是对不熟悉的客户，更要把握好尺度。

【案例6－3】

有一位顶尖电话营销人员，在他刚进入电话营销业时就因为车祸而失明，但是他没有因此自怨自艾，也不曾放弃。一出院，他就立刻返回工作岗位，并请秘书为他打电话安排访谈。即使看不见，他还能说，还能和客户沟通，还能和其他人举行会谈。

当他出去访问目标客户时，他的秘书也会一起前往。因为他看不见，所以他就想象这位目标客户一定乐意见到他，并且愿意买他的产品。他说话非常兴奋、热情、信心十足。目标客户的拒绝或质疑，他都假设这是对他产品的观察评论，所以会积极且完整地予以回答。然后，他也会请求客户下订单。根据秘书的描述，有好多次，目标客户都不见得非常有兴趣，他们的肢体语言和面部表情都不是非常积极。他们会看手表，眼睛转向别处，轻敲手指，甚至还签署文件。但因为这位失明的电话营销人员根本看不见他的目标客户，所以他假定目标客户对他说的每一个字都很感兴趣，而继续不断地说下去。往往，他的热忱和信心能打动客户，使客户最终向他购买产品。

（资料来源：杨丽，任锡源．电话营销［M］．北京：中国物资出版社，2011．）

9. 自信

自信的中文解释是，自己相信自己。而自信的英语"be sure of oneself or self-confidence"的解释是，"Believe that one is right on something or that one is able to do something"。比较而言，英语的解释要明确一些，只要一个人在某件事情上认为自己是对的，或者认为自己能做某件事，就是自信。

要坚信，一个人只有喜欢自己，才可能被别人喜欢；一个人只有对自己有信心，才可

能收获别人的信心。电话营销工作的整个过程就是一个接着一个挑战，一次一次被拒绝，一次一次重新站起来，这需要勇气，需要信心，需要信念。自信是人对自身力量的一种确信，深信自己一定能做成某件事，实现所追求的目标。对此，电话营销人员说话时不要吞吞吐吐，尽量不用“可能、大概”之类模棱两可的词，要自信满满。如果客户觉得电话营销人员信心不足，势必很难相信电话营销人员所说的话。说话时自信、果断，敢于给客户承诺，可以有效地增加客户的信任度，成功的概率就会增大。

【案例 6－4】

从前有两只小青蛙，溜到农民的房子里玩。它们站到一个坛子沿上跳舞时，不小心掉到里面。里面装的是黏糊糊的黄油，它们想跳出来，油太黏，想爬出来，壁太滑。几经尝试，都没有跳出来。

青蛙 A 边游边想，看来今天是没希望了，怎么也出不去了，反正也没希望了，还游什么呢？这样想着，四肢越发划不动。

而青蛙 B 想，今天真的非常糟糕，怎么想办法都出不去。可是，还得继续游啊，也许会找到办法。它的四肢已经很累了，可它还是坚持游着。它边游边想，只要还有力气，不管怎样都要游下去。就在它几乎划不动的时候，后脚碰到了坚实的固体。原来，黄油在青蛙 B 的不停搅动下，凝固了。后来，青蛙 B 带着青蛙 A，共同踩着凝固的黄油跳出了坛子，一起高高兴兴回家了。

（资料来源：杨丽，任锡源．电话营销［M］. 北京：中国物资出版社，2011.）

10. 积极

积极的心态会使声音听起来热情而有活力，进而形成积极的行为。积极的心态不仅对电话营销，对任何一种形式的销售来讲都很重要。积极，也就意味着无论什么时候，不论是在给客户打电话时，还是接听客户电话时，电话营销人员都应向着对销售有利的、能推动销售进展的方向思考问题。

有一个电话营销人员经过与客户多次电话沟通，有望达成合作意向，客户已处于决策最后关头。他想打个电话给这个客户，但他又不敢，他担心听到的是他不愿意得到的结果。在他的脑海中一次次地重复着他被客户拒绝的情景，这其实是他自己的幻想。当他经历了长时间的犹豫后，在无可奈何的情况下，有气无力地、勉强给客户打了个电话。结果发生了什么事情？在电话线的那一端，客户很热情地告诉他：他们已经决定与他合作了。这个营销人员听后长长地舒了一口气。

其实在很多情况下，电话营销人员消极的想法都是给自己施加压力所致，而事实上完全没有必要这么做。所以，如果电话营销人员以前也经常消极地面对客户的话，从现在开始，用积极的心态去面对所遇到的每一个客户吧，奇迹真的会发生。

（二）身体语言

电话营销人员不要认为打电话时客户看不到自己，身体语言就没有作用。虽然打电话时电话营销人员与客户都看不到彼此，但这并不意味着身体语言不会影响声音的感染力。有时，身体语言会影响一个人发出的声音。

1. 微笑

身体语言中最重要的就是微笑。对于电话营销人员，有些人的笑容是非常灿烂的、非常容易看到的，而有些人却不是。所以，回到家时不妨抽出一些时间来对着镜子笑一笑，早上起床时也可以对着镜子笑一笑，逐渐养成爱微笑的习惯。

【案例6-5】

飞机起飞前，一位乘客请求空姐给他倒一杯水好吃药。空姐答应他在飞机飞行平稳后，立即把水送给他。

20分钟后，飞机早已进入平稳飞行状态，但由于太忙，空姐忘了给那位乘客倒水。果然，乘客服务铃急促地响起来，正是先前那位要水的乘客摁响的。空姐小心翼翼地将水送到那位乘客面前，面带微笑地说："先生，由于我的工作失误延误了您吃药的时间，我向您道歉。""有你这样服务的吗？我要投诉你！"这位乘客非常生气。

在接下来的飞行途中，为了弥补自己的过失，空姐在经过客舱时，都会特意在那位乘客身边停下，面带微笑询问他需要什么服务。

在飞机快要降落时，那位乘客要求空姐将留言簿给他送过去，看来他还没有原谅空姐。空姐二话没说把留言簿递到他面前，依旧面带微笑地说："先生，请允许我再次向您表示真诚的歉意，无论您提出什么意见，我都将欣然接受。"

那位乘客犹豫了一下，但还是在本子上写下了一段话。

等所有的乘客都离开飞机后，空姐打开了留言簿，她想看看乘客对自己的批评。然而，令她吃惊的是，留言簿上根本不是什么投诉信，而是一封表扬信。

信中有一句话："在整个飞行过程中，你表现出的真诚歉意，特别是你的12次微笑，深深地打动了我，从而使我最终改变主意。没有谁不会犯错误，正是因为你在犯错误后的优秀表现让我看到了自己的自私和偏执。你是优秀的，而我却很渺小。"

空姐再一次开心地笑了。

俗话说："伸手不打笑脸人。"这个故事，让人们充分领略了微笑的威力。在电话营销过程中，如何发挥"笑"的威力呢？

因为受到目前技术的限制，电话营销暂时还不能全面实现视频对话，这样，通话双方就无法看到对方的面部表情及肢体语言。所以，电话营销人员在打电话时一定要笑出声来，对方看不见自己的微笑，就想办法让对方听见自己的笑声，感受自己声音中的真诚。

（资料来源：杨丽，任锡源．电话营销［M］．中国物资出版社，2011.）

2. 手势

与客户面对面交流时，一般要配合一些手势，反过来，手势又会影响声音。比如，配合手势在合适的地方加上重音，在适当的地方稍做停顿等。同样地，在电话沟通中，虽然电话营销人员与客户彼此看不到，但是手势给声音带来的影响能化作一股无形的力量，感染着电话那端的客户。

3. 不要歪着脖子打电话

脖子是人体非常重要的部位，打电话本来可以趁机放松颈椎，让颈椎得以休息。如果歪着脖子打电话，会压迫颈部动脉，使从颈部到脑部的血液循环受到一定程度的阻碍，容易导致脑部功能失调，严重者还会轻微中风。这样，自然就无法做好电话营销工作了。

电话营销人员一天要打很多电话，为了保持颈椎健康，一定要采取正确的姿势。打电话时，要保持颈椎中立，使其处于放松的状态，手握话筒，靠近耳朵和嘴巴。需要注意的是，为了避免与话筒直接接触发生污染，不要将其紧贴在耳朵和嘴巴上。否则自己得了病，也会影响声音的质量。

4. 身体语言要与想表达的感情结合起来

电话营销人员要根据不同的情况，将身体语言与想表达的感情结合起来。如果客户向电话营销人员投诉，电话营销人员还笑得很开心，没考虑客户情绪，客户会觉得电话营销人员不近人情。在这种情况下，要恰当地感受并体会客户的感情。电话营销人员如果跟客户聊得非常开心，要把开心的语气表达出来；如果客户不开心，电话营销人员要理解，并表达出同情心。

5. 走动式拨打电话

电话营销人员天天坐着打电话会感到很累，有时反而没有站着打电话的效果好，所以应鼓励电话营销人员打电话时来回走动。如果电话营销人员用很放松、很自然的声音去影响客户，也会给客户留下一个深刻的好印象。

二、提高声音感染力的技巧

对于电话营销人员来说，声音具有感染力是十分关键的。下面是提高声音感染力的五大技巧：规范语音的技巧、选择语气的技巧、调控速度的技巧、变换节奏的技巧、把握语调的技巧。

（一）规范语音的技巧

1. 音节读准

简单来说，音节读准就是要按照普通话的标准和规范来吐字发音，使发音正确、声调准确、字正腔圆。常用的汉字不过4000个左右，它们都离不开418个音节和阴平、阳平、上声、去声4个声调。因此，只要下功夫，读准声母、韵母和声调，这样读准全部音节就比较容易做到了。

2. 音节协调

适当多用一些双音节词、四音节词讲话，或练习朗诵，可以增强语言的响度和节奏感，这可以使声音听起来比较优美悦耳。

运用拟声词、象声词也是使音节协调的一种办法。它既可以使被表述的事物形象生动，又可以使声音和谐，达到声与形的有机统一，增添语言的表现力。

3. 韵调和谐

这里所说的“韵”是指汉语字音中的元音或元音加收尾音，即声母以外的部分，或声母和介音以外的部分，称“韵母”；“调”是指声调。汉字一字一个音节，每字又有四声和平仄之分，如果韵调搭配得好，就可出现高低抑扬、急缓起伏之情势。

平声字和仄声字交错使用，可以形成声音的抑扬相应，高低相配，急缓相间，起伏相连，从而使声音刚柔相济，协调和谐。

（二）选择语气的技巧

语气，即说话的口气。它既存在于书面语之中，更存在于口头语之中。在书面语里，语气要通过读者的视觉引起思维，才能感受、认识、体会。而口语表达中的语气，将句式、语调、理性、音色、立场、态度、个性、情感等融为一体，由电话营销人员直接诉诸客户听觉，客户当即就可直观感受到。语气强弱、长短、清浊、粗细、宽窄、卑亢等变化，能产生不同的声音效果。不同的声音和气息表达不同的思想感情，如下面小贴士的表6－1所示。

【小贴士6－1】

表6－1　　气息和声音表达的思想感情

气息	声音	给听众的感觉	表达的思想感情
气徐	声柔	温和的感觉	爱的感情
气促	声硬	挤压的感觉	憎的感情
气沉	声缓	迟滞的感觉	悲的感情
气满	声高	跳跃的感觉	喜的感情
气提	声凝	紧缩的感觉	惧的感情
气短	声促	紧迫的感觉	急的感情
气粗	声重	震动的感觉	怒的感情
气细	声黏	踌躇的感觉	疑的感情
气少	声平	沉着的感觉	稳的感情
气多	声撤	烦躁的感觉	焦的感情

资料来源：杨丽，任锡源．电话营销［M］．北京：中国物资出版社，2011.

语气是多种多样的，无论从表达主体和听众的关系来看，还是从表达主体的心境和思想感情来看，或者从表述内容和方式来看，它都是丰富多彩的，因人、因事、因时、因地

而不同，变化多端，气象万千。不过，在综合运用多种语气的过程中，还是有主次之分的，主要的感情色彩形成主要的语气色彩，即语气的基调。与此同时，还要适时根据内容、感情、对象等的变化，选择自己的语气，使之恰如其分。

（三）调控速度的技巧

说话的速度，是指说话过程中音节的发音时间长短，或者说单位时间里吐字的数量。一般可以笼统分为快速、中速、慢速三种情形。

不论快速还是慢速，都应有度。比如，快速，也不能像放鞭炮似的，使人“耳不暇接”；慢速，也不能慢慢腾腾，半天一句，使人听起来十分吃力，等得不耐烦。一句话，就是快慢要得体。

快与慢都是相对的，无论是快是慢，都必须表述得清晰明了，以客户听得真切明白为基本出发点和目标，要做到快而不乱、慢而不拖、快中有慢、慢中有快、快慢相间。

（四）变换节奏的技巧

节奏与速度有密切的联系，但又不是等同的。节奏不单是一个速度问题。节奏是一种有秩序、有规律、协调的表达进程。

节奏包括哪些要素呢？大体有以下这些：结构的疏密，内容的详略，情节的起伏，情感的激缓，声调的扬抑，速度的快慢，语言的行止，过程的长短等。这些要素的综合运用便会形成节奏，形成有声语言的乐章，激荡客户的情感，引发客户的共鸣。

（五）把握语调的技巧

语调，是语音、语气、速度、节奏的和谐统一，它好比乐曲的旋律一样，体现出语言的优美。

语调的变化，主要反映在速度、节奏、重音、升降这四个要素上。下面着重对关系语调变化的重音与升降这两个要素的运用技巧做些介绍，以便准确把握语调。

1. 重音技巧

这里所说的重音，是指根据表情达意的需要，有意加重某个字或某些词的音量与力度。人们说话时，往往把主要的意思加重语气来表达，以引起客户的注意，重读的部分就是一句话里的中心和主旨。

应当注意的是，重音切忌过多，一是过多显示不了孰轻孰重，二是会造成客户的疲劳。

2. 升降技巧

语调的升降，是指语调的高低抑扬变化。同一语句，往往因为语调升降处理不一样，而能表达出多种多样不同的意思。比如：

这是一百万元。（一手交钱，一手交货，司空见惯）

这是一百万元！（强调金额很大）

这是一百万元？（怀疑，不相信有这么多）

这是一百万元?（惊讶，怎么这么多）

这是一百万元?（喜悦，为一下子有这么多钱而高兴）

这是一百万元!（后悔，不该错过赚大钱的机会）

从上例可以知道，语调的升降变化，在句末较为明显。语调可分为四种：高升调，降抑调，平直调，曲折调。

（1）高升调

高升调的句子的语势由低到高，一般表示惊讶、疑问、反诘、呼唤、号召等。比如：革命尚未成功，同志仍需努力!

（2）降抑调

降抑调的句子的语势由高到低，一般表示肯定、感叹、恳求、自信、祝愿等。比如：我们的理想一定能实现。

（3）平直调

平直调的整个句子语势平稳舒展，没有明显的高低变化，一般用于陈述、说明、解释，表示严肃、庄重、平静、冷漠、悼念等。比如：我们正面临着严峻的考验。

（4）曲折调

曲折调的句子语势曲折变化，有起有伏，一般用来表示夸张、讽刺、幽默等。比如：她太可爱了，连哭鼻子的样子都招人喜欢。

【小贴士6－2】

电话营销声音感染力评价

一个人的声音是可以改变的，其中有些特性可以很快改变，如热情时的语调等，但对于有些特性，改变起来有很大的困难，如日常讲话的语调。声音特性的形成是个长期的过程，因而改变它也需要长时间练习。请电话营销人员让伙伴根据表6－2给自己的声音感染力评分，并基于他们的建议加以改进。

只要多练习，相信电话营销人员一定可以拥有良好的电话营销声音感染力!

表6－2　电话营销声音感染力评价

指标	评分	理由
吐字清晰		
语气		
语速		
节奏		
语调		

续　表

指标	评分	理由
音量		
简洁		
热情		
自信		
积极		

注：5 分制，1 分表示最差，5 分表示最好。

三、声音的练习

对在电话呼叫中心工作的电话营销人员来说，把握好声音技巧十分关键，它可以使电话营销人员与客户之间的距离缩短许多。说话太正统，显得机械呆板；说话太随便，又仿佛没有诚意；声音太大，会让对方感到刺耳；声音太小，又使对方听不清楚。那么，电话营销人员如何管理好自己的声音，运用声音带给客户良好印象，从而提高电话营销成功率、确保客户服务质量呢？

良好的声音是电话营销必备的条件，然而，天生具有良好音质、音色的人很少，大部分人还需要后天的训练。仅仅清楚何种声音让人听起来悦耳是远远不够的，作为电话营销人员，更重要的是如何让声音达到之前探讨的效果，使客户听到电话营销人员的声音之后就不愿意放下手中的电话，因此，下面将着重探讨如何进行声音的训练。

在进行讨论之前，有必要先介绍一个非常重要的知识——声音究竟是如何产生的。只有先了解发声的原理，才能够有针对性地进行训练。

声音的产生来源于物体的振动。也就是说，要产生声音，首先需要有一个动力的来源，人声的动力来源就是人们的呼吸系统。当人们吸气时，喉部的声带处于打开的状态，方便空气流进肺部，但是当人们吐气发声时，声带就闭合起来，空气如果通过，就会引起声带的振动，于是产生声音。

但是声带振动产生的声音是非常微弱的，当声音通过咽喉、口腔、鼻腔时，会与储存在这些腔体里的空气产生共鸣。共鸣就是一种放大和美化，于是声音变大了，音色也变好了。

这些经过共鸣放大、美化的声音还要通过唇、齿、舌、腭协调作用，产生不同的语音，也可以称为吐字归音，这个时候才形成人们入耳听到的各种语音。

从发声的流程中，可以发现声音主要是由呼吸系统、共鸣系统、吐字归音系统三部分组成，因此，电话营销人员要使自己的声音美妙动听，就需要从以下几个方面着手。

（一）呼吸训练

有句名言叫作“气乃音之帅”，唐代《乐府杂录》中提到的“善歌者必先调其气”就是这个意思，声音之所以富于弹性、持久，是和源源不断的气息供给联系在一起的，就像是汽车和发动机的关系一样。声音讲究字正腔圆，要气贯长虹，不能有气无力，这都需要良好的气息。

气息又取决于呼吸方式，不同的呼吸方式决定了气息的长短，换气的速度、深度与力度，下面谈谈呼吸训练的方法。

1. 吹蜡烛训练法

吹蜡烛训练法是许多从事播音工作的人常用到的训练方式，可以大大提高自身气息的均匀性、悠长度，长时间训练后能够长时间侃侃而谈，不会有气无力。

具体的练习方法是，在面前点亮一根蜡烛，然后站在一米左右的距离对着蜡烛吹气，以能够吹动火苗为宜。标准是要尽量将火苗吹成一个稳定的角度，火苗不可以忽上忽下，更不允许吹灭，而且要求不能中途换气。以一口气时间越长、吹得越标准为好。

2. 狗喘气训练法

当累了的时候，或者天气太热，狗就会拼命地喘气，快速地吸一口气，又快速地吐一口气，人为地去模仿这一行为就是狗喘气训练法。

通过狗喘气训练法可以大大缩减电话营销人员换气的时间，电话营销人员只需要很短的时间就可以将需要的空气吸满。长期训练后，客户在电话中根本不会听到换气的声音。如果大家参加过一些大型的演唱会，就会发现那些有实力的歌手在演唱时，好像可以将一首歌曲一口气从头唱到尾，还可以拉很长的尾音。这就是训练的结果。

此方法建议早、中、晚各练习三分钟，既有娱乐作用，又有训练效果，坚持三个月，必定受益匪浅。

3. 纸片训练法

将一块小纸片抛在空中，再朝这张纸片吹气，吹气的过程中纸片不可以掉落下来；同时，不要让纸片离身体太远，尽量让纸片飘浮在身体周围。尽量保证不要一次将纸片吹得太高，保持纸片比头顶高一些，一直到觉得没有力气为止。

这种方法任何时候都可以训练，可以快速增加气息的厚度，如果之前换一口气只可以讲几十个字，练到后来可以增加到讲上百字才换气，并且气息饱满而充盈。

4. 胸腹联合呼吸法

胸腹联合呼吸法的特点是吸气后两肋扩大，横膈膜下降，小腹微收。这种呼吸活动范围大、伸缩性强，可以使气息均匀平衡。理想的状态是做到“吸气一大片，呼气一条线；气断情不断，声断意不断”。具体练习方法如下。

（1）慢吸慢呼

慢吸慢呼的总体要求：站稳，双目平视前方，头正，肩放松，像在旷野呼吸花香一样，慢慢吸足气，要感觉到腰腹之间充气，气升丹田，但是要收小腹，保持几秒后，轻缓呼出。

可以在呼气时加入以下练习：呼气时练习呼喊“小兰”，一声声渐渐远去；或者数 1、2、3、4……嘴上用力，发音之间不要闭住声门，不要跑气换气，数得越多越好。

【小贴士6－3】

慢吸慢呼练习

练习一

闻花：远处飘来一股花香，香气四溢，是什么花的香气呢？深深吸进，会觉得肺的下部及腰部都充满了花的气息。

练习二

模拟吹灰尘：假如桌面上布满了灰尘，深深吸口气，然后把灰尘均匀地吹净。

练习三

一口气数完二十四个葫芦四十八块瓢：一个葫芦两块瓢、两个葫芦四块瓢、三个葫芦六块瓢……

在练习的时候要注意保证慢吸慢呼，气吸八成，吐字清楚，不可求快。

（2）快吸慢呼

快吸慢呼要求快速短促地吸气，并保持气息，呼气时缓缓呼出，配合声音，平稳均匀地念出顺口溜："广场上，红旗飘，看你能数多少旗，一面旗，两面旗，三面旗，四面旗，五面旗……"

吸气要领：吸到肺底，两肋打开，腹壁站定。

呼气要领：稳劲，持久，及时补换。

【小贴士6－4】

快吸慢呼练习

练习一

吃葡萄不吐葡萄皮儿，不吃葡萄倒吐葡萄皮儿。

练习二

可选择练快板、戏曲、曲艺说白的贯口段子，要求控制呼吸，保持急而不促、快而不乱、长而不喘。

①快板儿书

给诸位，道大喜，人民政府了不起！

了不起，修臭沟，上手儿先给咱们穷人修。

请诸位，想周全，

东单、西四、鼓楼前；
还有那，先农坛、五坛八庙、颐和园；
要讲修，都得修，为什么先管龙须沟？
都只为，这儿脏，这儿臭，政府看着心里真难受！
好政府，爱穷人，教咱们干干净净大翻身。
修了沟，又修路，好教咱们挺着腰板儿迈大步；
迈大步，笑嘻嘻，劳动人民努力又心齐。
齐努力，多做工，国泰民安享太平！享——太平！

——选自老舍剧作《龙须沟》

要求：由一般速度的练习开始，逐渐加快速度。气息吐字要配合好。气息通畅不紧，吐字清晰利落，感情有起伏扬抑的变化。

②贯口①段子练习

相声贯口《八扇屏》② 中的“好小孩子”：

大宋朝文彦博，幼儿倒有灌穴浮球之智。司马温公，倒有破瓮救儿之谋，汉孔融，四岁让梨，懂得谦逊之礼。十三郎五岁朝天，唐刘晏七岁举翰林，一个正字参朋比，汉黄香九岁温席奉亲。秦甘罗一十二岁身为宰相。吴周瑜七岁学文，九岁习武，一十三岁官拜水军都督，统带千军万马，执掌六郡八十一州之兵权，施苦肉，献连环，祭东风，借雕翎，火烧战船，使曹操望风鼠窜，险些丧命江南。虽有卧龙、凤雏之相帮，那周瑜也算小孩子当中之魁首。

传统相声中的《报菜名》：

乙：“您慢慢说，后边还有什么菜？”

甲：“后边头一个就是蒸羊羔儿。”

乙：“这可是大补的菜！”

甲：“蒸熊掌、蒸鹿尾儿、烧花鸭、烧雏鸡、烧子鸭、卤猪、卤鸭、酱鸡、腊肉、松花、小肚儿、晾肉、香肠儿、什锦酥盘、熏鸡白肚儿、清蒸八宝猪、江米酿鸭子、罐儿野鸡、罐儿鹌鹑、卤什件儿、卤子鹅、山鸡、兔脯、菜蟒、银鱼、清蒸哈什蚂、烩鸭丝、烩鸭腰、烩鸭条、清拌腰丝儿、黄心管儿、焖白鳝、焖黄鳝、豆豉鲶鱼、锅烧鲤鱼、清蒸甲鱼，抓炒里脊、抓炒对虾、软炸里脊、软炸鸡、什锦套肠儿、麻酥油卷儿、卤煮寒鸦儿、熘鲜菇、熘鱼

① 贯口是对口相声中常见的表现形式，也叫“背口”。“贯口”的“贯”字，是一气呵成，一贯到底的意思。常见的段子如《报菜名》《八扇屏》《白事会》都含有大段的贯口。经多年流传，形成了细节不同的多个版本。

② 《八扇屏》是八扇屏风的简称。屏风是清代官宦人家放在大厅里挡风或是作为屏障的家具，一般都是硬木框绢裱的芯，一共八扇，每一扇都画有历史人物故事或写着诗词歌赋。《八扇屏》运用贯口的手法，由甲简明扼要地介绍风屏上画的某些历史人物的主要事迹后，揶揄乙无法与古人相比，进而找出笑料。每段贯口中有褒有贬，如称楚霸王项羽，是有勇无谋的“浑人”；称后汉三国时的张飞是“莽撞人”；称三国时的东吴大夫鲁肃是“忠厚人”；称宋代开国皇帝赵匡胤的军师苗光义是“江湖人”；称三国时年少有为的周瑜、孔融和宋代的司马光、文彦博是“好小孩子”；称唐代的开国大将尉迟恭是“乡下人”；称辅佐周朝的姜子牙是“渔人”；称宋代岳飞的幕僚王佐是“苦人儿”。这些人物都来自脍炙人口的古典小说，也是评书艺人津津乐道的形象。

脯、熘鱼肚儿、醋熘肉片儿、烩三鲜、烩白蘑、烩鸽子蛋、炒银鱼儿、烩鳗鱼、炒白虾、炝青蛤、炒面鱼、炝竹笋、芙蓉燕菜、炒虾仁儿、烩虾仁儿、炒腰花儿、烩海参、炒蹄筋儿、锅烧海参、锅烧白菜、炸海耳、烧田鸡、桂花翅子、清蒸翅子、炸飞禽、炸汁儿、炸排骨、清蒸江瑶柱、糖熘芡仁米、拌鸡丝、拌肚丝、什锦豆腐、什锦丁儿、糟虾、糟蟹、糟鱼、糟熘鱼片、熘蟹肉、炒蟹肉、烩蟹肉、清拌蟹肉、蒸南瓜、酿倭瓜、炒丝瓜、焖冬瓜、焖鸡掌儿、焖鸭掌儿、焖笋、炝茭白、茄干晒驴肉、鸭羹、蟹肉羹、三鲜木须汤。”

乙："吃不了啦。"

甲："后边还有红丸子、白丸子、熘丸子、炸丸子、氽丸子、南煎丸子、木须丸子、烙炸丸子、豆腐丸子、三鲜丸子、四喜丸子、鲜虾丸子、鱼脯丸子、一品丸子、一品肉、红焖肉、白焖肉、樱桃肉、马牙肉、荷叶肉、坛子肉、福禄肉、元宝肉、胡肉、扣肉、松肉、罐肉、烧肉、烤肉、大肉、白肉、酱豆腐肉、红肘子、白肘子、熏肘子、酱肘子、水晶肘子、蜜蜡肘子、锅烧肘子、扒肘子、涮羊肉、酱羊肉、烧羊肉、烤羊肉、五香羊肉、爆羊肉、氽三样儿、爆三样儿、烩银丝儿、烩散丹、熘白杂碎、三鲜鱼翅、栗子鸡、煎氽鲤鱼、酱汁鲫鱼、活钻鲤鱼、板鸭、筒子鸡、烩脐肚、爆肚仁、盐水肘花儿、锅烧猪蹄儿、烧肝尖儿、烧肥肠、浇心、烧肺、烧紫菜儿、烧莲蒂、烧宝盖儿、油炸肺、酱瓜丝儿、山鸡丁儿、拌海蜇、龙须菜、炝冬笋、玉兰片、浇鸳鸯、烧鱼头、烧槟子、烧百合、炸豆腐、炸面筋、糖熘儿、拔丝山药、糖焖莲子、酿山药、杏仁酪、小炒螃蟹、氽大甲、什锦葛仙米、蛤蟆鱼、扒带鱼、海鲫鱼、黄花鱼、扒海参、扒燕窝、扒鸡腿儿、扒鸡块儿、扒肉、扒面筋、扒三样儿、油泼肉、酱泼肉、炒虾黄儿、熘蟹黄儿、炒子蟹、佛手海参、炒芡子米、奶汤、翅子汤、三丝汤、熏斑鸠、卤斑鸠、海白米、烩腰丁儿、火烧茨菰、炸鹿尾儿、焖鱼头、拌皮渣儿、氽肥肠儿、清拌粉皮儿、木须菜、烹丁香、烹大肉、烹白肉、麻辣野鸡、咸肉丝儿、白肉丝儿、荸荠、一品锅、素炝春不老、清焖莲子、酸黄菜、烧萝卜、烩银耳、炒银枝儿、八宝榛子酱、黄鱼锅子、白菜锅子、什锦锅子、汤圆子锅、菊花锅子、煮饽饽锅子、肉丁辣酱、炒肉丝儿、炒肉片、烩酸菜、烩白菜、烩豌豆、焖扁豆、氽毛豆、外加腌苤蓝丝儿。”

乙："嗬！这菜可真不少。"

甲："你爱不爱吃？"

乙："爱吃。"

甲："爱吃也吃不了。"

乙："怎么呢？"

甲："我没带钱。"

（二）共鸣训练

声带发出的声音是很小的，所以需要共鸣来放大和美化，就像吹小号的时候，只吹号角也可以发出声音，但是干涩难听，加上号管就圆润有力，而且能够传得很远。

人体内的共鸣器官主要包括鼻腔、胸腔、口腔等，下面介绍共鸣训练的几种方法。

1. 鼻腔共鸣训练

鼻音是气流灌入鼻腔直接形成的，恰当的鼻音让声音显得悠长而富有意境，但是如果过重则给人头重脚轻、鼻塞感冒的感觉，破坏了声音的美感。

鼻腔共鸣训练可以用带鼻辅音的音节或者词语来联系，比如“m”“n”的词语，练习时一定注意鼻尾音的归音要到位，不要发成鼻化的圆音。学牛叫是一个非常简单的方法。

2. 胸腔共鸣训练

胸腔主要是起到低频共鸣的作用，对于男生来说可以增加浑厚的雄性色彩，对于女生来说可以避免声音过于尖细，练习的时候可以选用韵母为“ao”“iu”“ou”的词语训练，比如摇、条、油、求等。

3. 口腔共鸣训练

口腔共鸣训练时关键的一点是，要将口抬起，呈微笑状，整个口腔保持一定的张力，声带发出的气流要让口腔的上部产生振动，将气息弹上去，达到共鸣点，甚至可以显得夸张一点。

训练的方法是多讲开口元音。有个简单的方法，就是假设自己现在站在礼堂中央，分别向一个人、十个人、一百个人、一千个人喊口令，要求所有人都能听得清晰入耳、准确无误。

【小贴士6－5】

共鸣练习

练习一　胸腔共鸣练习

暗淡　反叛　散漫　计划　到达　发展

练习二　口腔共鸣练习

澎湃　碰壁　拍打　喷泉　批判　品牌

练习三　鼻腔共鸣练习

妈妈　买卖　弥漫　隐瞒　出门　戏迷

注：仔细体会发音时胸腔、口腔、鼻腔共鸣的感觉。

（三）吐字归音训练

我国的语言学家根据传统的分析法，把汉语字音分为声母、韵母、声调三个部分，起头的叫作声母，其余的叫作韵母。声母、韵母和声调构成一个汉语的音节，一个音节就是一个汉字的正确读法。大部分字的声母是辅音声母，只有小部分的字直接拿韵母起头，称为“零声母”。因此，只要声母、韵母、声调的发音正确了，吐字归音也就清晰了。根据发音时拼音字母的特性，再配以相对应的绕口令练习，就可以很好地达到训练吐字归音的目的。

【小贴士6-6】

绕口令练习

“八百标兵奔北坡，北坡炮兵并排跑；炮兵怕把标兵碰，标兵怕碰炮兵炮。”

“东洞庭、西洞庭，洞庭山上一根藤，藤上挂个大铜铃，风吹藤动铜铃动，风停藤停铜铃停。”

“巴老爷有八十八棵芭蕉树，来了八十八个把式要在巴老爷的八十八棵芭蕉树下住，巴老爷拔了八十八棵芭蕉树，不让八十八个把式在八十八棵芭蕉树下住，八十八个把式烧了巴老爷的八十八棵芭蕉树，巴老爷在八十八棵芭蕉树下哭。”

“我们要学理化，他们要学理发。理化不是理发，理发也不是理化，理化理发要分清。学会理化却不会理发，学会理发却不会理化。”

“打南边来个瘸子，挑一担子茄子，手里拿一碟子，地上钉着木头橛子；没留神，那橛子绊了瘸子，撒了瘸子茄子，砸了瘸子碟子，瘸子弯腰拾茄子。”

“三山撑四水，四水绕三山，三山四水春常在，四水三山四时春。”

1. 字的构成

字的基本构成包括字头、字腹和字尾。字头是字音发出的起始阶段，是显示字意、决定字音是否纯正清晰的基础部分；字腹是字音延伸发展的高潮阶段，是字音的中心和主体，是整个字音发生过程持续时间最长最响亮的部分；字尾是字音消失的收尾阶段，是完成字音，直接影响字意正确表达的重要部分。

2. 吐字练习的基本要领

在吐字的过程当中，对字头、字腹、字尾的处理，分别叫做出字、立字和归音。

即一个汉字（音节）pao = 字头 p + 字腹 a + 字尾 o。

想象每一个汉字的吐字发声过程是一个枣核形状，两头尖中间鼓。三个部位有不同的要求。

（1）字头出字，要求叼住弹出

在实际发音中要达到这一要求，关键是要注意声母的发音过程。例如“电 diàn”的声母“d”的发音过程应是：先在准确位置（舌尖与上齿背）成阻，蓄积足够气力，然后迅速除去舌尖与上齿背的阻力，打开口腔。老艺人常把出字过程形象地比作“噙”，说“噙字如噙虎”，就是指，出字时就像大老虎叼着小老虎跳跃山涧一样不紧不松，叼紧了会死，叼松了会掉。这说明，出字要用巧力，需集中而富于弹性。

（2）字腹立字，要求拉开立起、圆润饱满

一个音节的发音是否能达到字润珠圆，与韵腹的发音有密切关系。立字的过程是韵腹的发音过程，要求“拉开立起，圆润饱满”。还以“电 diàn”为例，出字过后就应打开口腔至发 a 的状态。气要跟上、充实并取得较丰富的泛音共鸣。与头尾相比，韵腹的发音过程最长，应有“竖起”和“立体”展开的感觉。即使窄元音 i、u、ü 充当韵腹时，口腔也应适当开大些，这叫作“闭口音稍开”。

（3）字尾归音，要求弱收到位

归音是指音节发音的收尾过程，要求做到“干净利索，趋向鲜明”。归音的过程是力渐松、气渐弱、口渐闭、声渐止的过程，与出字、立字相比较，掌握起来难度更大。

归音时要特别注意，不要因韵腹取音响亮而任意延长，造成因声废字，也不能“拖泥带水留尾巴”。这里的“趋向鲜明”是指唇舌的动作要“到家”。

“枣核形”训练是使发音规格化的必要过程，但它最终是要为表达思想感情服务的，所以在具体操作时不能一成不变，那样会削弱语言的感情色彩，破坏语言的节奏，影响内容的有效表达。因而，可以根据具体情况变化枣核的形状，或拉长或缩短，同时还可以适当调节吐字力度，这些都是可以的，是对表达有利的。

3. 吐字方法

（1）双唇音（b p m）——上唇与下唇

发音时力量应集中在双唇中央 1/3 处，不要全唇用力，不要双唇抿起，应唇部收紧，接触有力。

b：发音时，双唇完全闭合，阻住气流；然后，使气流冲破阻碍，爆破成音，不颤动声带。

宝贝　背包　博大精深　闭月羞花　兵强马壮

p：发音时，发音过程与 b 相同，只是除阻时气流较强。

品牌　拼命　批判　披荆斩棘　铺天盖地　排山倒海

m：发音时，双唇闭合，软腭下降，使气流从鼻腔流出，同时颤动声带。

茂密　美眉　盲目　漫山遍野　闷闷不乐　马到成功

（2）唇齿音（f）——下唇和上齿

发音时，上齿与下唇之间形成窄缝，气流从中摩擦而出，不颤动声带。

芬芳　肺腑　发放　分秒必争　飞沙走石　防患未然

进行以下唇齿音练习：

一条裤子八条缝

一条裤子八条缝，
横缝上面有竖缝。
缝了横缝缝竖缝，
缝了竖缝缝横缝。

费和会

手艺学不会，
材料用得费。
正是会的不费，

费的不会。

奋发商店卖混纺

奋发商店卖混纺，
有红混纺、黄混纺、粉红混纺、花混纺，
纷繁的混纺让大娘着了慌。
仿佛进了混纺的大世界，
眼也花，手也忙。
吩咐女儿快挑混纺。

（3）舌尖前音（z c s）——舌尖与上齿背

z：发音时，舌尖顶住上齿背，阻塞气流，然后，舌尖缓缓离开上齿背，并与之形成窄缝，气流从中摩擦而出，声带不颤动。

藏族 zàng zú　自在 zì zài

c：发音时，发音过程与 z 相同，但气流较强。

参差 cēn cī　层次 céng cì

s：发音时，舌尖与上齿背形成窄缝，气流从中摩擦而出，声带不颤动。

色素 sè sù　搜索 sōu suǒ

进行以下舌头前音练习：

打枣歌

出东门过大桥，
大桥底下一树枣，
青的多，红的少，
拎着竿子去打枣。
一个枣，两个枣，
三个枣，四个枣，
五个枣，六个枣，
七个枣，八个枣，
九个枣，十个枣。
十个枣，九个枣，
八个枣，七个枣，
六个枣，五个枣，
四个枣，三个枣，
两个枣，一个枣。
这是一段绕口令，一口气说下来才算好。

（4）舌尖中音（d t n l）——舌尖抵住上齿龈

d：发音时，舌尖顶住上齿龈，阻塞气流；然后用力使气流冲破阻塞，爆破成音，不颤动声带。

断定　当代　道德　大功告成　点石成金　动人心弦

t：发音时，发音过程与 d 相同，但呼出的气流较强。

探讨　天堂　体贴　推波助澜　同舟共济　铁石心肠

n：发音时，舌尖和上齿龈构成阻碍，软腭下降，气流从鼻腔中流出，同时颤动声带。

男女　能耐　恼怒　难能可贵　南征北战　怒发冲冠

l：发音时，舌尖与上齿龈后部形成阻碍，气流从舌头两边流出来，同时颤动声带。

玲珑　留恋　绿柳　劳苦功高　离题万里　两全其美

（5）舌尖后音（zh ch sh r）——舌尖和硬腭前

zh：发音时，舌尖顶住硬腭前部，阻塞气流，然后舌尖离开硬腭，形成窄缝，气流从中摩擦而出，声带不颤动。

挣扎 zhēng zhá　庄重 zhuāng zhòng

ch：发音时，发音过程与 zh 相同，但气流较强。

车床 chē chuáng　传承 chuán chéng

sh：发音时，舌尖翘起，与硬腭之间形成窄缝，气流从中摩擦而出，声带不颤动。

绅士 shēn shì　税收 shuì shōu

r：发音时，舌尖翘起，与硬腭之间形成窄缝，气流从中摩擦而出，颤动声带。

柔弱 róu ruò　荣辱 róng rǔ

（6）舌面（j q x）——舌面前部和硬腭前

j：发音时，舌面前部贴住硬腭前部，阻塞气流，然后舌头缓缓离开硬腭，形成窄缝，气流从中摩擦而出，声带不颤动。

集结 jí jié　假借 jiǎ jiè

q：发音时，发音过程与 j 相同，但气流较强。

欠缺 qiàn quē　全球 quán qiú

x：发音时，舌面前部与硬腭前部形成窄缝，气流从中摩擦而出，不颤动声带。

纤细 xiān xì　闲暇 xián xiá

（7）舌根音（g k h）——舌根和软腭

g：发音时，舌根与软腭形成阻碍，阻塞气流；然后用力使气流中破阻碍，爆破成音，声带不颤动。

尴尬 gān gà　公共 gōng gòng

k：发音时，发音过程与 g 相同，但气流较强。

开口 kāi kǒu　坎坷 kǎn kě

h：发音时，舌根抬起接近软腭，形成窄缝，气流从中摩擦而出，声带不颤动。

豪华 háo huá　红火 hóng huǒ

【小贴士6-7】

吐字练习

练习一

老龙恼怒闹老农，老农恼怒闹老龙。
农怒龙恼农更怒，龙恼农怒龙怕农。

练习二

长扁担，短扁担，
长扁担比短扁担长半扁担，
短扁担比长扁担短半扁担。
长扁担绑在短板凳上，
短扁担绑在长板凳上。
长板凳不能绑比长扁担短半扁担的短扁担，
短板凳也不能绑比短扁担长半扁担的长扁担。

吐字归音的训练，这里不列举太多，如果需要达到专业的效果，电话营销人员可以选择一些声音训练书籍来读，或者看新闻的时候，嘴巴轻轻跟读，关键要持之以恒，坚持不懈地练习，并将生活当成练习场，相信到最后一定能够发出有魅力的声音。

（四）吟诗、吟唱练习

把吟诗、吟唱放在第四阶段的目的是练习低音宽厚、中音圆润、高音坚韧的嗓音素质，不盲目拔高、爬高，而是巩固中音、低音，使其音色华美、音色纯正，保住一副好听好用的嗓子，同时锻炼高音的坚韧与弹性。在第四阶段有气、音、字垫底，是一个台阶一个台阶爬上来的，嗓音并不疲劳，练习有实效，把握性大。

吟诗可以选择如《击鼓骂曹》祢衡的定场诗："口似悬河语似流，全凭舌尖压诸侯，男儿何得擎天手，自当谈笑觅封侯。"再如《挑滑车》中岳飞的定场诗："明亮亮盔甲射入斗牛宫，缥缈缈旌旗遮住太阳红，虎威威排列着明辅上将，雄赳赳胯下驹战马如龙。"

吟唱具有念白①吟诵相夹，半唱半念交相辉映的特点，比吟诗更难，其情感更宜抒发，其音律更宜舒展，适宜用来喊嗓发声。半吟半唱如引子，例如，《宇宙锋》中赵艳容上半吟（念）杜鹃枝头泣，（吟唱）血泪暗悲啼，再如《阳平关》中曹操（半吟念）只手（吟唱）独擎天，奇勋已早建，（半吟念）虚名扶汉祚，（吟唱）时势魏将迁。

---

① 念白，是我国戏曲中一种特有的艺术表现手法。它以一种介于读与唱之间的音调将语言戏剧化、音乐化，在戏曲中常与唱腔部分互相衔接、陪衬、对比，形成戏曲中最能表达人物的内心独白，体现人物思想的一种手法。

电话营销人员要重视自己的发声，在平时加强练习，并根据自己的实际条件去摸索和探求良好的发声方法，为客户传去美妙的声音。客户肯定不喜欢沙哑浑浊的嗓音，但是谁会拒绝接听如天籁般美妙的声音呢？

【小贴士6-8】

60分钟声音训练计划表（可根据自己的情况有选择、有针对性地组合操练）。

（1）气泡音：闭口和张口共30秒。

（2）轻度哼鸣：20秒。

（3）膈肌训练（狗喘气）：闭口1分钟，改良的“嘿”“哈”共30秒。

（4）慢吸快呼：2次，20秒。

（5）慢吸慢呼：2次，20秒。

（6）快吸慢呼：4次，2分钟。

（7）“丝”音：20秒、30秒各2次，1分钟。

（8）“衣”音：20秒、30秒各2次，1分钟。

（9）搓脸：10秒。

（10）转颈：10次，10秒。

（11）松下巴：10秒。

（12）提颧肌：10次，10秒，手辅和自行交替进行。

（13）咀嚼：闭口、张口各20次，30秒。

（14）半打哈欠：5次，10秒。

（15）撮唇：10次，20秒。

（16）合口左右嘬唇：10次（左、右为一次），30秒。

（17）转唇：8次×8拍，30秒。

（18）双唇打响：30次，30秒。

（19）弹唇：1分钟。

（20）b本音：60次，1分钟。

（21）ba本音：60次，1分钟。

（22）ba——ba——ba——ba——；60次，1分钟。

（23）顶腮：30次，30秒。

（24）刮舌：20次，20秒。

（25）伸卷舌：20次，20秒。

（26）立舌：10次，30秒。

（27）转舌：8次×8拍，1分钟。

（28）弹舌：30秒。

（29）d本音：60次，1分钟。

（30）da 音：60 次，1 分钟。

（31）da——da——da——da——；60 次，1 分钟。

（32）g 本音：60 次，1 分钟。

（33）ga 本音：60 次，1 分钟。

（34）ga——ga——ga——ga——；60 次，1 分钟。

（35）ge 音：60 次，1 分钟。

（36）ge——ge——ge——ge——；60 次，1 分钟。

（37）数“数儿”：一口气由 1 数到 30，3 次，3 分钟。

（38）数“数儿”：一口气数 10 个八拍，3 次，3 分钟。

（39）数“数儿”：“一二三，三二一，一二三四五六七；七六五，五六七，七六五四三二一……”，一口气数 3 到 4 个回合。2 次，2 分钟。

（40）数“数儿”：“一二三四五六七八，二二三四五六七八……八二三四五六七八，七二三四五六七八……一二三四五六七八”。一口气数下来，2 次，2 分钟。

（41）数“枣儿”：要求尽可能一口气数 20 个以上“枣儿”，2 次，2 分钟。

（42）数“葫芦”：要求一口气数 20 个以上“葫芦”，2 次，2 分钟。

（43）喊操：变换节奏进行，2 分钟。

（44）绕口令：任选 10 段，10 分钟。

（45）有针对性的语段或诗词片段练习：10 分钟。

（资料来源：杨丽，任锡源．电话营销［M］. 北京：中国物资出版社，2011.）

任务实训

找一段 1000 字左右的对话，由学生进行表演，并基于表 6 - 2 电话营销声音感染力评价进行评分。

复习思考

1. 简述声音感染力的来源。
2. 通常可以从哪些方面评价声音的感染力？
3. 规范语音的技巧有哪些？
4. 把握语调的技巧有哪些？

案例分析

小王：“为了使您尽快拿到货，那我今天就帮您下订单，可以吗？”（声音柔和，面带微笑）

陈总：“可以。”

小王：“好的，那麻烦您在报价单上签字、盖章，然后快递给我就可以了。我会马上

为您办好的。”（态度谦逊）

陈总：“好的。”

小王：“陈总，您希望我们的工程师什么时候为您上门安装？”

陈总：“一周之内吧。”

小王：“陈总，还有什么问题需要我再为您解释的呢？如果这样，您希望这批货什么时候到您公司呢？”

陈总：“……”

小王：“陈总，假如您想进一步商谈的话，您希望我们在什么时候确定？”

陈总：“……”

小王：“当货到了您公司以后，您需要上门安装及培训吗？”

陈总：“……”

小王：“为了今天将这件事确定下来，您认为我还需要为您做什么事情？”

陈总：“……”

小王：“所有事情都已经解决，剩下来的，就是得到您的同意了。”（微笑沉默）

陈总：“……”

小王：“从 ABC 公司来讲，今天就是下订单的最佳时机，您看怎么样？”（柔和而不失催促）

陈总：“……”

小王：“陈总，十分感谢您对我工作的支持，我会与您随时保持联系，以确保您愉快地使用我们的产品。如果您有什么问题，请随时与我联系。谢谢！”

（资料来源：璟天．电话营销诀窍［M］. 北京：企业管理出版社，2011.）

问题：

试用声音感染力的相关知识，评价案例中电话营销人员小王的表现。

任务七　倾听

1. 认识倾听在电话营销中的重要性。
2. 了解倾听的类型。
3. 了解倾听中存在的障碍。
4. 掌握倾听的技巧。

情景案例

曾经有个小国家，向某大国家进贡了三个一模一样的小金人，个个光彩夺目，这让皇帝非常高兴。可是这小国家的人不厚道，出了一道题目："这三个小金人哪个最有价值?"

大臣们左看右看，看了很长时间，也没能看出个所以然来。于是，皇帝和大臣们又想出许多办法，他们请珠宝工匠来检查，结果称重量、看做工，都是一模一样的。

怎么办？使者还等着回去汇报呢。泱泱大国，不会连这件小事都不懂吧！最后，有一位老大臣说他有办法。皇帝将使者请到大殿，老大臣胸有成竹地拿来了三根稻草，一根插入第一个金人的耳朵里，这根稻草从另一边耳朵出来了；一根插入第二个金人的耳朵，稻草从小金人的嘴巴里直接掉了出来；第三根稻草插入第三个金人的耳朵，稻草进去后掉进了肚子，什么响动也没有。

老大臣对皇帝说："第三个金人最有价值！"皇帝赞许地点了点头，使者也默默无语，答案正确。

案例点评

第一个小金人，把稻草插入它的耳朵里，稻草就立刻从另一边耳朵出来了，说明这是一个忽视信息，让信息左耳进、右耳出的人，根本不去关注别人的话。这样的人，在组织中常常表现出心不在焉的样子，只沉迷于自我的世界，不关注外界的事情。

第二个小金人，把稻草插入它的耳朵里，稻草从它的嘴巴里直接掉了出来，说明第二个小金人是那种对信息不加判断的人，长了个大嘴巴，把听来的事情，不加判断就进行传播，不知道什么事该传播，什么事不该传播。

第三个小金人，稻草从耳朵进去后掉进了肚子，什么响动也没有。它是那种能够做到"善于倾听，分辨是非，消化在心"的人。因此，这就是最有价值的人。

其实，不论是在生活中还是在工作中，倾听对于人们而言都是至关重要的，善于倾听会带来意想不到的收获。

知识体系

一、倾听在电话营销中的重要性

倾听是接受口头及非语言信息，确定其含义和对比做出反应的过程。调查研究发现，各种沟通行为中占比最大的是倾听，占到40%，其次是交谈35%，阅读16%，书写9%。印第安人有句格言是这样说的：人有两个耳朵，只有一张嘴，所以人们倾听的时间应当是说话的两倍才是。

（一）积极倾听可以表达对客户的尊重，拉近彼此的距离

每个人都喜欢被别人尊重，得到别人的重视。当电话营销人员专心地听、努力地听，甚至是聚精会神地听时，客户会产生被尊重的感觉，这可以拉近双方的距离。

【案例7－1】

一天，英国的一家电话公司碰到了一个对接线员大发脾气的用户。他满腔怒火，抱怨说电话公司要他付的那些费用是在敲他竹杠，扬言要把电话线连根拔掉，并且到处申诉、告状。

最后，电话公司派了一位干练的“调解员”去见那位用户。

这位“调解员”静静地听着，让那个暴怒的用户淋漓尽致地发泄，并不时地说：“是的。”对他的不满表示同情。

结果，那位用户滔滔不绝地说，这位“调解员”洗耳恭听，整整听了3个小时。

之后，这位“调解员”先后去见过他四次，每次都对他发表的论点表示同情。前三次见面，这位“调解员”甚至连同他见面的原因都没有提过。

第四次会面时，那位用户说他要成立一个“电话用户保障协会”，这位“调解员”立刻表示赞成，并说自己一定会成为这个协会的会员。

那位用户从未见到过一个电话公司的人同他用这样的态度和方式讲话，他渐渐地变得友善起来。这样，在第四次见面的时候，这位“调解员”圆满地把这件事平息了。

那位用户所要付的费用都照付了，同时还撤销了向有关方面的申诉。

那位用户或许自认为是在主持正义，在维护大众的利益，可事实上他所要的只是一种被人尊重的感觉。当这位“调解员”耐心听他发火时，他获得了这种感觉，满腹牢骚也就化为乌有了。

（资料来源：鸿蒙．每天学点关系学［M］．北京：金城出版社，2010.）

（二）善于倾听有助于获取有用信息

倾听有助于激发客户的谈话欲望。当客户发现电话营销人员以友好方式倾听时，他们就会不断解除一部分或全部心理戒备。因为客户觉得自己的话有价值，会愿意说出更多更有用的信息。善于倾听谈话的人，可以从中发掘对自己有利的信息，并能为己所用。

【案例7－2】

孙某在毕业后找了一份客服工作，她本以为自己能说会道，语言组织能力也不错，完全可以胜任这份工作。可是，在公司做了两个月后她产生了很大的挫败感，因为她无法从客户那里获得有用的信息，导致与客户总是沟通不畅。

为了能够做好这份工作，孙某虚心地向公司的老员工请教。老员工向她传授自己的工作心得："在与客户沟通时，要学会做一个主动的倾听者，即在倾听的过程中保持主动。比如，在倾听时捕捉一些有用的信息，不仅可以了解更多的内容，还能够知悉客户更多的需求。"然后，老员工让孙某坐在旁边仔细观察他是如何与客户沟通的。当时，那位老员工正在做客户回访工作。孙某发现，老员工在与客户沟通时，既在倾听中保持主动，又不会随意地插话打断对方。另外，在客户讲完一段话后，他会请求客户有针对性地介绍一些情况，以此获得更多的信息，了解客户需求。

孙某受益匪浅，她随后改进了自己的工作方法和态度。渐渐地，她在与客户沟通时不仅能够获得更多的信息，还能够准确掌握客户的需求，从而达到高效沟通。

（资料来源：王利利．第 2 章倾听——高效沟通的基础［EB/OL］.（2019－09－27）［2021－12－25］. https：//read. qidian. com/chapter/dK2gacxnSP6cikCo3ZPkrg2/mMzY4LPVMPTwrjbX3WA1AA2/.）

（三）用心倾听，才能真正了解客户的需求

首先，用心倾听，才能真正了解客户，才能为自己的营销之路逐步扫除障碍。客户的需求和期望都是可以通过"听"来获得的。如果不仔细倾听，遗漏客户无意中提供的重要信息，就很有可能错失很多解决问题的切入点。

其次，积极倾听，才能设身处地地站在客户的立场上，理解客户的真情实感，进而理解客户的言外之意、弦外之音，准确把握客户的需求，而不再局限于客户所讲内容的字面意思。

最后，善于倾听，可以判断出客户的性格，并据此给客户一个大概的定位，然后对应这个定位去适应对方，采取相应的沟通方法。

【案例 7－3】

有这样一个小故事，从前有一扇大铁门，铁门上有一把大锁。

"铁杆"费了九牛二虎之力，还是无法将它撬开。"钥匙"来了，它瘦小的身子钻进锁孔，只轻轻一转，那大锁就"啪"一声打开了。

"铁杆"奇怪地问："为什么我费了九牛二虎之力也打不开，而你却轻而易举地就把它打开了呢?"

"钥匙"说："因为我最了解它的心。"

对于电话营销人员而言，这把开启客户心灵之门的钥匙就是"倾听"。

（资料来源：璟天．电话营销诀窍［M］. 北京：企业管理出版社，2011.）

倾听的确是一门艺术，倾听不但可以体现出对客户的尊重，更可以赢得客户对自己的尊重。倾听绝不是无知的表现，电话营销人员在生活、工作中有意识地倾听，就会学到更

多、收获更多。

二、倾听的类型

倾听不只是一个是与否的现象，还有程度的不同。可以基于倾听的专心程度和目的对倾听进行细化，见表7－1。

表7－1　　倾听的类型及特征

倾听的类型		特征
按倾听的专心程度划分	投入型	思想高度集中，全神贯注，耳听、脑思、心感
	字面理解型	只能听到表面意思，不能深刻领会
	随意型	倾听大致内容或梗概，如新闻、音乐
	假专心型	对信息知之甚少
	心不在焉型	心神不定、局促不安
按倾听目的划分	获取信息型	倾听者为了解某种知识、技能或就某一问题征求别人意见的学习过程
	质疑型	验证观点的合理、合法性，来源的准确与可靠性
	情感移入型（同理心倾听）	倾听者设法从他人的观点中理解他人的感受并做出相应反应
	享乐型	倾听在一种轻松、愉快的形式下进行，如看电视，听音乐、评书、相声

资料来源：影响力中央研究院教材专家组．一线万金：电话营销的7阶秘诀［M］．北京：电子工业出版社，2009.

【案例7－4】

试比较下面两种情景中的倾听方式。

情景A：字面理解型倾听

下属：“嗨，老板，我刚听说又要更换设置，我们刚持续调试了30分钟，又要把设备拆一遍，我和伙计们都不情愿，明明有更好的解决方案。”

老板：“Bubba，你和你的伙计们最好别忘了在这儿谁说了算。该做什么就做什么，别再抱怨了！”

下属：“我们不会忘掉这事儿的！”

情景A中的老板，显然在拒绝倾听下属的建议。这是倾听中的听而不闻，或是完全不用心倾听。老板不仅忽视下属，完全没听进去下属的话，而且粗暴地打断下属讲话，使下属无法说完自己的想法。当然，这种做法造成了很坏的后果，下属们对此次沟通非常不满意。

情景B：情感移入式倾听

下属：“嗨，老板，我刚听说又要更换设置，我们刚持续调试了30分钟，又要把设备拆一遍，我和伙计们都不情愿。”

老板：“你们真的为此感到不安吗，Bubba?”

下属：“是的，这样我们会多做许多不必要的工作。”

老板：“你们是觉得这类事情实在没必要这样做是吗?”

下属：“也许像我们这种一线部门没法避免临时性变动，有时我们不得不为某个特别顾客加班赶订单。”

老板：“对了。在现在的竞争形势下，我们不得不尽一切努力为顾客服务，这就是为何我们都有饭碗的原因。”

下属：“我想你是对的，老板。我们会照办的。”

老板：“谢谢，Bubba。”

情景B中，老板运用同理心来倾听下属的建议，收到了非常良好的效果。既表示出了对下属建议的理解，也让下属了解了当前的情况，得到了下属的支持，是一次非常良好的沟通。

（资料来源：常广．有效的内部客户沟通管理［EB/OL］.（2009－05－05）［2021－12－29］http：//www. docin. com/p-18071633. html.）

三、如何做一个好的倾听者

每个人都知道如何倾听吗？如果倾听真是一种与生俱来的能力，如同吃饭和饮水，那么为什么人们不能准确获取他人告诉自己的所有信息？为什么人们在交谈中经常走神，以至于对别人所提供的信息只留下一个模糊的印象？只是因为大多数人并不把倾听视为一种必须经过后天培养才能获得的技能。

倾听是最宝贵的礼物。言多必失，最好让客户多说。客户说得越多，在他的印象中，他与营销人员的关系越紧密，信任度越高，成交的概率就会越大。可以说，不仅仅是在电话营销中，所有的营销过程中，客户说话的比例和营销成功的比例都是成正比的。

在接触前，电话营销人员不知道客户的声音会是怎么样的，客户的表达方式是怎么样的。也许今天正好碰到一个很喜欢讲话但平时没有什么机会讲话的重要客户。但是这个客户讲起话来前言不搭后语，毫无逻辑性可言，而且声调平缓，令人昏昏欲睡。又或者，这个客户讲起产品来一套一套的，比电话营销人员还专业。这些都是可能的。也许电话营销人员在潜意识中捕捉到一个有用的信息，但当时不知道。想要电话营销达到“一线万金”的效果，要确立正确的倾听态度，培养完美的倾听能力。

（一）正确的倾听态度

对于电话营销来说，正确的倾听态度是达到良好倾听效果的前提，因为每个电话对我们来说都是一个全新的开始。

1. 怀着热情与责任心来倾听

微笑着拿起电话，不管电话里传来的声音是男高音还是女低音，是年轻人还是老人，是吐字清晰还是混沌不清，或是带有特别的口音，或是有些口吃，电话营销人员都要把自己的情感定位在热情上，不去“以音取人”。在电话营销人员嘀咕的时候，客户可能已经失去耐性，因为他觉得不被尊重，如果加上他本来就正在生气的话，可以想象他会说些什么……所以，电话营销人员需要用热情去打动客户。

在倾听客户谈话时，可能电话营销人员还没有从日常生活中走出来，如还在思考和男朋友斗嘴后下一步如何处理，下班后请刚来访的亲戚到哪家餐馆就餐更合适，今天忘记了带雨伞可是预报有雨……可想而知，三心二意时电话营销人员的倾听效果会怎样。

三心二意时的情况在销售中经常出现，比如电话营销人员不断地想：我该如何回答他的问题，我怎么说他才会相信，怎样做才能让他感觉到我在听他讲……结果，电话营销人员同样会忽视掉客户要讲的重要内容。要解决这个问题，一个很简单的办法是，怀有热情与责任心去倾听。

2. 倾听要有耐心

如果电话营销人员想要达到自己的目标，就必须先帮助客户实现他们的目标。而只有电话营销人员学会耐心倾听时，才能发现客户的真正需求，帮助他们实现目标。

耐心倾听，需要电话营销人员站在客户的立场上专心倾听客户的需求、目标，适时地向客户确认自己了解的是不是就是他想表达的。当客户发泄他的不满时，电话营销人员的耐心倾听，会使客户感觉到被尊重，并且会改变态度。

用实际行动表达电话营销人员对他的尊重要比电话营销人员口头说“我是很尊重你的”有效得多。如果电话营销人员拥有耐心，就会将注意力始终集中在客户的谈话内容上，给他畅所欲言的空间，而不会和他抢话题，不会打断他说话。

在倾听过程中克制抢话的冲动并不是一件容易做到的事情，因此要记住：倾听不等于等候说话的机会，而是让客户畅所欲言。如果订单可以拿下，电话营销人员做一下“小草”实在没有什么不可以。

【案例 7－5】

客户：“我还有一个问题，我听人家讲……”

营销人员：“我知道了，你是指我们产品最近的质量问题吧？请原谅……”

客户：“不是啊，我是想问怎样付款才好。怎么？你们的产品有问题吗？你说说看……”

接下来发生了什么？客户取消了订单！所以，电话营销人员不要打断客户，不要假设自己了解客户！

只有有需要澄清的问题时，才可以通过“请原谅……”之类的开头语提出异议。

（资料来源：杨丽，任锡源．电话营销［M］．北京：中国物资出版社，2011.）

3. 倾听要有诚心

谁都无法忍受说的话被别人忽视，更无法忍耐对方假装听自己说话，因为这是对自己的轻视和欺骗，客户自然也不例外。如果他得知电话营销人员只是表面上在听自己说

话，自然会十分气愤，被人戏弄和上当受骗的感觉油然而生。可想而知，订单马上就会“远走高飞”。

反过来，当电话营销人员真诚地倾听对方谈话时，客户会放松自我，消除防范心理，双方的交流也就会更顺畅。

当电话营销人员用诚心去倾听时，就不会臆测客户的谈话，而是相信客户说的话都是真诚的。以坦率的心态展开对话，赢得客户的信赖，这样客户自然就会说出真实想法。如果电话营销人员随心所欲地臆测客户的谈话，那么显然没有把客户的话当真，这样也就很难做到敞开心怀接受客户。例如下面顾客与店员的对话，如果店员一开始诚心倾听，将不会遭受这一损失。

顾客：“小姐，刚才你算错了50元……”

店员：“你刚才怎么不当面点清楚，钱货两清，概不负责。”

顾客：“那就谢谢你多给我的50元了。”

店员：“……”

4. 不要以自我为中心

只有把注意力集中在对方身上，才能够进行倾听。但很多人习惯把注意力集中在自己身上，不太注意别人，这容易造成倾听过程的混乱和矛盾。

【案例7-6】

在办公室里待了一天，回家路上交通又十分拥挤，等小王把汽车开回家的时候，他已经精疲力竭了。他拖着疲惫的步伐走进家，跟平常一样问妻子：“你今天上班还顺心吧?”

“啊，还好。”她说，“只不过早晨由于公交车出故障，我上班迟到了两个小时，下午又因客户的事受到老板的谴责。”小王一边点头一边朝沙发走去。“真不错。”他说，“至少还有人过了不错的一天。我的一天可真是糟糕透顶。”

大多数人现在都是充耳不闻的听众，麻木到了极点。我们假装自己在听。我们直盯着某人，看上去对别人说的话很有兴趣，甚至还点头称是，或者在合适的时候露出微笑，但实际上一句话也没有听进去。

（资料来源：管理沟通倾听［EB/OL］.（2010-11-19）［2021-12-29］. http://wenku. baidu. com/view/f27d0918964bcf84b9d57b34. html. 引用时有微调）

5. 让客户听“话”

学会倾听，从倾听中了解客户的真正想法、要求、现状、经历……这些都将帮助营销人员找到切入点，找到话题，从而很好地让客户听电话营销人员的“话”，最终获得订单。

【案例7-7】

吉尔斯是福特公司一名著名的汽车推销员。有一天下午，一位顾客西装革履、神采飞扬地走进店里。吉尔斯凭借自己以往的经验判断，这位顾客一定会买下车子。于是，他热情地接待了这位顾客，并为对方介绍不同型号的车子，还解说了车子的性能。顾客听着吉尔斯的介绍，频频微笑点头。然后，两人一起向办公室走去，准备办理手续。

出乎意料的是，这位顾客在由展示场到办公室不足3分钟的时间内，突然莫名其妙地发起脾气来，最后竟然拂袖离去。

为什么顾客突然变脸？吉尔斯百思不得其解。吉尔斯是那种在哪里跌倒就从哪里爬起来的性格，这也是他业绩超群的重要原因之一。当晚，吉尔斯就按名片上写的联系方式拨通了那位顾客的电话。

"您好，先生，实在不好意思，这么晚了还打扰您，我有一个问题向您请教。您今天本来是要买车的，可后来却生气不要了。您能不能告诉我，我哪里做错了，好让我以后改进?"

"你说得对，我本来是要买车的，而且连支票都开好了带在身上！可是，当我在走廊上提到买车子的原因时，你一点反应都没有。你知道吗？我女儿刚考上商学院，全家高兴极了，我买车子就是要送给她的！我说了无数遍女儿、女儿、女儿……可你却一直在说车子、车子、车子……"说完后，这位顾客挂断了电话。

吉尔斯这时才恍然大悟，原来错在自己没有真正关心客户，没有体会客户当时的心境，没有与客户分享他当时的喜悦。态度摆正，才能做到有效倾听。

电话营销人员往往擅长说话，而忽视倾听的重要性。在电话营销过程中，如果不会倾听营销对象的话，往往很难攻破目标。

（资料来源：叶冠．销售从被拒绝开始［M］．北京：企业管理出版社，2006.）

（二）完美的倾听能力

倾听能力是可以通过学习和训练得以提高的。

1. 完美倾听"三部曲"

第一，完整倾听。

完整地接收表达者的信息：需要专注，不要一心多用。

不能随意打断对方的表达，不能随意插话等。

把对方表达的重要信息叙述出来，确认一下。

接收信息时不做评价，尤其是不做负面的评价，不管对方是什么样的要求。

【案例7-8】

一天，美国知名主持人林克莱特采访一名小朋友，问他："你长大后想要做什么呀?"

这位小朋友天真地回答："嗯，我要做飞机驾驶员！"

林克莱特接着问："如果有一天，你的飞机飞到太平洋上空，所有引擎都熄火了，你会怎么办？"

小朋友想了想说："我会先告诉坐在飞机上的人绑好安全带，然后我挂上我的降落伞先跳出去。"

当现场的观众笑得东倒西歪时，林克莱特继续注视着这孩子，想看他是不是自作聪明的家伙。

没想到，接着孩子的两行热泪夺眶而出。这才使得林克莱特发觉这孩子的悲悯之情远非笔墨所能形容。于是林克莱特问他："你为什么要这么做呢？"

随后，孩子的回答透露出一个真挚的想法："我要去拿燃料，我还要回来！我还要回来！"

（资料来源：璟天．电话营销诀窍［M］．北京：企业管理出版社，2011．）

故事听到一半，观众笑得东倒西歪的时候，其实大家都犯了相同的错误，以为这个孩子是个自私的家伙，然而在主持人的询问下，人们才明白了孩子的真正意图。

电话营销人员不妨思考一下，听到别人说话时，真的听懂他说的意思了吗？如果不懂，就请听别人说完，这就是"倾听的艺术"。

第二，重点倾听。

注意对方重复的话。

识别无关的信息。

留心不具体的信息。

注意来访者因情绪产生的信息。

注意不明确的信息。

重视遗漏的问题，随时提出、求证。

【案例7－9】

江平："喂？"

罗伯特："请接江平先生。"

江平："我就是。"

罗伯特："江平先生，我是塞尔摩公司的罗伯特·杰佛斯。上周我跟你谈过我们公司的拳击手套正在优惠促销。"

江平："谁啊？"

罗伯特："杰佛斯。罗伯特·杰佛斯。同你谈过拳击手套'买十二得十三'的优惠。"

江平："喔，是的。当然，我记得你。"

罗伯特："你要我今天再与你联系。我想知道你需要多少套？最有利的销售点是十二套。"

江平："货物是从哪里装运的？"

罗伯特："密西根的卡拉马鲁。但别担心，我们会依照订单指示慎选货品。"

江平："卡拉马鲁？交付的货要多久才能运到我这边？"

罗伯特："喔，我确信不会太久的。好了，那我要运多少套给你呢？"

江平："下周三我有一次销售会。货能在这之前运到吗？"

罗伯特："可能会。而我相信你仍记得我们提供给你首次订货额外三十天的账期。现在你需要多少套呢？"

江平："我想知道货品的确实运送日期。"

罗伯特："今天我一发出订单，他们将马上开始处理。你要这批货都是同一种颜色的吗？"

江平："罗伯特，你在下周给我回电吧。目前我真的不缺手套，但下周当我售完后，我会再检查看看我的存货情况。"

嘟……嘟……嘟……

（资料来源：杨丽，任锡源．电话营销［M］. 北京：中国物资出版社，2011.）

案例中的罗伯特并没有抓住客户反复强调的重要信息。江平告诉罗伯特：自己即将有个销售会，而在手套方面可能没有足够的货，如果订货的话，什么时候可以拿到？此时的罗伯特却不断地告诉江平一些他不想听的事。罗伯特不断地谈到有关货型、价格、颜色和数量的信息，但每次谈及客户关注的货运问题，罗伯特总是一带而过，最终失去了即将到手的订单。

第三，倾听条理化。

倾听者要完整地、有重点地、有条理地去接收对方表达的内容，并对重要信息进行综合归纳，找出问题所在。

【案例 7－10】

推销员："您好，是王经理吗？"

客户："是。"

推销员："王经理您好，我是××公司的，昨天我给您邮寄了一份公司的电脑硬件升级资料，您收到了吗？"

客户："收到了，还没来得及看，刚好想了解一下。"

推销员："那我再给您讲解一遍吧。我能先了解一下贵社电脑使用的情况吗？"

客户："可以啊。"

推销员："据我了解贵社在四年内先后购置了 300 台不同品牌型号的笔记本电脑，主要是配给记者使用的，是吗？"

客户："嗯。"

推销员："那么，他们使用得还顺手吗？"

客户："有各种各样的意见，所以这次采购我们要谨慎。"

推销员："具体都有哪些意见呢？"

客户："主要问题是开机速度、电脑硬件配置和老化的问题，这些问题影响文件传输，也很影响我们的工作效率。"

推销员："哦，您的意思是说这次的电脑配置要有成效地支持资料的快速传输，是吗？"

客户："是的。"

推销员："还有没有什么其他的意见？"

客户："使用的寿命最好能达到五年以上。"

推销员："您可以说得再详细点吗？"

客户："现在的电脑配置总是升级更新，我们希望新购置回来的电脑能用得久一点。"

推销员："我理解，确实是这样。现在据我了解您对这批电脑主要有这些方面的要求。第一，硬盘要大，因为要存储大量资料。第二，配置要稳定，至少使用五年。第三，质量要可靠。第四，性能要好，不要频繁升级。第五，优化传输，这样记者工作更方便。第六，数量大概 170 台，给新闻中心的记者们使用。您的要求是这样吗？"

顾客："对，完全正确。"

（资料来源：张超．万金系一线：电话销售实战技巧［M］．北京：机械工业出版社，2010.）

在上述例子中，营销人员思路清晰、目标明确的提问获得了良好的回应，同时对客户的需求信息进行了必要的重复和确认，对重要信息进行了综合归纳，找出了客户关心的问题所在。

2. 倾听能力提升技巧

对于电话营销人员来讲，掌握倾听的技巧是非常重要的，电话营销人员如果不能有效倾听，很可能会漏掉一些重要的信息，进而会失去成交的机会，那么，电话营销中的倾听技巧有哪些？

要做好电话营销中的倾听，需要掌握以下技巧。

（1）克服倾听障碍

在进行电话营销时，倾听十分重要。可是有时不免会遇到一些倾听的障碍，引发倾听障碍的主要因素有情绪失控、思想走神、情感过滤和环境干扰。

第一，情绪失控。

情绪失控除了人们平常理解的坏情绪失控之外，还包括好的情绪没有掌控好。情绪失控常常是由于在听到客户对自己的赞美或抱怨的评价话语后没有控制好情绪的产生，一味自我沉浸，从而无法很好理解和接受客户继续传递过来的信息的情况。

克服对策：对于情绪，当然要自己把握好，遇到赞美不要太开心，遇到批评也不要灰心丧气，要从容不迫、镇定而冷静地处理好事情，认真把握客户传递的所有信息。

第二，思想走神。

思想走神是一种普遍的情况，常常是因为工作量过大。营销人员每天与数个客户进行上百个电话的交流，很难让自己的精力与精神保持在最佳状态，所以由于思想走神而错过了客户的信息也是难免的。

克服对策：针对思想走神问题，需要注意调节好自己的身体感受，如果太累需要休息，就不要再继续打电话了。另外，在信息繁多，难以一下子听明白的时候，最好做电话记录，这样可以在挂断电话后再处理这些繁杂的信息。

第三，情感过滤。

情感过滤是由于营销人员的主观情绪所导致的。当营销人员对某一特定客户存在偏见，对他过分喜爱或过分厌烦时，都会产生情感上的包袱。

克服对策：解铃还须系铃人。无论喜欢还是讨厌客户，都要以积极的态度努力找到与客户的共同点，避免情感过滤现象的出现，做好接收信息的准备。

第四，环境干扰。

环境干扰大多是客观原因导致的。每天人们的环境中都有大量的输入信号，周边的电话和手机铃声、谈话声、电子显示屏的闪动、周围人的走动以及窗外的风声雨声等，都会干扰倾听。环境主要从两方面对倾听产生影响：①环境会干扰信息的传递过程，甚至会消减、歪曲原来的信息；②环境会影响沟通者的心境。

克服对策：打电话之前要注意周围的环境，尽量提前处理好可能出现的意外情况，避免在打电话的途中产生不良干扰。另外，打电话时自己也要精力集中，不能一心二用。

（2）适当发问，帮助客户理出谈话的头绪

电话营销人员要常常提醒自己与客户谈话的目的：找出需求并满足需求，而不是跟客户闲聊。许多营销人员在与客户沟通时，往往被客户牵着鼻子走，听客户猛吹一通，最后什么结果也没有。所以在客户跑题的时候，营销人员需要通过适当的提问，把客户引导到当前的话题上来。注意，这种提问一定是“抛砖引玉”式的，要很巧妙地把客户拉回来。

通过提问，电话营销人员能更好使客户增加对产品的认识。对于客户来说，电话营销人员的提问表明电话营销人员在认真倾听，并能够分析问题，这样客户会感觉备受尊重。

【案例 7－11】

客户经理：“张主任您好，我是××公司小王，我打电话找了您好几次，都没能找到您，今天很高兴能和您通话。”

客户：“近来的确有点儿忙，请问您有什么事呢？”

客户经理：“是这样的，据我所知，贵公司的通信费用一直都很高，我们公司最近推出了一项新业务可以帮助您降低公司的通信费用，这项新业务的介绍可能需要几分钟，您方便吗？”

客户："没有问题。"

客户经理："张主任，我可否先请教您几个问题？"

客户："请讲。"

客户经理："张主任，您现在用的是哪家公司的网络？"

客户："用你们公司的。"

客户经理："非常感谢张主任对我们的支持，我们的发展永远离不开像您这样客户的支持。张主任，请问您现在每月话费有多少？"

客户："1000 元左右吧。"

客户经理："其中用于公司内部通话的费用估计有多少呢？"

客户："大概有 600 元吧。"

客户经理："主要是同哪些人通话多一些？"

客户："主要是同事。"

客户经理："单位能给您报销多少呢？"

客户："每月定额报销 800 元，公司根据每个人的级别不同给予不同的定额报销。"

客户经理："这样说来，您公司给您的话费报销还不够您的实际话费支出，对吗？"

客户："是的。"

客户经理："这种情况在您公司很普遍吗？"

客户："其他也有不少同事存在这种情况。"

客户经理："这种话费报销不够的情况对员工的工作有什么影响吗？"

客户："最近就有不少员工向我抱怨这件事，还有极少数员工在工作时闹情绪呢。"

客户经理："的确是这样，话费超支会影响到员工的工作情绪，最近我们公司推出的集群网业务可以帮您的公司节省 50% 左右的话费，您是否愿意了解一下呢？"

客户："说来听听。"

客户经理："集群网业务就是将您公司中所有的手机组织在一起，组成一个公司内部网络。这样，贵公司员工之间打电话，任意听、任意打，一个月只收 20 元，这样就可以节省相当一部分话费。举例来讲，您同您的领导用手机通话，以前通话一分钟是 4 角，一个小时就是 24 元，两个小时加起来就是 48 元。现在，即使你们打 100 个小时，也是 20 元加 20 元，即 40 元。您看我什么地方还没有讲清楚？"

客户："这么优惠，那怎么样才能办理这个业务？"

客户经理："办理这个业务很简单，您只要……"

（资料来源：杨丽，任锡源. 电话营销［M］. 北京：中国物资出版社，2011.）

（3）听出客户的"弦外之音"

在实际工作中，客户很少直接把自己的真实需求表露出来，往往会运用一些叙述或疑问，来表达自己的真实想法。

电话营销人员："我们公司刚开发的这种手套，与市面上的手套相比有不少优点，重量轻、容易装运、包装也很吸引人，而且还提供新的上市优惠价，能为您省一大笔钱，另外还有一些优惠条件。听说你们的销售量很大，是吗？"

客户："是的，在我们经营的日用品中，手套是主要品种。但我们已经有供应商了。他们送货上门，可以90天付款，货出现问题也都能处理。你的手套是什么价？"

上述对话中的客户已经有理想的供应商了，人家送货上门，各种条件都很好，还不用担心质量问题。那么，为什么他还要还价呢？显然这位客户对现在的供应商的要价不满。电话营销人员要从客户的谈话中捕捉最丰富、最准确的信息，听出客户的"弦外之音"。表7－2是一些听出客户"弦外之音"的技巧。

表7－2　　听出客户"弦外之音"的技巧

客户谈话内容	弦外之音
上次我们买的设备似乎有点问题	客户担心设备质量
我们公司最近好像是准备更新一批电脑	客户近期有采购计划
你们的报价比别的公司高	客户关注价格
我们以前做过这类广告，没什么效果	客户担心广告效果
我们买过一份保险，后来那位业务员不做了	客户担心后续服务跟不上

资料来源：影响力中央研究院教材专家组．一线万金：电话销售的7阶秘诀［M］．北京：电子工业出版社，2009.

（4）不断肯定客户

电话营销人员要对客户所讲的内容给出反馈式回应，传递出关心他讲话的信息。例如，用"我同意您的看法""我理解了""嗯，确实不错""您继续""能说得详细一些吗""这一点对你很重要，不是吗""我能想象出你当时的感受""我想多了解一些事件的细节"等话来应和，绝对不要简单地用"嗯""哦"来回应。

（5）有效重复，确定信息

在电话营销过程中，重复是十分必要也是十分重要的。客户常常在讲述的过程中，有一些信息隐含商机，那么营销人员要注意对自己多接收到的信息，进行重复与确认。有效地重复可以帮助营销人员认清对信息的处理措施恰当与否；同时，当出现问题时，营销人员还可以给出解决方案，使客户直接面对这些问题，并予以处理。

（6）做好倾听记录

在进行电话营销时，要养成做电话记录的好习惯。这样可以处理好许多杂乱的信息，也可以准确记录信息。同时，在记录时能够分辨出重点与非重点，这样可以在工作中省去不少麻烦。更重要的一点是，通过记录使营销人员自己注意力集中，明白不同客户的不同情况，不至于无从分辨、无从跟进。

（7）善用停顿

在交谈过程中，可以通过停顿把握交谈的进展，表明思考的过程，给客户一种成熟、

有能力的良好印象。另外，通过停顿，可能会得到更多的潜在客户的信息。

【小贴士 7－1】

电话营销倾听能力测试

请完成以下测试（见表 7－3），根据感觉，在对应答案上面打“√”。

表 7－3 测试表

测试题目	是	否
1. 一般情况下，我很少中途打断别人说话		
2. 在听完之后会给予反馈，比如“对”“然后呢”		
3. 我总是面带微笑听别人说话		
4. 在倾听中，我十分关注对方透露出来的情感		
5. 对方的言外之意总是被我注意到		
6. 听完之后，我能总结出对方主要表达的意思是什么		
7. 即便对方讲到不好的事情，我也尊重对方		
8. 倾听后，我能通过主动提问引导对方		
9. 我的态度总是很热情，而且对方能够感受得到		
10. 听到重要信息时，我会留心做记录		

【评分标准】

8～10 个“是”——优秀的倾听者，能够通过有效的倾听与对方建立良好的关系。

5～7 个“是”——表现出了一定的倾听能力，但是仍然有很多地方需要加强。

0～4 个“是”——倾听能力急需加强，请努力改善

任务实训

一架飞机坠落在荒岛上，只有 6 人存活，这时唯一的逃生工具是一个只能容纳一人的橡皮气球吊篮，没有水和食物。6 个幸存者的具体情况如下。

孕妇：怀胎 8 个月。

发明家：正在研究新能源（可再生、无污染）汽车。

医学家：多年研究艾滋病的治疗方案，已取得突破性进展。

宇航员：即将远征火星，寻找适合人类居住的新星球。

生态学家：负责热带雨林保护工作。

流浪汉：历经人生艰辛，生存能力较强。

要求6人分别陈述自己先离开的理由，但在别人陈述时要认真倾听，整理复述别人的想法之后，再阐述自己的观点。这一过程进行两轮后结束，其他同学当评委，决定最终谁可以逃生。

时限：25~30分钟。

复习思考

1. 简述倾听在电话营销中的重要性。
2. 什么是情感移入式倾听？
3. 倾听中容易出现何种障碍？如何克服？

案例分析

家居装饰卖场的一个店面里，一对父女在挑选地毯，营销人员迎上来，热情地问："您好，两位想要选一款什么样的地毯呢？"

老先生并没有理会营销人员的问话，而是专心地对年轻女士讲着什么。营销人员看两位聊得出神，就暂时停住了接下来的推介，而是注意听两位在讲什么。

然后，营销人员从两位的谈话中获得了以下信息。

第一，年轻女士是陪父亲来挑选地毯的，这个地毯的使用者和决策者是老先生。

第二，老先生的老伴去世了，女儿为了避免让老先生睹物思人，准备对房子进行全新的装修，所以地毯也要换。

第三，老先生仍然对老伴儿思念甚浓，一直在向女儿讲述她去世的妈妈如何喜欢原来的地毯，如何打理和清洗，而现在剩他一个人，要不要都没有用了。

第四，老先生家里还有一只小狗，老先生觉得不用买地毯是因为怕狗弄脏不好清理。

待营销人员听明白了这些信息之后，观察到父女两人的意见有分歧，父亲不太热衷挑选，而女儿则分外积极，于是营销人员走上去，先向女儿询问家里新装的家具风格，并推荐了与之配套的地毯材质、色调。然后又以向女士介绍间接说给老先生听的方式，建议地毯的适用位置和防污功能，以免除老先生的忧虑。

最后营销人员直接向老先生夸赞他有一位孝顺的女儿，并说老先生身体如此健康，要多享受儿女给予的天伦之乐。一方面暗地里安慰了老先生的丧偶之心，另一方面鼓舞老先生去享受新的生活。

就这样，本来无意购买的老先生终于在女儿的坚持下和营销人员的建议下，购买了该家店面的地毯。

（资料来源：杨丽，任锡源．电话营销［M］．北京：中国物资出版社，2011.）

问题：

在上述案例中，倾听在营销人员的成功营销过程中发挥了怎样的作用？

任务八　电话营销中的赞美与提问

1. 了解赞美的过程。
2. 掌握在电话营销过程中赞美客户的技巧。
3. 掌握电话营销中的不同的提问策略。

情景案例

案例 A：

电话营销人员："您好，李总，我是××财务软件公司的王××，您方便接听电话吗？"

李总："有什么事吗？"

电话营销人员："是这样，我们公司最近新代理一种库存、财务方面的管理软件，听说您公司到现在都还没有使用这方面的软件，是吧？"

李总："你听谁说的，我们这么大的公司怎么可能不使用财务管理软件，你搞错了吧?!（其实李总的公司确实没有相关的管理软件）"

电话营销人员："是吗，您使用的是什么品牌的财务软件呢？"

嘟、嘟……

对方挂断了电话。

案例 B：

电话营销人员："您好，李总，我是××企业管理咨询公司的王××，能请教您几个问题吗？"

李总："哦？什么问题？"

电话营销人员："是这样的，李总，经常有许多公司打电话向我们咨询库存管理、产品分类管理及账务管理方面的问题，还希望我们派专人进行指导。不知道贵公司是如何开展这些方面的管理工作的？"

李总："这个很简单，我们有专人负责仓库管理这块，产品的话实行分片分区管理，财务也有专人负责。"

电话营销人员："责任到人，管理起来就顺畅多了。那么执行效果怎么样？"

李总："总体还可以，不过，我也有些困惑，就是他们办事效率很低。报表一时半会也统计不出来，影响整体工作进度。更麻烦的是，一旦人员流动或调整，在很长一段时间内经常出现纰漏。"

电话营销人员："那请问您公司目前使用的是什么管理软件？"

李总："管理软件？管理软件目前好像用不到吧？我们一直采用人工做账。"

电话营销人员："是的，给我们打咨询电话的那些公司，之前也是喜欢人工做账，只是没有您分配得那么细致、有条理。不过，那些公司现在这些问题都解决了，而且效率提高了很多。"

李总："是吗？怎么解决的？"

电话营销人员："那些公司使用一种叫作×××的财务管理软件，不仅节省了人力，而且每天都能够了解今天的产品进、销、存，畅销产品、滞销产品比例，进出账情况，欠账、拖款情况等。"

李总："是吗？有这样的软件？"

电话营销人员："这样吧，李总，我下午两点到您公司，您在吗？我把软件带过去，顺便给您的员工讲解如何使用这个软件，怎么样？"

李总："嗯，那你来一趟吧。"

（资料来源：江璇．销售提问方法及案例分析［EB/OL］.（2011－02－28）［2021－12－29］. http://www.cmmo.cn/home.php?mod=space&uid=480193&do=blog&id=119453. 引用时有微调）

案例点评

在案例A中，人们能够清楚地看到小王说话的目的，但是很遗憾，他提问的方式没有把握好，可以说让别人听着很不舒服，即使有需求，也不太可能产生购买意愿。

再看案例B，同样的目的，不同的表达方式，最终的结果却大相径庭。这个电话营销人员的目的同样是要李总认识到使用管理软件的重要性，达到推销软件的目的，但是采用了更易被别人接受的提问方式，让李总愿意认识问题、回答问题，而且愿意提出自己的观点，表达自己的想法。这样，营销人员才能有效地根据对方的回答，把握沟通方式，来攻破对方的心理防线，达到自己预期的目标。

同时，不单是提问的方式在电话营销中非常重要，其间适当的赞美也可以引导客户积极参与到沟通中，达到自己的营销目的。比如案例B中，电话营销人员在听到客户的公司没有采用任何管理软件，还是使用传统的手工做账方式时，说："是的，给我们打咨询电话的那些公司，之前也是喜欢人工做账，只是没有您分配得那么细致、有条理"，在肯定中推进营销工作的开展。

知识体系

一、电话营销中的赞美

世界上最华丽的语言就是对他人的赞美，适度的赞美不但可以拉近人与人之间的距离，更能够打开一个人的心扉。虽然这个世界上到处都充满了矫饰奉承和浮华过誉的赞美，但是人们仍然非常愿意得到他人发自内心的肯定和赞美。从人的心理本质上来看，获得别人的认可是人的一种本质的心理需求。

中华民族是一个含蓄的民族，讲究中庸之道。很多人都没有赞美别人的习惯，以至于现在一提到赞美这个词，某种时候甚至被认为是奉承的手段。不过奇怪的是，虽然人们不习惯给别人戴高帽子，也不喜欢那些给别人戴高帽子的人，但是如果真的有人给自己高帽子戴的时候，却又是受用得很。

通常，当电话营销人员赞美客户时，客户嘴上会说“哪里哪里，只是运气好而已”，心中却很开心。

【小贴士8－1】

名人眼中的赞美

莎士比亚：“我们得到的赞美就是我们的工薪。”

马克·吐温：“只凭一句赞美的话，我就可以充实地活上两个月。”

高尔基：“可以说人的不是，不可伤人的自尊；可以公开地赞美，不可私下里责备。”

美国“化妆品皇后”玫琳·凯：“我最大的长处在于善于用赞美来激励自己的员工。”

前任福特汽车总裁皮特森：“我每天最重要的十分钟，就是花在鼓励员工上的时间。”

美国著名女企业家玛丽·凯：“世界上有两样东西比金钱和性更为人们所需要——认可与赞美。”

著名人际关系专家卡耐基：“每个人的天性都是喜欢别人赞美的。”

英国前首相丘吉尔：“你想要别人具有怎样的优点，那你就怎样去赞美他。”

有些电话营销人员不习惯赞美并不代表客户不习惯听赞美；客户不习惯听赞美并不代表客户不愿意听赞美。

作为一名营销人员，能否站在客户的角度上思考问题是衡量一名营销人员最终能否获得成功的关键。既然客户需要赞美，电话营销人员又何必吝啬语言呢？毕竟赞美是不需要增加任何成本的营销方式。

当然，赞美也是需要技巧的，人们称为赞美的艺术，其核心就是找出客户身上确实有的一些优点和长处，然后讲给客户听。或者可以这样讲，适当的赞美，本质就是一种认可、一种迎合。

为了回馈电话营销人员的认可，客户也会自然而然地投桃报李，反过来称赞电话营销人员，就像小时候玩的丢皮球游戏那样，一来二去，迅速建立良好的关系。

（一）赞美的过程

1. 寻找客户所具备的一个优点，作为赞美切入点

电话营销人员要发现客户身上所具备的优点，这正是应当大加赞美的地方。客户的优点可以从多个方面来寻找，例如客户的说话声音与韵律、客户的事业等。当然这个赞美要确实是客户的优点，如果电话营销人员不加甄别地赞美了客户的某个缺点的话，那么赞美只能适得其反。对于事实的陈述和赞美是电话营销人员对事物的基本判断，会让客户感觉到赞美没有夸张虚假的成分，这样的赞美客户更加容易心安理得地接受。

2. 用自己的语言表达出来

对客户赞美需要电话营销人员组织自己的语言，以一种自然而然的方式表达出来。如果电话营销人员可以用非常华丽的辞藻来说明一个生活中或工作中经常遇到的事情，那么客户可能会认为电话营销人员是一个太过做作的人，客户对电话营销人员的信任就会打一些折扣。所以用自然的方式来表达赞美将是一种非常好的表达方式。

3. 选择恰当的时刻

对客户的赞美要在适当的时机说出来，这个时候才会显得电话营销人员的赞美是非常自然的，同时在对客户赞美时可以适当加入一些调侃，这样更加容易调节气氛，让客户感觉非常舒服。

【案例 8－1】

电话营销人员：“您好，请问是蒋先生吗？”

客户：“我就是，请问你是？”

电话营销人员：“我叫舒红，是××公司的，您叫我小舒就可以了。”

客户：“你有什么事吗？”

电话营销人员：“蒋先生，我有个问题想请教一下您？”

客户：“什么问题？”

电话营销人员：“现在大家都在谈论手机辐射这个话题，您是怎么看待这个问题的呢？”

客户：“你究竟想说什么，我现在很忙，没有时间回答你这个问题。”

电话营销人员：“没有关系，听蒋先生说话，您以前是做播音工作的吗？”

客户：“为什么这么说呢？”

电话营销人员：“您的声音很有磁性，而且发音非常标准，就连生气时声音听起来都很舒服。”

客户："哈哈！有你这么说话的吗？"

电话营销人员："听您的声音，应该不到40岁吧？"

客户："你说什么？我都快60岁了，有那么年轻就好了。"

电话营销人员："您说什么？您快60岁了，真不敢相信，那您可真会保养，声音听起来这么年轻。"

客户："没有骗你啦，小鬼，你前面要问我什么来着？"

电话营销人员："其实，我是想给您推荐一款没有辐射的绿色手机。"

客户："哦？"

电话营销人员："……"

（资料来源：如何做好电话销售之甜言蜜语——赞美的力量［EB/OL］.（2010－07－19）［2021－12－29］. http：//blog. sina. com. cn/s/blog_68f702d60100km7m. html. 引用时有微调）

在此案例中，这家公司的电话营销人员在开始通话时，对方就对这次通话显示出不耐烦的情绪，但在后面的通话中，他真诚地赞美了对方的声音，使局面发生了很大变化，气氛开始变得融洽一些了，这样后续的沟通就顺畅多了。

（二）赞美的内容

当然，赞美是一种艺术，不仅存在"过"和"不及"的程度问题，而且要考虑赞美内容、方式的把握恰当与否，这些都是衡量对客户的赞美是否达到实效的重要标准。

在电话中赞美对方有一定的难度，因为在人们每天所获得的信息中，眼睛所获取的信息超过一半，而在电话沟通中，眼睛是看不到对方的，这样人们获得的信息就非常有限。而赞美对方最忌讳的就是无中生有，明明不漂亮，偏要说对方很美；明明不高大，偏要说对方伟岸，等等，这样做会适得其反。

在电话中赞美对方时，只能针对耳朵听到的信息进行适当发挥。耳朵听到的信息有一个特点就是稍纵即逝，如果电话营销人员不够敏捷，抓不住一些关键信息，要进行有效赞美就有相当大的难度。人们把耳朵听到的信息分为声音特质、谈话风格、谈话内容三类，相应地电话营销人员可以基于以上信息的特征进行有针对性的赞美。

1. 赞美客户的声音

在接通电话时，营销人员首先接触到客户的什么方面特征？是声音，所以可以先从声音入手。从声音特质入手赞美对方时，最好是在异性之间进行。例如，如果某人是一名男性营销人员，当他的客户是女性时，他赞美她的声音所起的效果往往比赞美一个男性客户要好。

客户的声音能反映出什么有用信息？一般来说，声音与受教育程度、年龄和专业程度有一定相关性。

有一句话套用格式："听您的声音，我感觉您是一个样××的人。""××"可以填的词汇有很多，例如专业、幽默、果断、有地位、有影响力、热情、人际关系广、爽快、友好、随和、有亲和力、思考全面和前卫等。

“听您的声音，您应该只有30岁左右吧？”

“听您的声音，肯定受过良好的高等教育。”

“听您的声音就知道您做事特别果断。”

在电话营销中赞美对方声音最普遍，因为声音是人们在电话沟通中所获得的第一个信息，加上每个人的声音各有特色，赞美起来也比较容易。一般来说，赞美男人的声音可以说很有磁性、很沧桑。特别是说男人的声音很沧桑时，男人都会很得意，因为男人最怕别人说自己不成熟，而沧桑恰恰代表的是一种阅历、一种见识、一种对人生的深刻感悟。

另外，还要考虑到地域因素，比如在南方地区，具有“十里不同音，百里不同俗”的特点，所以称赞南方人特别是广东人普通话说得很好，他们会很高兴；而要说北方人的普通话说得好，就没有什么力度，这时非得把他们与播音员、主持人等职业联系起来，说他们的声音就像播音员、主持人一样，他们才会有所触动。

在赞美对方声音时，比喻是一个很有力的武器。直接说某人的声音很好听，不如说对方的声音就像百灵鸟歌唱一样动听；直接说某人的声音很有激情，不如说对方的声音很阳光；直接说对方的声音很温柔，不如说对方的声音像和煦的春风。这样前后一比较，差别就很明显了。

2. 赞美客户的谈话风格

谈话风格包括儒雅风格、幽默风格、严谨风格等。在电话里赞美客户的谈话风格，需要准确的判断能力。但是这里有一个前提，就是做电话营销平时要学会积累，知道哪些词汇是用来赞美谈话风格的。

例如：“您的谈话中真的充满了幽默的喜感。”

3. 赞美客户的谈话内容

如何在电话中针对对方的谈话内容进行恰当的赞美呢？随着电话沟通的进一步深入，这种能力显得愈发重要。通常，谈话的内容会包含客户所服务公司的情况和客户自己的情况。

（1）赞美客户所服务的公司

如果营销人员可以赞美客户所服务的公司，激发他的自豪感，客户听到后，会降低拒绝的概率，双方的谈话会有一个很好的开端。

> 客户：“你是怎么知道我们公司的？”
>
> 电话营销人员：“像您这么大的公司，在我们公司数据库中都属于重点客户，我们很关注。真的很高兴能有机会与您这样专业的公司合作。”

（2）赞美客户的专业能力

在谈话过程中，客户显示出的专业能力也可以作为赞美的一个切入点。例如，营销人员在为自己的管理咨询服务寻找营销线索，当他打电话给对方时，接电话的可能不是负责人，比如是前台，或办公室一般人员。前台：“发展战略还是一定要做的，很有必要。”

这时，该营销人员可以抓住机会：“看来您还是很有战略眼光的，比我接触过的很多企业家都看得远，他们中很多人都没有这样的战略意识，所以您可真不简单。”

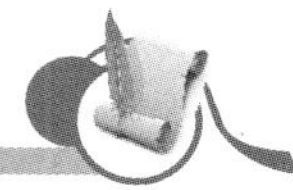

又如以下赞美：

“听说您是仪器仪表方面的专家，想请教一下您……”

“专家就是专家，您提的问题都与一般人不一样，都提到点子上了。”

“陈总，我早就听说过您白手起家的故事，我真的很想请教一下，当时您是怎么下定决心创业的？”

当然，赞美客户的方式有很多，关键的一点就是一定要发自内心，只有真诚地赞美才能让人接受。

要抓住赞美客户的切入点还要求电话营销人员必须反应敏捷、行动迅速。为什么呢？前面已经说过，电话里听到的信息稍纵即逝，如果反应不够敏捷的话，就抓不住关键；同时，行动不够迅速的话，也会错过赞美的最好时机。

（三）赞美的技巧

1. 赞美要精准

有一个长得很像某位电影明星的男孩，每次和朋友一起出来玩时，第一次见到他的人总是说他和某明星长得很像。一个人被认为与某名演员很像，大多不会生气，但这个男孩听着心里就很不舒服。因为那位电影明星专演冷酷反派人物，因此别人说他们相像，虽然是赞美，却也等于在指责他的缺点，可以说这种赞美的方法实在不怎么高明。

如果电话营销人员真诚地赞美了客户，而客户却觉得很不舒服，很快挂掉了电话，这就是赞美出现了错误。因为赞美需要精准，否则，就会让客户觉得电话营销人员是在“拍马屁”，赞错了地方，拍到了马蹄子上，反而会激怒客户。

2. 赞美要真实、实事求是

赞美要出自真心，不能为了赞美而赞美。虽然人都喜欢听赞美的话，但并非任何赞美都能使对方高兴。能引起对方好感的只能是那些基于事实、发自内心的赞美。相反，电话营销人员若无根无据、虚情假意地赞美别人，他不仅会感到莫名其妙，更会觉得电话营销人员油嘴滑舌、诡诈虚伪。有些人说，如果要真实，可能有的人身上根本找不到可赞美的地方。其实不然，人人都有闪光点，只要善于去发现。

3. 赞美要真诚、发自内心

英国一位专门研究社会关系的卡斯利博士说过：大多数人选择朋友都是以对方是否真诚而决定的。如果与人交往不是真心实意，那么要与他人建立良好的人际关系是不可能的。赞美他人亦如此，假如赞美不是出于真心，对方就不可能会接受，甚至会怀疑电话营销人员的动机。如果电话营销人员毫无根据地去赞美一个人，会使他感到费解，还会觉得莫名其妙，甚至觉得电话营销人员油嘴滑舌，有诡计，进而引起他的防范。所以电话营销人员在赞美他人时，为避免引起像这样的误会，首先必须确认自己所赞美的人与事是否确有其事，而且必须有充分的赞美理由。

4. 赞美要具体、言之有物

赞美别人切忌泛泛而谈，比如：“你很优秀、你很出色、你很能干、你很好、你是一个好人”等，这些虽然也有一定效果，但显得比较假，效果比较差，甚至有时会适得其反。特别是“你是一个好人”，这样的赞美，很容易让人误解为：你是傻瓜，是个冤大头。因此，赞美别人越具体越好。对于电话营销人员而言，可以着重赞美客户的声音、谈话风格及谈话内容。

5. 赞美要因人而异

人的素质有高低之分，年龄有长幼之别，因人而异、突出个性、有特点的赞美比一般化的赞美效果更为显著。比如，对于经商的人，可称赞他头脑灵活、生财有道；对于有地位的领导，可称赞他恪尽职守、廉洁清正；老年人总希望别人不忘记他“当年”的业绩与雄风，同其交谈时，可多称赞他引以为自豪的过去；对年轻人不妨语气稍为夸张地赞扬他的创造才能和开拓精神，并以实例证明他的确能够前程似锦……当然这一切要依据事实，切不可浮夸。

6. 赞美要适度、把握好分寸

所谓“美酒饮到微醉后，好花看到半开时”，适当就是最好的。赞美的尺度掌握得如何往往直接影响赞美的效果。恰如其分、点到为止的赞美才是真正的赞美。使用过多的华丽辞藻，过度的恭维、空洞的吹捧，只会使对方感到不舒服、不自在，甚至难受、肉麻、厌恶，其结果是适得其反。

7. 似否定实肯定的赞美

冯小刚导演是很讨厌别人批评他本人和他的电影的，但有一个人的批评他很受用，那就是姜文，因为姜文经常借批评来赞扬他。有一次，姜文点评冯小刚：“小刚啊，你有两个缺点，一是心不够狠，二是人太自恋。”说得冯小刚沾沾自喜，逢人就说我最喜欢姜文的批评。用否定来肯定往往能收到出其不意的效果，电话营销人员可以试试看。

8. 赞美别人不明显的优点

一个人较不明显的成就或特质，通常很少获得赞美，如果能在这方面给予赞美，往往会给人带来惊喜。爱因斯坦表示别人赞美他思维能力强，有创新精神，他一点都不激动，他作为大科学家听这类话听腻了，但如果谁赞扬他小提琴拉得棒，他一定会开心。

比如，对美女说漂亮，可能她听腻了，但说她能干、贤惠、大方、聪明、活泼、自信，她可能感觉良好。再如，对一些老板说他很成功、很能干，可能他也听烦了，但如果说他很有爱心、孝敬父母、有责任感、有品位，他会很高兴。明显的优点尽人皆知，不明显的优点才是对方真正渴望被挖掘和肯定的。

9. 借他人的话来赞美和背后的赞美更有力量

借他人的话来赞美和背后的赞美更有力量，比如，对客户的老板、上司或下属、朋友、同行等赞美客户。

一次，一家公司的部门经理去找一位客户，这位客户姓李，在拜访他之前先去拜访了另一位客户姜总。在与姜总谈话的时候，他们聊到了这位李总，姜总说他们认识，李总比他年轻，公司做得却比他的大。于是，当这位部门经理在拜访李总时，就故意说：“李总，我们刚从姜总那里出来，当时我们谈到您，他说您的公司做得比他的大得多，还说您是一位非常年轻有为的优秀企业家，现在一看，果然名不虚传！”李总听了非常高兴，对这位

部门经理就热情了许多。

10. 赞美要“悄无声息”

赞美要让对方浑然不觉却全身舒适，要做到无声无息，不落痕迹。

【案例 8－2】

有一年冬天，钱锺书先生访问日本，在早稻田大学文学教授座谈会上即席做了“诗可以怨”的演讲，开场白如下。

“到日本来讲学，是很大胆的举动，就算一个中国学者来讲他的本国学问，他虽然不必通身是胆，也得有斗大的胆。理由很明白简单。日本对中国文化各方面的卓越研究，是世界公认的；通晓日语的中国学者也满心钦佩和虚心采用你们的成果，深知道要讲一些值得向各位请教的新鲜东西，实在不是轻易的事。我是日语的文盲，面对着贵国汉学的丰富宝库，就像一个既不懂号码锁又没有开箱工具的穷光蛋，瞧着大保险箱，只好眼睁睁地发愣。但是，盲目无知往往是勇气的源泉。意大利有一句嘲笑人的话叫他发明了雨伞。

“据说有那么一个穷乡僻壤的土包子，一天在路上走，忽然下起小雨来了，他凑巧拿着一根棒和一方布，人急智生，把棒撑了布，遮住头顶，居然到家没有淋得像落汤鸡。他自我欣赏之余，也觉得对人类作出了贡献，应该公之于世。他听闻城里有一个发明品专利局，就兴冲冲拿棒连布，赶进城去，到局里报告和表演他的新发明。局里的职员听他说明来意，哈哈大笑，拿出一把雨伞来，让他看个仔细。我今天就仿佛那个上注册局的乡下佬，孤陋寡闻，没见识过雨伞。不过，在找不到屋檐下躲雨的时候，棒撑着布也不失应急的一种有效办法。”

这段开场白，其实讲了两个层次的内容。先讲对日本汉学研究中国人不敢等闲视之。即使是中国专家在日本讲中国学问，也要对听众的水平作充分估计。后一段，讲自己不通晓日语，除了有勇气之外，没什么资本。然而，自嘲真乃恭维别人的一种很好的方法！

（资料来源：杨丽，任锡源．电话营销［M］. 北京：中国物资出版社，2011.）

赞美既能取悦别人，也能愉悦自己，没有实物投入却效果显著。赞美技巧也不高深，多体会、多练习、多总结，就一定能熟练运用，也一定会从赞美技巧中受益匪浅。

二、电话营销中的提问策略

无论在日常生活中，还是营销工作中，人们通常可以感受到没有多少人会喜欢滔滔不绝地与人交谈的人，这里排除关系亲密者或需要帮助者等。

由此延伸开来，在营销过程中，如何通过提问让客户说话，如何通过提问来充分了解客户信息，如何通过提问让沟通延续下去，如何通过提问来得到满意答复等，对于电话营销人员来说十分重要。

营销人员通过巧妙、恰当的提问，可以减少客户的逆反情绪（因为一味陈述自己的观点，容易引起对方的反抗心理）；可以充分了解客户的信息；可以引导客户按照希望的方向去展开谈话；按照电话营销人员的思维方式去考虑问题，以达成想得到的结果。

所以，对于电话营销人员来说，如果在电话沟通过程中很擅于提问，一定会给自己的营销工作带来许多意想不到的收获和惊喜。

在正式介绍如何有效提问之前，请看下面这个故事。

> 一个信徒问牧师："我在祈祷的时候可以抽烟吗？"
> 牧师拒绝了他："不行，你怎么会有这种想法？"
> 另一个信徒问："我在抽烟的时候，可以祈祷吗？"
> 牧师非常欣慰地回答："当然可以！"

这个故事，告诉人们，同样的要求，换个表达方式，得到的结果却截然不同。这就是提问的技巧。

电话营销人员在进行提问时必须要思考以下两个问题。

第一，提问的目的是什么？也就是为什么要提出这个问题，想得到什么样结果，不能毫无目的地对客户进行提问，浪费双方的时间。

第二，采用什么方式和策略进行提问？也就是如何表达问题才能达到预期的目标。

下面重点探讨一下提问的方式和策略。

（一）提问方式

不同的提问类型适用于不同的环境状况。在营销中无可争辩的一个事实就是提问能力与营销能力成正比。这一点对于电话营销来讲也不例外，并且显得更为重要。

1. 开放式问题

开放式问题就是为引导对方能自由表达而选定的话题。如果想多了解一些客户的需求，就要多提一些开放式问题。例如：

"您如何评价现在的电脑系统？"

"您对未来的电脑系统有什么构想？"

"您公司的发展方向是什么？"

"您为什么会对现有的系统不满意呢？"

"您准备用什么方法来解决呢？"

"您最喜欢 A 品牌的哪些方面呢？"

开放式问题是借助下列关键词来提问的：什么、哪里、什么时候、怎样、为什么等。

开放式问题的好处在于：

第一，减少了问题的个数。

第二，引导客户谈话，如"那您准备如何解决这个问题？"

第三，获得更多信息，如"您刚才谈到耐用性很重要，具体是指什么？"

2. 封闭式问题

如果想获得一些更加具体的资料和信息，就需要对客户提出封闭式问题，这样电话营销人员才能确认是否理解了客户的意思。例如：

“公司有多少人？”

“办公室有多少台电脑？”

“您刚才是指……对不对？”

封闭式问题通常是借助下列关键词来提问的：能不能、可不可以、是不是、会不会等。

封闭式问题的好处在于：

第一，阻止客户一直不停地说话。

第二，明确客户有某一具体需求，如“您希望能解决这个问题，是不是？”

第三，澄清、确认，如“您指的是无线上网，对吧？”

值得注意的是，在电话营销中，如果电话营销人员问了很多封闭式问题，会给客户造成一种压力，同时也不利于对信息的收集。

例如，下面的对话：

电话营销人员：“很开心和您交谈，提高贵公司的营业额对您一定很重要，是不是？”（很少有人会说“无所谓”）

客户：“嗯。”

电话营销人员：“那么，我想向您介绍我们的××产品，这将有助于达到您的目标。您很想达成自己的目标，对不对？”

再如，

电话营销人员：“你能发现在哪些地方可以节约成本吗？”

客户：“不能。”

电话营销人员：“那么，节约时间的办法有吗？”

客户：“没有。”

如果连续得到三个“不”的回答，那么这桩生意基本上就没戏了。所以，电话营销人员最好不要这样给客户压力。

开放式问题和封闭式问题在营销中所起的作用是不同的，在探询客户需求阶段，电话营销人员需要获得更多的信息，开放式问题一般来说会多一些。不过，电话营销人员不能过度依赖开放式问题，最好是二者搭配使用，并富有逻辑性。

3. 反问式问题

如果客户提出问题而电话营销人员不知道怎样回答，这时有两种方法可以选择：一是告知真相，不要不懂装懂；二是反过来提问客户，让客户说出他的看法。

一般客户回答的就是他希望得到的答案，而电话营销人员正好根据他的回答投其所好。这样的一些反问句，可以把客户的注意力锁定在沟通的过程中。

例如：

手机销售员："这款手机的摄像头有4100万像素，非常适合自拍，现在的手机功能都差不多，挑手机不就该挑个自拍性能好的吗？"

汽车销售员："这辆车有ABS系统，安全性很高、能最大限度降低事故发生概率，保护乘客的安全，买车不就该挑个安全系数高的吗？"

4. 接话式问题

接话式问题是根据客户所讲的话、所谈的事情以及客户在整个过程中所谈论的重点，从中截取一段来做问话的方式。这样的问题能证实电话营销人员真的了解客户需求。

"您是说您正在寻找一家信誉良好而且认真负责的供应商来满足您的需求，是吗？"

"嗯，目前我们的确需要这种产品。"

"对呀，如果您感到我们的产品正是贵公司所需要的，那么还要多久才能成交呢？"

从上面的对话中可以发现，接话式问题是在重复对方讲过的话，再次让客户确认，并且进行回应。提出接话式问题时一定要做到非常准确而且抓住了重点，这样才能得到客户的再次确认。

5. 筛选式提问

筛选式提问可以节约双方的时间。所以，筛选式提问的第一步就是收集客户的目标、选择标准、可量化的收益及评估系统的信息。

运用筛选式提问方式提出的问题也是开放型的，所以，最初提出的问题通常只会得到模糊的回答。

客户："我们想提高生产率。"

营销人员："这会涉及哪些方面？"（这个问题的目的是寻求提高生产率的具体目标）

6. 澄清式问题

在筛选式提问后电话营销人员再提出一些澄清式问题，可以节省时间，避免做无用功。它能帮助电话营销人员避免对未能实现的目标、浪费掉的时间或金钱向客户说抱歉。

当电话营销人员得到澄清式问题的答案时，就会明确客户的目标与选择标准，以及他们是如何衡量价值的。另外，澄清式问题是开放型的，不以"是"与"不是"为答案。

客户："我想通过降低次品率来提高生产率。"

营销人员："每年因次品而造成的成本是多少？"（将次品的成本量化的澄清式问题）

客户："25万元。"

营销人员："你想要实现怎样的节约效果？"（将节约成果量化的澄清式问题）

7. 选择式问题

提出选择式问题可以让客户根据电话营销人员的问题做出选择，这种提问方式在人们的日常生活和工作中经常用到。选择式的问题可以二选一，也可以三选一，甚至多选一。

"王晓，你告诉过我，你是从事 ISO 9000/14000 资讯认证项目的，是不是?"

"是的。"

"非常好，我个人对这些项目不太了解，但是我真的很感兴趣，希望从你那里学习一点这方面的知识。我不知道是今天上完课之后找你聊一聊还是明天下午找你聊比较好呢?"

"都可以。"

"那今天晚上好不好?"

"好的。"

8. 引导式问题

这是汤姆·霍普金斯经常使用的问题形式。在提问之前，电话营销人员需要一个前奏，就是告诉客户回答问题是必要的或至少是没有坏处的，引导客户做出回答。例如，电话营销人员想了解客户的项目预算，一般来说客户是不愿意告知的，这时电话营销人员就需要用一个前奏改变客户的想法。

说出前奏是有技巧的，那就是电话营销人员要先陈述一个事实做铺垫，这样才能达到预期的目的。

"我想这样非常好。那么你是否愿意一个月之后收到这些资料呢?"

"为了给您推荐一个最适合的方案，我想知道，这个项目大概的投资水平在怎样的范围内呢?"

9. 装傻式问题

这是电话高手经常用的一种提问方式。当电话营销人员知道客户要拒绝时，如果假装不知道，客户下一次还会打电话过来，这样电话营销人员就给自己找到了一次跟客户恢复谈判的机会。而如果电话营销人员当场给他回复了，他也就认为事情结束了，没问题了，之后便不会再联系。

"你刚才说下个礼拜解决这个问题，现在又说要我等下去，我不知道为什么?"

"对不起，我刚才没听清楚，信号不太好。你能否过两天再打到我们公司。"

"喂，听不太清楚。"

"喂，对对，信号不太好。"

10. 离题式问题

离题式问题就是跟客户说一些不着边际的问题。比如，客户问了电话营销人员许多问题，电话营销人员突然说了一句："你吃晚餐了没有?"客户突然被打断了，人们称之为打断思维连接。比如，吵架时突然说："你丢东西了吗?"给对方的感觉是突然被打断。类似的还有"喂，你有没有把钥匙落在那个车上""喂，你的车是不是被别人偷走了"。

（二）提问策略

1. 前奏

当问一些敏感的问题时，如"您公司的预算是多少呢"，客户很可能会回避，这就要求电话营销人员在问之前先讲一个前奏。什么是前奏呢？前奏就是先表明在客户回答这个问题以后，他的利益在哪里。例如，"为了帮您找到最适合您的解决方案，可否问一下您今年在电脑系统方面的预算大概有多少呢?"当然，类似这样的问题，客户不配合的情况经常发生，除非电话营销人员与客户已经建立了良好的关系。但不可否认，有这个前奏"为了帮您找到最适合您的解决方案"，让客户看到了价值所在，效果就好了很多。假如没有这句话，效果就会大打折扣。

一般来讲，有以下六种前奏可以使用。

（1）礼貌＋提问

例如："真不好意思又占用您的时间，我想请问一下您对现在的投资前景怎么看?"

（2）复述＋提问

例如："是的，投资股票风险比较高，那您下一步准备怎么办?"

（3）好处＋提问

例如："为了看是否对您有帮助，我想请问下……"

（4）认同＋提问

例如："你说的话确实没错，另外……"

（5）赞美＋提问

例如："赵小姐，听您儿子的声音，他真的很可爱，我想请问下……"

（6）引导＋提问

例如："很多用户都觉得股市在跌，您是否有这种感觉?"

2. 反问

有时候，客户会向电话营销人员问问题，只是很多时候，电话营销人员都只是听到了问题，但没有听到问题背后客户所关注的"问题"。

客户："你们都有什么培训?"

电话营销人员："我们的培训涉及很多领域，我给您介绍一下我们的课程，我们最近推出的课程是……"

客户："你们有没有大客户营销的课程?"

电话营销人员："有。是这样，我们最近的课程是关于电话营销方面的……"

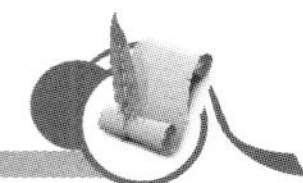

在这段对话中，很显然，一方面电话营销人员没有仔细倾听客户所关心的问题，另一方面没有注意运用“反问”技巧去挖掘客户真正的关注点。

另外，反问技巧也适合于当客户问到一个电话营销人员并不太清楚的问题时，例如：“你如何看待今年计算机行业的发展？”如果电话营销人员知道，则可以很专业地与他交流，但如果不知道，说：“真对不起，我不知道。”电话营销人员的专业形象将会受到影响。所以，遇到这类情况，不妨反问对方：“陈经理，听您这样讲，我想您对这一方面肯定有很深的研究，您认为会是什么呢？”类似这样的情况，在营销中很普遍。

再比如，当客户问：“它能达到什么效果？”如果这个效果营销人员并不能很清楚地在电话中向他讲明白，也可以反问：“陈经理，我知道您对效果很关心，那您希望达到一个什么效果？”可以看出，这就像是在打太极拳，有时候需要圆滑一些。

3. 纵深提问

电话营销人员可以利用客户提到的问题，往深处问，深挖他的需求和内心真正的想法。例如，客户说：“我喜欢国际管理咨询公司。”营销人员可以问：“我知道您喜欢国际管理咨询公司，它们确实不错，那您喜欢它们的什么方面呢？”“您喜欢它的什么方面呢？”这句话就是纵深问句，大家注意没有，这句话的前面一段：“我知道您喜欢……”其实也是一个前奏，目的是使沟通更顺畅，让客户更配合。

4. 不要关闭自己的开放式问题

不知道电话营销人员有没有这样的经验，本来问了一个很好的开放式问题，正在等待回答，而这时客户的回答可能很有帮助，但电话营销人员急不可待地又问了一个封闭式问题，把客户的嘴给“封”上了。

下面来看一个例子。“陈总，您今年的工作重点在哪里？”这个问题可以使电话营销人员知道客户考虑的重点与服务的相关性，以帮助确定下一步如何进行。但在这个时候，客户还没有回答，电话营销人员紧接着又问：“是生产，还是营销？”这就像是本来已经把门打开，而客户也准备进来了，结果又把门给关上了。这种效果好吗？在电话营销中经常出现类似情形，一个主要原因是，电话营销人员都害怕沉默或者喜欢根据自己的判断来做假设。

5. 保持沉默，给客户思考时间

在电话中，可能会出现短暂的沉默，例如营销人员提了一个问题，需要客户来回答。如营销人员问道：“陈总，我们静下心来思考一下，如果这件事持续下去的话，对您的工作会造成什么影响？”之后等待陈总回答，但陈总并没有马上讲话，陷入了沉默。人们都害怕沉默，一旦有沉默发生的时候，总有一方想打破这种沉默。这时营销人员又讲话了，因为担心沉默会影响与客户的关系。当然，长时间的沉默，确实会让人感到有些尴尬。但在向客户提出一个问题后，营销人员确实需要保持一小段时间的沉默。原因很简单，并不是每一个问题，客户都愿意回答或者知道如何回答，他也需要时间来思考如何回答这个问题。有时候，沉默在谈判中会起到很好的效果。

例如：

客户："你还可以给我多大的折扣？"

电话营销人员："这已经是最低的了，我帮你下订单，好不好？"接下来就是一段难堪的沉默，双方都不再讲话，这个电话营销人员当时很尴尬，真不知道该怎么办。

客户："好吧。"

这时，客户正处于复杂激烈的心理说服中，电话营销人员应给他时间思考，相信他会做出正确的决策。

6. 多问为什么

回想一下，在与客户沟通的过程中，有多少次问到"为什么？"研究发现，很多营销人员很少问为什么。通过问"为什么"，电话营销人员可以找到客户产生某种需求的原因，这其实是推动客户采取行动的一个内在驱动力。而把握好了这个内在驱动力，将对进一步去引导客户及在其后的竞争中保持竞争优势，有所帮助。

"您今年的重点工作将会放在人力资源管理方面，它对您为什么很重要？"

"您现在想要与管理咨询公司合作以加强营销管理，这是一个极好的想法，为什么您现在有这个想法呢？"

"您提到营销额上升5%对您很重要。为什么呢？"

记住，多问为什么，同样会使电话营销人员获取竞争优势！

7. 同一时间同一个问题

"王总，降低成本很重要，这一点我也认同，其他还有哪些方面您也认为很重要？它们重要程度的优先顺序是什么？哪一个对您最重要？"这种提问的方式，不知电话营销人员有没有使用过？没有的话最好，如果电话营销人员对这种提问方式很熟悉的话，那可要注意了。在电话中，最好一个问题一个问题地问，这是沟通的原则。

原因在于：一是客户可能记不住第二个问题；二是即使客户记住了，也可能忘记回答第二个问题。况且，营销人员的提问是根据客户的回答来进行的，而不应是按预先设计好的顺序。

8. 避免自己回答自己的问题

"王总，营销额持续下滑，对您的工作会造成什么影响？"这是一个很好的暗示性问题，目的是激发客户的需求，但营销人员接着说："肯定会造成不好的影响。"很多营销人员都有过这种经历。这种行为不仅占用了宝贵的电话沟通时间，而且阻止了客户自己去发现自己的问题。

任务实训

让全体学生1、2、3、4依次报数，将相同数字的人分到一组，组成四组。每组请一位同学起立，其他人依次赞美他（分组数量可基于班级人数灵活调整）。

赞美时要说，"我认为你……""我觉得你……"；

被赞美的人不能讲话，但要和赞美者做眼神交流；

赞美者话不能太多，不能重复前面人的话；

只赞美，不批评；

第三者不能插话。

游戏结束后，请每位同学考虑以下三个问题：

被赞美的感觉如何？

赞美别人时，你是怎么想的？（是应付还是发自内心）

你得到什么启示？

复习思考

1. 简述赞美的过程。
2. 赞美客户可以从哪方面切入？
3. 什么是似否定实肯定式的赞美？试举例说明。
4. 什么是筛选式提问？

案例分析

电话营销人员："您好！赵经理，我是一点就通咨询公司的舒红。听陈总说，您在电话营销方面非常有经验，而我们公司刚好是一家专注于电话营销的培训咨询公司。今天打电话给您，是真心想请教一下您在打电话方面的销售经验。您现在说话方便吗？"

客户："有什么事你讲吧。"

电话营销人员："赵经理，我很想从您这里学习更多的电话营销经验，您觉得电话营销人员的业绩好坏主要与什么有关系呢？"

客户："我觉得主要与电话沟通技巧有关。"

电话营销人员："您真的很有研究。赵经理，您觉得电话营销人员的电话沟通水平主要体现在哪些方面呢？"

客户："在我们公司主要体现在约见客户这一环节。因为我们公司的业务开展是首先用电话预约，然后上门拜访，面对面销售。这样，一个电话营销人员的电话约见能力直接影响到他每天接触准客户的数量，当然对业绩也就有直接影响了。"

电话营销人员："赵经理，我绝对同意您的看法。那么贵公司的电话营销人员在电话沟通方面的能力能达到您的要求吗？"

客户："还是有点儿差距。"

电话营销人员："差距主要表现在什么方面呢？"

客户："一方面是突破障碍的能力，有一部分电话营销人员在绕过前台这一关时总是很费劲；另一方面是开场白不够精彩，这样就导致了相当一部分电话营销人员因为无法吸引目标客户的注意力而功亏一篑。这就是差距。”

电话营销人员：“赵经理，与您通话，我感觉您的思路非常清晰，而且洞察问题的能力很强。听您刚才的谈话，我的理解是，由于有些电话营销人员不能约到足够的客户，这样就直接影响到他们的业绩，对吧？”

客户：“是这样的。”

电话营销人员：“赵经理，前面我简单提到过，我们公司一直专注于电话营销领域的研究和应用。如果我们有机会合作，通过培训让您的电话营销人员可以更好地与客户交流，从而增加约见客户的数量，并更好地提升销售业绩，您觉得怎么样？”

客户：“好是好，只是培训工作都是人力资源部在负责，我们只是提需求而已。”

电话营销人员：“我理解，赵经理，正常情况下是您把培训需求告诉人力资源部，然后由他们来寻找资源、安排培训，对吧？”

客户：“是的，所以，你还是与人力资源部谈谈吧。”

电话营销人员：“没问题，首先谢谢赵经理。请问人力资源部与谁谈呢？”

客户：“你找王经理吧。”

电话营销人员：“好的，我马上给王经理打电话，他的名字是……？”

客户：“王天，分机是123。”

电话营销人员：“好，我会随时把与王经理谈话的结果向您汇报。同时，也希望有更多机会向您学习。”

（资料来源：李向阳，舒冰冰．打遍天下：电话营销实战案例精选［M］.2版．北京：人民邮电出版社，2009.）

问题：

1. 案例中的电话营销人员在与客户沟通的过程中运用了什么技巧赞美顾客？赞美的切入点是什么？效果如何？

2. 该电话营销人员在电话营销中用到了哪些提问技巧？

任务九　情绪

1. 认识情绪在电话营销中的重要性。
2. 了解情绪产生的过程。
3. 掌握调节情绪的方法。

情景案例

有一个营销新人，做了很多次推销都没有成功，心灰意懒，因此向主管提出辞职。

主管问他："为什么要辞职呢?"

他回答："找不到客户，没有业绩，只好不干了。"

主管拉着这位新人走到窗户边，指着大街问他："你看到什么没有?"

"人啊!"

"除此之外呢?"

"除了人，就是大街。"

主管又问："你再看一看。"

"还是人啊!"

主管说："在人群中，你难道没有看到许多准客户吗?"新人恍然大悟，感谢主管的指点，信心十足地投入了营销工作。

（资料来源：许进，周志刚．销售新人全能训练手册［M］. 北京：机械工业出版社，2008.）

案例点评

这位营销新人经过了多次失败而心灰意懒，他的情绪受到了很严重的影响因而萎靡不振。这样一来，负面的情绪会持续影响他后面的营销工作，如此往复，情况只会越来越糟糕。主管的话让他明白了，如果情绪一直不好，是看不到准客户的，又怎能营销成功呢?可见情绪对一个营销人员的影响之大。

通常，电话营销人员能否取得非凡的销售业绩，主要看两个"商数"，一是"智商"，即掌握的专业知识和销售技能；二是"情商"，即调控自己情绪的能力。二者缺一不可。或者可以这样理解，一个人的专业技能，如沟通技巧、产品知识等，可以称之为硬实力（智商）；而调控自己的状态，让自己能够发挥这些硬实力的能力可以称之为软实力（情商）。软硬实力相结合，才能形成综合实力。

知识体系

一、情绪的内涵

情绪是指有机体对客观事物体验后的心理反应。人通过感觉器官感受客观事物后，通过中枢神经系统综合分析、整理、升华，形成一种认识态度，对这种认识态度在客观表情上有多种感情流露，即情绪。

情绪包括生理和心理两个特征的反应指标。情绪是身体对行为成功的可能性乃至必然性，在生理反应上的评价和体验，包括喜、怒、忧、思、悲、恐、惊七种。行为在身体动作上表现得越强就说明其情绪越强，如喜会手舞足蹈、怒会咬牙切齿、忧会茶饭不思、悲会痛心疾首等，都是情绪在身体动作上的反应。情绪是信心这一整体中的一部分，它与信心中的外向认知、外在意识具有协调一致性，是信心在生理上一种暂时的、较剧烈的生理评价和体验。

二、情绪的分类：积极情绪和消极情绪

生活中，人们绝大多数时候都在有意或无意中受着情绪的控制。它既能使人精神焕发、充满激情、思维敏捷、干劲倍增，又能使人萎靡不振、情绪低落、思路阻塞、消极怠惰。心理学家把人的情绪分为积极情绪与消极情绪两大类，积极情绪对人有正向的、积极的作用；消极情绪则对人有负向的、消极的作用。

（一）积极情绪

所谓积极情绪，是指对待人和事所采取的正面态度，包括忠实、正直、希望、乐观、勇敢、创造、热情、容忍、通情达理等。一个人拥有了积极的情绪，就能正确面对挫折与失败，对生活充满信心，以愉悦的态度走出困境，奔向希望的明天。

（二）消极情绪

所谓消极情绪，是指对待人和事所采取的负面态度。消极的情绪，包括悲观、迷茫、慵懒、堕落、怯懦、恐惧等，会使人丧失自信，放弃对人生目标的追求。这样，失败就会接踵而至，最终使自己陷入泥潭而不能自拔。

积极的心理态度和确定的目标是走向一切成就的起点。播下一个行为，收获一个习惯。播下一个习惯，收获一种品德。播下一种品德，收获一种命运。电话营销人员要多用积极的心理态度，指挥思想，控制情绪，掌握命运。人的心理具有神秘的力量，要积极探索心理力量。要学会使用适当的暗示去影响别人，学会应用正确的、有意识的暗示，这样就可能获得健康、幸福和成功。

电话营销人员应该随时把握自己心态的变化，每隔一段时间，静心独处，排除杂念，对自己的心态做一番审视，发现了异常，就要设法调整。属于环境影响，那就有意识地调整心理，适应环境。属于自己学习修养不够，则要加强学习，给自己的心灵输入新鲜的知识营养。

三、情绪的重要性

人的情绪种类很多，基本形式包括喜悦、愤怒、悲哀、惊奇、焦虑、忧愁、恐惧等。其中有些属正性、良好的情绪，有些属负性、不良的情绪。当今社会，环境多变、竞争日趋激烈，使得人的情绪变化无常。一个人如果不能很好地控制不良情绪，就会影响人际关系的处理、身体的健康及解决问题的能力。因此要善于控制好自己的不良情绪，使一切处于良性循环状态。

没有人愿意成为情绪的奴隶，对于从事销售行业的人来说更是如此。因为电话营销人员每取得一个订单，都要与客户进行沟通和交流，如果不能控制自己的情绪，不顾客户的

感受而随性而为，那么即使是“煮熟的鸭子”也会“飞”掉。

决定电话营销人员状态的核心要素就是当时所处的情绪状态。不同的情绪产生不同的情绪化反应，这种情绪化反应就是自身当时状态的具体体现。如果将一位电话营销人员的能力比喻成水流，那么这位电话营销人员的情绪掌控能力就好比控制水流量大小的水龙头，如果水龙头没有打开，那么再强的能力也无处发挥，水流量的大小很大程度上取决于水龙头的开启程度。

【案例 9-1】

每个人基本都有过这样的经历，接通的电话对面是电话营销人员，卖保险的、卖房子的、做小额信贷的、做教育培训的、做移动运营的……许多人因为工作、睡眠被打断而非常不耐烦，不仅态度不好还直接挂断了对方电话。

换位思考一下，想象从事电话营销工作的业务专员，一天要遇到多少次挂断的电话，更糟的时候，甚至遇到骂骂咧咧的客户，被当成发泄情绪的对象，如果不及时进行情绪管理和调节的话，会影响一天甚至几天的表现。不过，2016 年中国台湾人寿电销冠军、曾创下单日业绩 80 万元的长安电销中心绩优行销主任陈慧书认为，不管客户抱怨的是什么，“愿意说的就是好客户”。比如，客户接电话后一股脑地抱怨。这时，她总是先扮演倾听者的角色，她认为只要客户没有挂断电话就有机会，客户抱怨证明客户重视这个业务，让他讲完就好了。对于那些直接挂断电话的客户，她也有正面的诠释，“那也很好啊，代表他没有需求，我们不用浪费彼此的时间”。就算成功让客户不挂电话，她也会在最短的时间内讲重点，她的成功关键就是让客户从给出 1 分钟，到给出 40 分钟，进而成交。

（资料来源：张玉琦．话都还没说完，就被客户挂电话！电销这么难，她如何创下单日 80 万的业绩记录?[EB/OL]．(2017-05-08)[2021-12-29]．https://www.managertoday.com.tw/articles/view/54401．引用时有微调）

只有掌控情绪才能调动情绪。温斯顿·丘吉尔说：“在你能够以情动人之前，你自己心里必须先充满感情。在你能够催人泪下之前，你自己必须先流泪。要使他人信服，你自己必须先相信。”所以，当电话营销人员无法控制自己的情绪时，就很难用情绪去调动客户的情感，让他们与自己成交。很少有人真正意识到，有时自己取得的成功，并不是仅仅取决于自己所拥有的专业技能，更取决于当时的状态。

如果细心观察自己身边的那些电话营销人员，就会发现一种有趣的现象：即使是一位平时表现非常优秀的电话营销人员，在他状态不佳的时候，辛苦一整天也会一无所获；而一位平时看起来普普通通的电话营销人员，如果他今天遇到喜事，精神很好，处于巅峰状态，则完全有可能突然创造出不同凡响的营销业绩。

四、情绪产生的过程

既然情绪掌控对于电话营销人员这么重要，那么在讨论如何去调整自己的情绪之前，必须要先了解一个关键问题——情绪是如何产生的？

是否曾经有过有气无力、非常沮丧的情绪经历？好好地思考一下是如何做到让自己沮丧的呢？

这个问题看似摸不着头脑，但值得用心思考，好好地回忆。如果刚才本是非常开心快乐的，为什么会很快变得忧愁、沮丧起来？在这中间是不是发生了某些事情？

如果认为是因为某些事情才让自己变得沮丧的，再好好想一想，究竟是什么样的事情，它是如何发生的？

（一）外界刺激

情绪的根源是什么？没错，情绪来自内心的想法。很多时候，人们经常听到电话营销人员说类似这样的话：

“都是这个客户，今天说好和我签单了，但现在找不到人，害得我心情不好。”

“是那个客户在电话中骂了我，我才不舒服的。”

“因为他拒绝了我，所以我才不想打电话的。”

“因为公司分配不公，我心里很不平衡，我觉得这对我太不公平了。”

上面的这些描述中，有一个共性。这个共性就是很多时候人们都把自身的情绪来源归结于外部世界，是外部世界让自己不开心的。抱着这种想法的人，天天都受外部世界的影响，而没有办法真正地掌握自己，结果是害人害己。比如前面举的例子，因为客户在电话中骂人，导致电话营销人员被激怒，如果愤怒爆发，伤害了客户，也伤害了自己。还有一种可能性是控制，电话营销人员控制自己的情绪。本来很愤怒，但转念一想，那是客户，不能愤怒，所以就把这种愤怒压制了下来，但这会伤害到电话营销人员的身体。

这种负面情绪会通过身体表现出来，比如通过难以控制大声讲话、语无伦次等行为特征，人们会判断出：电话营销人员现在处于一种愤怒的情绪中。但如果此时电话营销人员内心在自言自语“哎，你看，你又被客户骂了，他们说得不错，你真的不适合做这一行的，客户都不喜欢你”。这样的内心活动，同样会通过身体表现出来，如看起来无精打采、愁眉苦脸等，人们通过观察，可以判断他可能处于自责、沮丧、悲观的情绪中。

（二）思考方向

在遇到被取消采购计划的消息后，电话营销人员马上不由自主地调整了自己的思考方向，想到为了这个客户，曾经付出过多少艰辛的努力，打了多少个电话，而且原本这个月的销售任务可以顺利完成，还可以拿到额外的奖金，可是现在这一切都化为乌有了，心情马上悲伤起来。

（三）身体语言

受了外界刺激，改变了思考方向还不足以让一个人沮丧，还需要调整自己的身体动作，原本高昂的头颅耷拉了下来、弯着腰斜躺在椅背上、双手无力地放在大腿上、眼神黯

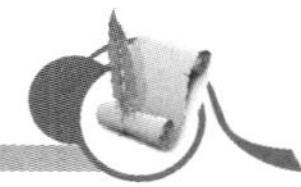

淡无光、讲起话来也有气无力，自怨自艾起来。

在这一切的“努力”与“配合”之下，这个人从之前的快乐、自信变得沮丧、伤心。

可见，要产生某种情绪，首先人得受到一种外界的刺激，打断现在的思维；其次需要在这种刺激的作用下，调整思考方向；最后再调整自己的身体语言去配合思考方向，就形成了积极或者消极的情绪。这就是情绪产生的全过程。

五、营销行业人员不佳情绪产生的原因

美国密歇根大学心理学家南迪·内森的一项研究发现，一般人的一生平均有3/10的时间处于情绪不佳的状态，因此人们常常需要与那些消极情绪作斗争。对于从事营销行业的人来说，一些不佳情绪主要是由以下几个因素引起的。

一是客户拒绝太频繁，加上有的客户态度非常恶劣。

二是业绩压力太大，公司定的目标好像永远都不能完成。

三是别人业绩好，也会对自己形成压力。

四是工作内容单调重复，缺少变化。

五是公司的活动空间小，局限在室内。

【案例9－2】

9点整，电话响了。

电话营销人员：“早上好，刘经理，我是舒冰冰，南方人才市场的。”

客户：“您好，冰冰！不好意思我们这个星期可能要换到另外一个地方去招聘了。”

电话营销人员：“为什么呢？”

客户：“我们打算去东站那边招聘了，那边刚开业，有很多优惠，我们也想去试试。”

电话营销人员：“哦！没关系的，有比较才有选择嘛，这样很好，希望您下次能照顾我。”（这是当天这位电话营销人员接到的第一个悔约电话，不过电话营销人员冰冰还是尽量装作很轻松的样子，并强行控制住自己失望的情绪。）

9点半，电话再次响起。

客户：“请问是小舒吗？”

电话营销人员：“是的，请问是刘总吗？（有来电显示。）”

客户：“是的，我是，很抱歉通知你，这次招聘我们就不过来了，因为有其他安排，下次有机会，我们再过去吧！”（话刚说完，电话就挂断了。此时，冰冰心里已经非常难受。要知道，公司每月都有业绩指标，如果营销人员当月业绩不达标，就会面临被淘汰的危险。不过，她还是很勇敢地挺住没出声。）

11点，电话再次响起，这一次是与冰冰关系最好的客户王总打来的。

客户：“请问是冰冰吗？”

电话营销人员：“是的，王总，请问有什么可以帮助您？”

客户：“实在不好意思，我们这次恐怕不能过来了。”

（资料来源：李向阳，舒冰冰．打遍天下：拿到订单的电话营销实战案例［M］．北京：人民邮电出版社，2006.）

六、情绪的调整与控制

情绪调整与控制，就是用对的方法，正确的方式，分析自己的情绪，理解自己的情绪，然后调整、放松自己的情绪。通过研究个体和群体对自身情绪和他人情绪的认识、协调、引导、互动和控制，充分挖掘和培植个体和群体的情绪智商、培养驾驭情绪的能力，从而确保个体和群体保持良好的情绪状态，并由此产生良好的调整与控制效果。

简单地说，情绪调整与控制是对个体和群体的情绪感知、控制、调节的过程，其核心必须将人本原理作为最重要的调整与控制原理，使人性、人的情绪得到充分发展，人的价值得到充分体现；是从尊重人、依靠人、发展人、完善人出发，提高对情绪的自觉意识，控制情绪低潮，保持乐观心态，不断进行自我激励、自我完善。

情绪的调整与控制不是要去除或压制情绪，而是在觉察情绪后，调整情绪的表达方式。有心理学家认为，情绪调节是个体调整与控制和改变自己或他人情绪的过程。在此过程中，通过一定的策略和机制，使情绪在生理活动、主观体验、表情行为等方面发生一定的变化。这样说，情绪固然有正面有负面，但真正的关键不在于情绪本身，而是情绪的表达方式。以适当的方式在适当的情境表达适当的情绪，就是健康的情绪调整与控制之道。

电话营销人员每天有成千上万的呼出呼入，都是在和不同的客户打交道，其激发负面情绪的机会自然也就多，比如，难缠的客户、难销的产品、工作的压力、上司的不悦、同事的误解等。营销人员可能在某些时候很兴奋，能打很多个电话洽谈业务。但往往在另一些时候又可能情绪低落，一个电话也不想打，或即使打了一些电话也可能因为情绪的影响而没有达到预期的效果。如果电话营销人员不能控制自己的情绪，保持长期、稳定的热情，业绩就会随着情绪的波动而波动，很难有较大的突破。因此，学会管理自己的情绪，对电话营销人员来说，就显得非常重要。

在受到外界刺激、转变思考方向、调整身体语言以形成最终情绪反应这个情绪产生的过程中，外界发生的刺激是无法改变的，但是可以调整自己的思考方向，使其朝着积极的方向发展。下面和大家分享几种关键性的情绪调整方法。

（一）心理调节法

1. 心理暗示法

心理学家米切尔·霍德斯说过：“一些人往往将自己的消极情绪和思想等同于现实本身，其实，人们周围的环境从本质上说是中性的，是人们给其加上了或积极或消极的价值，问题的关键是你倾向选择哪一种。”这句话简单来讲，就是戴着情绪的有色眼镜看世界，所看到的世界已经被情绪染上了颜色。因此，应时刻记住，世界不会因一个人而变！

所以，在工作生活中遇到困难产生急躁情绪时，有必要给自己暗示，提醒自己不能被情绪左右，才能保持良好的心态应对工作，积极生活。

从心理学角度讲，这就是个人通过语言、形象、想象等方式，对自身施加影响的心理过程。这个概念最初由法国医师库埃于1920年提出，他的名言是“我每天在各方面都变得越来越好”。自我暗示分为积极自我暗示与消极自我暗示。积极自我暗示令人们保持好的心情、乐观的情绪、自信心，从而调动人的内在因素，发挥主观能动性。心理学上所讲的“皮格马利翁效应”也称期望效应，就是讲的积极自我暗示。而消极自我暗示会强化人们个性中的弱点，唤醒人们潜藏在心灵深处的自卑、怯懦、嫉妒等，从而影响情绪。

与此同时，可以利用语言的指导和暗示作用，来调适和放松心理的紧张状态，使不良情绪得到缓解。心理学实验表明，当人静坐时，默默地说“勃然大怒”“暴跳如雷”“气死我了”等语句时心跳会加速，呼吸也会加快，仿佛真的发起怒来。相反，如果默念“喜笑颜开”“兴高采烈”之类的语句，那么他的心里面也会产生一种快乐的感受。由此可见，语言活动既能唤起人们愉快的体验，也能唤起不愉快的体验；既能引起某种情绪反应，也能抑制某种情绪反应。因此，在生活中遇到情绪问题时，应当充分利用语言的作用，用内部语言或书面语言对自身进行暗示，缓解不良情绪，保持心理平衡。比如默想或用笔在纸上写出下列词语：“冷静”“三思而后行”“制怒”“镇定”，等等。实践证明，这种暗示对人的不良情绪和行为有奇妙的影响和调控作用，既可以松弛过分紧张的情绪，又可用来激励自己。

【小贴士9－1】

电话营销前必须做的心理暗示

(1) 我所接听或拨出的每个电话都是最重要的。

(2) 对方是我生命中的贵人或我将成为他生命中的贵人。

(3) 我喜欢打电话的对方，也喜欢我打电话的声音。

(4) 电话是全世界最快的通信工具。

(5) 我打电话可以达成我想要的结果。

(6) 我拨打下一个电话比上一个电话更有进步。

(7) 我要带给他更多更好的服务，所以我打电话给他。

(8) 我充满热忱，一个感动自己的人，就能感动别人。

(9) 我会成为电话营销的顶尖高手。

(10) 没有人会拒绝我，所谓的拒绝只是他不够了解，我说话的角度也许不是最好的。

(11) 电话是我的终生朋友，我爱电话。

(资料来源：杨丽，任锡源．电话营销［M］．北京：中国物资出版社，2011.)

我国历史上的禁烟功臣林则徐的脾气很大，他为了控制自己的怒气，在中堂挂了一幅写有“制怒”两字的大条幅，以随时提醒自己。心理暗示的基本做法就是给自己输送积极信号，以此来调整自己的心态，改变自己的情绪。具体的暗示方法有多种，如早上起床时，就给自己暗示“今天我心情很好！今天我很高兴！今天我办事一定顺利！今天我一定有好运气!”要不断地给自己暗示，使自己的潜意识接收这些信号。被别人发了脾气时，就立即暗示自己“我不能发脾气！我的忍耐力很强！我的修养很好！我能控制自己!”当听到别人说自己的闲话时，就暗示自己“我不在意别人说什么!”

【案例 9－3】

有位秀才第三次进京赶考，住在一个客栈里。考试前两天他做了两个梦：第一个梦是梦到下雨天自己戴着斗笠打着伞；第二个梦是梦到自己在屋顶上种白菜。这两个梦有点怪，于是秀才第二天一大早就赶紧去找算命先生解梦。

算命先生一听，连拍大腿，说：“你还是回家吧，今年你还考不上。你想想，戴着斗笠还打伞，不是多此一举吗？屋顶上没有土，在那上面种白菜不是白费劲吗?”秀才一听，心灰意懒，回客栈收拾行李准备回家。客栈老板非常奇怪，问：“不是明天才考试吗，你怎么今天就要回家?”秀才如此这般说了一番，店老板乐了：“哟，我也会解梦的。我倒觉得，你这次一定要留下来。你想想，戴着斗笠还打伞，不是说明你这次有备无患吗？屋顶上种菜，那么高的地方种菜，不是高种（中）吗?”秀才一听，觉得很有道理，于是精神振奋地参加考试，居然中了个探花。

这个故事表明，心态积极的人，像太阳，照到哪里哪里亮；消极的人，像月亮，初一、十五不一样。想法决定人们的生活，有什么样的想法，就有什么样的未来。

（资料来源：杨丽，任锡源．电话营销［M］. 北京：中国物资出版社，2011.）

2. 换位思考法

古希腊哲学家埃皮克迪特斯表示：人不是被事情本身所困扰，而是被其对事情的看法所困扰。因此，人们对待生活中出现的各种问题，重要的不在于“是什么”，而在于“怎么想”。如果同他人发生争吵，要学会站在他人的角度上考虑问题。这样，也许会找到矛盾的症结所在。例如，当一个人被激怒时，常会做出过激的行为，但如果此时能够先冷静地分析一下引起愤怒情绪的原因、可能使问题解决的种种方法，并选择其中较为理智、恰当的方法去解决问题，就可以使过分激动的情绪反应得以适当平静，避免过激的情绪反应和行为出现。电话营销人员在与客户交谈的过程中，要让客户感到电话营销人员是站在客户的立场上的，是在为他着想的。如，“以您的情况，是会……不过我们已经为您考虑到了……”“我也知道您最近资金比较紧张，现在我们推出了一个优惠政策……”等。

【案例 9－4】

1960 年，Ben Duffy 在纽约有一家小型的广告代理公司。他听到消息，某大公司正在寻找新的代理商，所以他打电话给该公司的总裁，约定了面谈的时间。这可是一笔巨大的生意，它能使 Ben Duffy 的小公司 BBD&O 一举成名。

Duffy 觉得他必须计划一下这次的会面。于是他去酒店租了一个房间，保证自己不受任何干扰。他琢磨了很久，但仍然没有找到突破口。最后，他自言自语道："如果我是这家公司的总裁，我会想知道代理商的哪些情况呢？"他马上坐下来，写出了一系列问题，然后他把问题削减成十个，并且都准备了答案。

第二天，Duffy 被领进总裁的办公室，在拘谨的自我介绍后，他说："我想您一定想通过今天的会面知道我们公司的一些情况，所以我准备了十个问题，也许您也会对此感兴趣并希望知道答案。""真是太有趣了，"总裁回答说："我做了同样的事情，您愿意和我交换一下各自所列的问题吗？就现在。"Duffy 知道这是决定生意成败的一个动作，他同意了。在看总裁所列的问题时，Duffy 非常惊奇地发现他们列出的问题非常相似。这时候，总裁说："我看了一下，十个问题中有七个是一样的。"Duffy 表示同意。总裁接着说："我觉得我们可以在此基础上进行讨论，得出一个双赢计划。"就这样，BBD&O 这家小公司得到了这笔价值百万元的生意。

（资料来源：杨丽，任锡源．电话营销［M］. 北京：中国物资出版社，2011. 有删改）

3. 正向提问法

因电话营销人员工作本身的特点，电话营销人员容易受到客户的拒绝，甚至偶尔会遭受客户的粗暴对待，所以很多电话营销人员容易陷入烦恼、泄气、伤心、痛苦的负面情绪状态中。久而久之，好像电话营销人员对这些刺激已经变得习以为常，毫不费力便进入这些负面情绪中，导致这一现象的重要原因是他们看待外界刺激的思考方向，严重扭曲了对这些刺激的正常反应。

比如，在电话中遭受到客户莫名其妙的一通痛骂，通常与之对应的正常思维模式就是伤心和失望，而这种思维模式容易将情绪引导到负面，进而影响到与下一个客户的沟通效果。

那么，电话营销人员如何才能迅速扭转自己的思考方向呢？答案非常简单，就是提出一个问题，引导思考方向朝积极的途径前进。

思考本身就是一种问与答的过程，提问会引导一个人的思考方向，进而有可能改变情绪。比如，当被问到在电话营销过程中遇到的最糟糕的事情是什么，很显然，不少人很快就可以从大脑中找到这件"最糟糕的事情"，而当他开始回忆这件"最糟糕的事情"的时候，他的情绪就会在不知不觉中受到影响，从而导致心情低落。

相反，当被问到在电话营销过程中遇到的最开心快乐的事情是什么，不少人就会从大脑中寻找这件"最开心快乐的事情"，当开始回忆"最开心快乐的事情"的时候，很可能获得极佳的心情。

遇到客户不礼貌的拒绝时，如果电话营销人员不断给自己提出“为什么我这么倒霉”或者“为什么客户总是不喜欢我”这样的问题，思考方向就是在寻找支持“这么倒霉，这么不受欢迎”的理由，从而陷入沮丧和无奈之中；相反，如果问自己“从这件事情上，我可以学习到什么”或者“我现在要怎么样去做，才可以让自己重新振作起来”这样的问题，思考的焦点将发生改变，最后可能产生完全不同的结果。

正是因为提出好的问题可以改变一个人的思考焦点和情绪，所以电话营销人员应该多留意自己平时所使用的问句，尽量多使用能够使人振奋、具有建设性、容易造成积极反应的问句，“经营”好自己的情绪。

一个人，无论在什么环境下，都有调整自己心情的自由，关键在于做出何种选择，是问自己“为什么这么倒霉”还是问自己“我现在要怎样做，才能让自己重新开心快乐起来”。情绪好坏的决定权完全掌握在电话营销人员自己手中。

以下问句，就是可以较好地调整自己情绪的问句。

“沮丧、伤心、害怕、逃避可以解决问题吗?”

“如果不能解决问题，为什么不选择积极面对呢?”

“在这件事情上，有哪些好的方面值得我学习?”

“我能够从中学习到什么，如何下次不再犯类似的错误?”

“我应该如何调整自己的心情，使之朝健康快乐的方向发展呢?”

“我现在应该付出怎样的行动，才能得到自己想要的结果?”

4. 自我安慰法

当一个人遇到不幸或挫折时，为了避免精神上的痛苦或不安，可以找一种合乎内心需要的理由来说明或为此辩解。如为失败找一个冠冕堂皇的理由，用以安慰自己，或寻找自己做的是对的等理由，以冲淡内心的不安与痛苦。这种方法，对于帮助人们在大的挫折面前接受现实，保护自己，避免精神崩溃是很有益处的。因此，许多人遇到情绪问题时，经常用“胜败乃兵家常事”“塞翁失马，焉知非福”“坏事变好事”等来进行自我安慰，以此摆脱烦恼，缓解矛盾冲突，消除焦虑、抑郁和失望的负面情绪，达到自我激励、总结经验、吸取教训的目的，保持情绪的安宁和稳定。

【小贴士 9－2】

电话营销情绪调节的净水法则

让一杯混浊的水重新变得清澈，通常有以下几种方法：沉淀法、稀释法、蒸馏法、过滤法、替换法、化学法。

1. 沉淀法

古希腊传说中有一个关于“仇恨袋”的故事。“仇恨袋”有一个特性，如果它挡住了

一个人的去路，这个人想把它踩扁，然后从它身上跨过去，那么就犯错了，因为这个“仇恨袋”会越踩越大，最后变得像一座山那么高，人们永远也别想通过了。那如果遇到“仇恨袋”该怎么做呢？唯一的办法就是，别去碰它，置之不理，这样，“仇恨袋”就会慢慢地变小，直到变得扁扁的，像一张纸片，人们轻易地就可以跨过去。就像一杯浑水，如果不去摇动或用其他东西搅动，要不了多久，这杯水中的泥沙就会沉淀下来，上面的水就会变得清澈。电话营销人员在工作中经常会遇到不顺心的事，导致心情很不爽。这时，不要老惦记那些让自己不愉快的事，暂时放下它，就当这些事没有发生，过了一段时间，心情自然就好了。

2. 稀释法

一杯浑水，如果将它无限稀释，最后也会变得清澈。同样，如果电话营销人员很不开心，完全可以通过其他途径来稀释心中的不愉快。电话营销人员可以通过看电影、逛街、打球、散步等活动来稀释心中的不愉快，痛痛快快哭一场也是一个好办法。

3. 蒸馏法

蒸馏法又称提升生命价值法，简单地说，就是工作后积极“充电”，增强自身竞争优势，活出自信。如果电话营销人员个个都很专业，经验很丰富，能力很强，遇到问题能够轻而易举地解决，那么工作起来当然充满自信，就算有点小挫折，也很容易消化掉。如果电话营销人员能够通过学习、总结，不断提升能力，那么自身抵御外界伤害的能力也会增强。

4. 过滤法

过去，人们在洗头时，因为没有现在的洗发水，就用稻草灰浸泡过的水来洗头。具体做法是先用火把稻草秆烧成灰，然后泡到水里，过一会儿，用纱布把稻草灰过滤掉，用剩下的水洗头。泡过水的稻草灰是不需要的，借助一块纱布就可以将它滤掉。同样，电话营销人员希望过得开心、快乐，不希望与忧愁、恐惧、紧张不安等为伴。电话营销人员可以把忧愁、恐惧、紧张这些负面情绪过滤。电话营销人员可以采用5S① 现场管理法过滤负面情绪，要学会时刻清除掉精神上的垃圾，把那些影响自己工作的负面情绪清理掉，然后重新整理自己的思路。一旦养成这样的习惯，那么电话营销人员每天工作起来就会精神百倍了。

5. 替换法

对电话营销人员来说，想最快地改变自己的心情，就要换一个角度来看待同一件事。乐观的人打开窗户，看到是满天的星星，而悲观的人，只看到了星星后面的乌云。

6. 化学法

科学家通过实验发现香味对调解人的情绪有神奇的功效。如苹果的香味，可以使人镇静，并安然入睡。当电话营销人员心情紧张时，不妨在枕头边，放上几个苹果，苹果散发的清香，可以让心情舒畅，恢复平静。时下流行的香薰理疗，也是利用某些花草的芬芳可以调节情绪这一原理。另外，听音乐缓解心情也属于化学法，不同的音乐有不同的旋律和节奏，当某种音乐的旋律和节奏刚好吻合了当时的神经运动节奏时，也会给人一种特别舒

① 现代企业管理模式，5S 即整理、整顿、清扫、清洁、素养。

畅的感觉，心情也可以得到极大放松。

（资料来源：张一．电话营销控制情绪的六项法则［EB/OL］．（2020－12－08）［2021－12－28］．http：//www．mie168．com/marketing/2010－10/323091．htm．）

（二）行为调节法

1．身体语言调节法

每一种情绪反应的背后，除了有对应的思考方向之外，还有对应的身体语言相配合，即身心合一。也就是说，如果电话营销人员能够主动调整自己的身体语言，包括呼吸、面部表情、肢体动作等，也可以改变自己的情绪，这种调整情绪的方法被称为身体语言调节法。比如，难过这种情绪，对应的身体语言可能是呼吸较弱、面部呆滞、双目无神、肢体僵硬等；而快乐这种情绪，对应的身体语言可能是面带微笑、手舞足蹈、充满活力等。

为了了解调整身体语言究竟对调整情绪有多么巨大的影响力，可以按照以下步骤检验。

请想象，一位乐队的指挥，正站在指挥台上表情严肃地看着乐队，手里面拿着一根指挥棒。如果他感觉指挥棒很重，挥动时动作很慢很慢，好似有气无力一样，而且看起来十分困倦，就好像昨天晚上没有睡过觉一样，还不时打哈欠。做完这些动作之后，请问情绪是怎么样的？

请想象，转换另一种动作，他快速地从椅子上重新站起来，用力搓一搓双手，感觉手心发热，然后用力拍几下巴掌，兴高采烈地拿起指挥棒，随着美妙的音乐节奏来回舞动着指挥棒。做完这些动作后，请问情绪是不是完全不一样了呢？

许多人认为是情绪引起人的反应，也就是说，忧愁的时候会哭，恐惧的时候会发抖。但是，心理学研究表明并不完全是这样，有时恰恰相反。人们会因为哭而发愁，会因为发抖而感到恐惧。也就是说，人的情绪是可以由行为引发的。所以当情绪不佳时，不妨试着笑一笑，因为快乐是所有情绪中最受人欢迎的，而笑也是改变情绪最快的方法。

【小贴士9－3】

如何借助身体语言调节情绪

当有意识面带微笑，表情非常亲切友善时，内心会产生好的情绪，人甚至会随之兴高采烈起来。

当有意识地放松肌肉并且深呼吸时，可以与内心的恐惧感相抗衡，从而变得自信起来。

当保持挺拔且自信的姿势，用很稳定的声音说话时，会觉得更有勇气，也更坚强。

当大声地唱出来或者在疲惫时跳一跳，会感觉到更有活力和更开心，影响力更强。

当处于一种能令人发笑的情景中时，身体中的生物机制已经开始运转，让情绪好起来。

（资料来源：李智贤．电话销售实战训练［M］．北京：机械工业出版社，2011.）

2. 注意力转移法

注意力转移法，就是把注意力从引起不良情绪反应的刺激情境，转移到其他事物上或从事其他活动的自我调节方法。当出现情绪不佳的情况时，要把注意力转移到感兴趣的事上去，如外出散步、看电影、看电视、读书、打球、下棋、找朋友聊天等，这样做可以让情绪平静下来，在活动中寻找到新的快乐。采用这种方法，一方面中止了不良刺激源的负面影响，防止不良情绪蔓延；另一方面，参与新的活动特别是感兴趣的活动可以达到增进积极情绪体验的目的。

3. 适度宣泄法

过度压抑只会使情绪困扰加重，而适度宣泄则可以把不良情绪释放出来，从而使紧张情绪得以缓解，逐渐轻松。因此，当出现不良情绪时，最简单的办法就是适度宣泄。

宣泄的形式可以是同知心朋友抱怨令人恼怒的对象或事情；尽情地向至亲好友倾诉受到的委屈等；通过体育运动、劳动等方式来尽情发泄；到空旷的山林原野，拟定一个假目标大声叫喊，发泄胸中怨气。一旦发泄完毕，心情也就随之平静下来。

但是，必须注意，在采取适度宣泄法调节不良情绪时，必须增强自制力，不要随便发泄不满或者不愉快的情绪，要采取正确的方式，选择适当的场合和对象，以免引起不良后果。以邀约客户为例，客户说好过来听研讨会，最后却没能来，难免让人感到很失落，如果这时给客户打电话表达不满，说他不守信，这样做可能会让情绪得到宣泄，但可能会让客户永远不再参加研讨会，那么之前的努力将付之东流，这个结果并不是之前所希望的。如果换一种思考模式，采用不一样的行动，结果也许会不一样。不妨想一想，也许那天客户的确遇到了急事，作为公司老板，每天都可能有突发的事情需要及时解决，也可能是因为客户的确对研讨会不太了解，出于一些顾虑不愿出席。这种情况下，可以给客户发个短信提醒告知他活动时间，这也不失为一个好方法。

如果情绪体验处于激烈状态，一般的身体调节无法奏效时，电话营销人员可以选择适当的场合，该哭就哭，该笑就笑，该叫就叫，合理地宣泄这种激烈的情绪，尽早开辟良性宣泄的渠道。

4. 交往调节法

某些不良情绪常常是由人际关系矛盾和人际交往障碍引起的。在情绪不稳定的时候，找人谈一谈，具有缓和、抚慰、稳定情绪的作用。因此，遇到不顺心、不如意的事，有了烦恼时，主动找亲朋好友谈心，比一个人胡思乱想、自怨自艾要好得多。另外，人际交往有助于交流思想、沟通情感，增强战胜不佳情绪的能力。

七、电话营销情绪掌控测试

请完成以下测试，根据感觉，在表 9－1 的对应答案上面打“√”。

表 9－1　　电话营销情绪掌控测试

测试类型	是	否
1. 客户很粗鲁地拒绝我时，我难过的心情将持续很久		
2. 我喜欢和别人谈论“电话营销真难做”类似的话题		
3. 一到公司，我就觉得很紧张，拿起电话更加紧张		
4. 我很害怕和陌生的客户交流		
5. 遇到不开心的事情时，我总是闷在心里面		
6. 遇到无理取闹的客户时，我很烦恼		
7. 我总觉得自信心不够		
8. 身体总是很僵硬，总觉得无精打采		
9. 早会或者午会时，我不想参与激励的活动		
10. 我从来没有问过自己“这件事情好的一面是什么”“我现在应该如何做，才能让自己快乐起来”这样的问题		
测试评分结果： 7～10 个“是”——情绪管理能力一团糟，电话营销可能是一份不快乐的工作 3～6 个“是”——渴望拥有健康快乐的心情，不过有时感到难以控制情绪 0～2 个“是”——办公室的开心果，总是满面春风		

资料来源：任锡源．从零开始学电话销售全集［M］．北京：中国言实出版社，2010.

任务实训

看电影学情绪管理：2015 年上映的影片《头脑特工队》讲述了小女孩莱莉因为爸爸的工作变动而搬到旧金山，她的生活被怕怕、怒怒、乐乐、厌厌、忧忧这五个情绪小人所掌控，尽展脑内情绪的缤纷世界。学生需提前观看影片，并提交读后感，教师组织课堂讨论情绪的产生与调节。

复习思考

1. 情绪在电话营销中的重要性体现在哪些方面？
2. 情绪是如何产生的？
3. 电话营销人员情绪不佳时，可以采用哪些调节情绪的方法？
4. 心理调节法包括哪些调节情绪的方式？
5. 行为调节法包括哪些调节情绪的方式？

案例分析

电话营销人员："您好，请问您是136××××××××的机主吗？"

客户："是的，您哪位？"

电话营销人员："先生您好，我是××的客服代表，这次给您打电话是想邀请您参加'充话费，送流量'的活动，您开通此项业务后只需一次性充1000元话费就能免费使用20G流量4个月，请问您需要开通吗？"

客户："送几个月？"

电话营销人员："4个月。"

客户："小姐，你能详细介绍一下吗？"

电话营销人员："我刚才不是和您说了吗？充1000元话费就能免费使用20G流量4个月。"

客户："那你说的赠送流量是每个月20G流量，送4个月，还是4个月一共赠送20G流量？如果中途我不想用了该怎么办呢？"

电话营销人员："连续4个月每月赠送20G流量。"

客户："如果期间你们又推出其他赠送流量的活动，流量赠送活动能不能顺延？"

电话营销人员："我之前就说了是连续4个月赠送，不能延后。"

客户："你这什么态度啊？还是算了吧！我不开通了！"（客户直接挂断电话）

问题：

请从情绪的角度点评案例中电话营销人员的表现。

任务十　客户异议及处理

学习任务

1. 了解客户异议产生的原因。
2. 把握客户异议处理的原则。
3. 掌握客户异议处理的策略。

情景案例

电话营销人员："您好，××旅行社，请问有什么可以帮忙的？"

客户："你好，是小黄吧？"

电话营销人员："是我，请问您是哪位？"

客户："我是××公司行政部的，前几天我让你考虑一下我们旅行费用的问题，不知你考虑得怎么样了？"

电话营销人员："原来是章经理，您好！我跟我们领导请示过，为了以后能长期合作，我们会给您提供最优惠的价格，每人××。"

客户："价格还是贵了点，我们可是组团去啊，就不能再便宜些吗？"

电话营销人员："刚才我给您报的价已经很实惠了。要知道在旅游旺季去三亚，单是个人来回机票就得三千多元呢，住宿费用，五天少说也得一千元。但这两项已经比个人自助游的费用低了不少呢。另外，我们给您这边安排好了观景线路，保准将三亚的著名景区囊括其中。"

客户："旅行团自然比个人旅行花费少，在这点上我没有疑问。但我知道有一家旅行社的观景线路安排和你们几乎一样，还有机票价格和你们也是一样的，可是人家的旅游费用每人便宜了足足五百元呢！"

电话营销人员："关于观景线路和交通，您确定是一样的吗？"

客户："确定！"

电话营销人员："既然旅游路线和飞机情况差不多，那请问住宿情况呢，也是四星级酒店吗？"

客户："好像是什么特色酒店。"

电话营销人员："这就对了，很多不正规的旅行社打着特色的幌子欺瞒消费者，据我所知，这种酒店的住宿条件比较差。关于这一点，如果您不相信的话，可以多方调查一下。我相信，没有人会愿意在一天的疲劳旅行后，还要面对不舒服的睡眠环境。我们的价格较高，是因为我们提供的服务价值更高，您说对吗？"

客户："你说得很有道理，那价格方面我再和老总商量一下吧。"

（资料来源：王宏．电话销售人员超级口才训练［M］. 北京：人民邮电出版社，2010.）

案例点评

客户提出异议的真实理由通常是比较隐蔽的，电话营销人员可以借助提问，将产生异议的原因具体化。一旦异议变得具体，电话营销人员的释疑工作也就更具针对性，借助一些处理异议的策略就能有效消除客户的疑虑，促成交易。

知识体系

一、客户异议的内涵

客户异议是指在销售过程中，客户对电话营销人员的不赞同、提出质疑或拒绝。客户

表示异议并且打断电话营销人员的话，客户针对某个具体问题拖延签订合同，或者客户对电话营销人员进行言语攻击，这些都是电话营销人员可能会遇到的情况。

电话营销作为备受企业青睐的营销模式，是已经被市场证明了的行之有效的营销模式。但是其中的苦痛也只有电话营销一线人员才知道。消费者越来越强的“抗体”使得电话营销中的沟通变得越来越困难。

电话营销新人很容易对客户异议有厌恶的看法，甚至在遇到客户异议时容易有挫折感和恐惧感。但是，对一个有经验的电话营销人员来说，他通常可以从不同的角度来感受客户异议并听出其他的含义。销售学上有句话：挑剔的客户是好客户。所以如果客户有异议，其实从某种程度上来说他就是潜在客户。因此有效处理客户异议十分重要，这类潜在客户决定是否购买往往取决于电话营销人员能否妥善解决客户异议。

二、客户异议产生的原因

客户的异议其实正说明了客户的兴趣、关注和顾虑。寻找其背后的原因将有利于电话营销人员发现解决问题的关键所在，从而有针对性地制定应对策略。客户异议有的是因为客户而产生，有的是因为电话营销人员而产生。

（一）客户自身的原因

客户自身的原因主要包括以下三个方面。

1. 理性原因

通常客户会基于自身的经济状况、使用情况和对同类产品及技术的了解而表达对产品的不认可，如不合适、价格过高、技术落后等。但更多的时候，客户会因为信息不充足或缺乏经验而产生错误的理解。这时，电话营销人员能否给出真实而有说服力的解释就显得尤为重要。

2. 感性原因

感性导致的客户异议比较多，通常包括以下几种情况。

（1）因为情感和心理上的不满和恐惧

比如，客户会在采购过程中在乎别人（特别是上级和同事）的看法，同时会考虑到是否影响在下属心目中对自身专业素质和技术水平方面的评价。如果客户所在的组织正处于动荡期或其本身地位不稳固，就会对是否存在一些意想不到的风险和麻烦特别在意。一般情况下，许多客户异议其实缺乏道理，仅仅是源于当事人对某些事物持消极的态度和错误的看法。

（2）客户拒绝改变

许多人对改变都会习惯性地产生抵触情绪。电话营销人员的工作或多或少会给客户带来一些改变。如从目前使用的某品牌转换成另一种品牌，从目前可用的预算中拿出一部分来购买未来的保障，等等。

（3）客户的情绪处于低潮

当客户的情绪正处于低潮时，可能没有心情谈话，这种情况下也容易提出异议。

（4）借口、托词

客户不想花时间来谈，所以会找一些借口、托词拒绝。

（5）客户抱有隐藏的目的

客户抱有隐藏的目的时，会提出各种各样的异议。

3. 战术原因

客户会寻找不存在的缺陷，或将不足扩大，以便进行策略性试探，增加手中的砝码。寻求价格上的让步，在谈判中提高主动权。

（二）电话营销人员的原因

对于电话营销人员自身原因导致的客户异议，需要多加注意。电话营销人员本身应该加强自身修养，并注意在工作中总结经验教训，以避免自身原因导致的客户异议。

（1）电话营销人员无法赢得客户的好感

如语气、态度让客户感到反感。

（2）电话营销人员做了夸大不实的陈述

如以不真实的说辞哄骗客户，结果带来了更多的异议。

（3）电话营销人员使用过多的专业术语

如专业术语过多，使客户觉得无法理解，怀疑该产品是否能够使用，由此提出异议。

（4）事实调查不正确

电话营销人员引用不正确的调查资料，引起客户异议。

（5）不当的沟通

电话营销人员说得太多或听得太少，无法把握住客户的需要，因而产生异议。

（6）展示失败

电话营销人员展示失败，立刻遭到客户的质疑。

（7）电话营销人员姿态过高，让客户理屈词穷

如电话营销人员处处强势，让客户产生不愉快的感觉，提出主观异议。

电话营销人员只有了解客户异议产生的原因，才能更冷静、客观有针对性地解决客户异议。

三、处理客户异议的原则

（一）做好充分的准备工作

“不打无准备之仗”，这是作为一名电话营销人员在遇到客户拒绝时要遵循的一个基本原则。在营销开始之前，电话营销人员要充分估计有可能出现的客户异议，做到胸中有数。这样，就算遇到难题，也有办法从容地应对。相反，如果电话营销人员没有提前做好准备，就可能导致自己在面对客户异议时不知所措，这样一来，客户不能得到满意答复，交易难以达成。所以说，良好的准备工作可以帮助电话营销人员消除客户异议。

那么如何制订客户异议标准应答手册呢？

第一，把平时遇到的客户异议写下来。

第二，把这些客户异议进行分类统计，依照出现的次数多少排列，出现频率最高的异议排在前面。

第三，以集体讨论的方式编制适当的应答语，并编写整理成文章。

第四，相互扮演客户和电话营销人员，轮流练习标准应答语。

第五，对练习过程中发现的不足，通过讨论进行针对性修改。

第六，练习修改后的应答语，并最后定稿备用。

第七，装订成小册子发给大家，以供随时翻阅，达到运用自如、脱口而出的效果。

（二）选择恰当的时机

对几千名电话营销人员的研究表明，一名优秀的电话营销人员遇到客户激烈反对的可能性是其他电话营销人员的1/10，原因是优秀的电话营销人员常常能恰当地选择时机解决客户异议，给其一个满意的答复。在合适的时机解决客户异议，就是要在消除异议负面性的情况下，充分发挥异议积极的一面。处理好客户异议，并且把握好处理客户异议的最佳时机是电话营销人员的基本功。

电话营销人员对客户异议答复的时机选择主要有以下四种。

1. 防患于未然

在客户异议尚未提出时就先解答，防患于未然。这是消除客户异议的最好方法。电话营销人员觉察到客户会提出某种异议时，就先在客户提出之前主动提出并给予解释。这样电话营销人员可以争取主动，先发制人，从而避免因纠正客户看法或反驳客户的意见而引起客户的不满。

有些电话营销人员可能会有疑虑：客户还没提出来，我怎么提前知道呢？实际上，电话营销人员完全有可能预先揣测到客户异议，并抢先处理。因为客户异议的发生有一定的规律性。如电话营销人员与客户谈论产品的优点时，客户很有可能会从最差的方面去琢磨问题。有时客户没有直接提出异议，但他们谈话的用词和声调中有可能流露出信息。电话营销人员只要认真倾听，觉察到变化，就可以争取主动，抢先解答。

2. 立即回答

大多数的客户异议需要立即回答。这样既是对客户的尊重，又可以促使客户购买。如某些客户异议关系到客户关心的重要事项，若不解决销售谈判就无法继续下去，而客户异议一旦解决，客户有可能马上签单。

3. 延后回答

针对有些客户异议，电话营销人员可以暂时不用答复，选择延后回答或保持沉默，这些客户异议主要有以下几种情况。

模棱两可、含糊其词。

不是三言两语就可以解释的。

显然站不住脚，不攻自破。

超过了电话营销人员的讨论范围。

背后明显另有原因，但还不清楚。

涉及较深的专业知识，电话营销人员解释不易，无法让客户马上理解。

超出电话营销人员的权限或不真实。

4. 不置可否

有很多客户异议是不需要回答的，电话营销人员不必跟客户作口舌之战。主要有下列几种情况。

无法回答的奇怪问题。

容易造成争论的话题。

废话、戏言。

具有不可辩驳的正确性。

明知故问型的发难。

电话营销人员面对这些情况时可以选择不置可否，如用语气词“嗯”“啊”“哦”等应对，或是装作没听见，按自己的思路说下去，或是答非所问，悄悄转移话题，还可以小幽默一番。

（三）要有诚恳的态度

面对客户异议时，电话营销人员心情急躁是正常的。但是，为了达成交易，电话营销人员必须调整态度，让客户感到电话营销人员明白并尊重他的异议。客户只有在觉得被尊重、相信电话营销人员会全力以赴解决问题的时候，才愿意继续交流，并提供更多的信息。诚挚倾听和热情回应是良好态度的重要表现。电话营销人员可从以下几个方面来表明自己的诚意。

1. 勇于承担

“对不起，这是我们的责任……”

“对不起，我们会改进的……”

2. 站在客户的立场上

“以您的情况，是会……不过我们已经为您考虑到了……”

“我也知道您最近资金比较紧张，现在我们推出了一个优惠政策……”

3. 保证马上行动

“我这就给老板打电话……”

“我马上把资料发过来……”

4. 说明答复或解决问题的时间

“我明天上午十点给您答复好吗?”

“今天上午十一点我们就派人把试用品给您送过去……”

（四）进行积极询问

客户异议的背后原因一般很复杂，而且难以琢磨。电话营销人员要积极地询问才能找出真正的原因。在没有确认客户反对意见的重点及反对程度前，电话营销人员直接回答客户的反对意见，往往会引出更多的异议。因此，积极询问就显得尤为重要了。

要多问几个为什么，让客户说出真实原因。因为当客户被问到为什么的时候，通常会回答反对意见的理由，说出自己想法的同时会潜意识地重新审视提出的反对意见是否妥当。而且，电话营销人员采用开放式询问会更有利于客户说出异议的全部。参考话术如下。

“除了价格外，我们还可以在哪些方面进行改进呢？”

“您对我们的产品还有什么看法？”

“您认为我们的产品还需添些什么功能呢？”

（五）切忌与客户争辩

无论客户批评什么，电话营销人员都要注意不和客户进行争辩。客户都比较喜欢被认同，接电话不是为了争个面红耳赤。与客户争辩可能会导致客户随时结束谈话，更不用说实现产品的成交了。与客户争辩，吃亏的永远是电话营销人员。

（六）给客户留面子

对于客户的意见，电话营销人员不要去管是对还是错，是深刻还是幼稚，而是要予以尊重，不要给客户一种被轻视的感觉。电话营销人员要尊重客户的意见，讲话时要面带微笑，听客户讲话时要专心致志，回答客户的问题时语气要柔和，注意礼貌。

四、处理客户异议的 LSCPA 模式

在处理客户异议的 LSCPA 模式中，L（Listen）是指细心聆听，S（Share）是指分享感受，C（Clarify）是指澄清异议，P（Present）是指陈述方案，A（Ask for Action）是指行动要求（见图 10－1）。

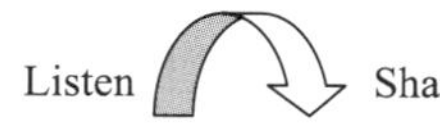

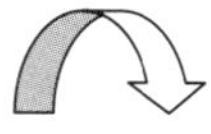

L——细心聆听：倾听客户的担忧，确认真正的反对理由

S——分享感受：站在客户的角度为其分忧解难

C——澄清异议：对于客户的担忧加以解释，以确认问题真正所在

P——陈述方案：针对客户的忧虑，提出合理建议

A——行动要求：对于提出的建议，要征求客户的最终同意

图 10－1　处理客户异议的 LSCPA 模式

资料来源：张超．万金系一线：电话销售实战技巧［M］．北京：机械工业出版社，2011.

（一）L——细心聆听

客户对产品产生兴趣后，可能会考虑质量是否优秀、价格是否优惠等问题，电话营销人员要仔细倾听客户异议，找出真正的原因。细心聆听的应对话术如下。

“您能说得更详细些吗?”

“麻烦您再解释一下好吗?”

“您的想法很有意思。”

“好，我明白了。”

“我会尽可能地帮您找到喜欢的产品的。”

如果电话营销人员这么说了后，客户还是没有消除疑虑，可能是因为他还有些担心电话营销人员是否真正了解其想法、需求。

（二）S——分享感受

客户需要自己的看法被肯定，感受被理解，希望电话营销人员用专业知识帮助找到满意的产品。分享感受的应对话术如下。

“我也有同样的感受。”

“我能明白您的感受。”

“我知道您的意思了，您是担心……”

“我知道这种时候会有很多困难……”

“很多客户都这么说，所以我不会对您的想法感到奇怪。”

电话营销人员对客户的想法表示肯定后，客户会想：他是否真能理解我的感受呢？真的像他说的那样吗?

（三）C——澄清异议

这时，客户就会说出他真正担心的是什么，或者表示电话营销人员的陈述使自己产生了误解，这时电话营销人员的澄清是十分重要的。澄清异议的应对话术如下。

“如果我没理解错的话，您是担心……”

“我是否可以这样理解，您觉得真正的问题是……”

“您先别急，听我解释一下好吗?”

“从另一个角度看，这个问题是……”

“我自己也常会有这样的想法，问题在于……”

（四）P——陈述方案

澄清客户的误解后就万事大吉了吗？答案是否定的。电话营销人员应该拿出一个合理的方案或建议去切实解决问题。电话营销人员需要详细陈述方案，确认该方案正是客户需要的。陈述方案的应对话术如下。

“我有一个建议，不知您觉得可不可行?”

“还有一种可能性就是……”

“关于这个问题，您看我们是否可以……”

“既然我们双方都很有诚意，您看是否可以各退一步呢?”

“前面我已经确认了您的需要，您还有疑问吗?”

（五）A——行动要求

如果电话营销人员提出的建议方案很好，客户也心动了，准备做出让步。电话营销人员要告诉客户这是客户自己的想法，让客户作出选择。因为客户喜欢被重视的感觉。行动要求的应对话术如下。

“您也是这么想的，是吗？真是英雄所见略同。”

“您觉得哪个方案更合适呢?”

“您是觉得这种方案更好，是吗?”

“那样做，您觉得可以吗?”

“您更愿意选择哪种方式呢?”

客户自己作出选择后，就很难再提出别的要求。电话营销人员这时可以松口气了。

表 10－1 是 LSCPA 运用实例。

表 10－1　　LSCPA 运用实例

客户：“我很忙，没有时间看你演示产品。”	
L	不要插嘴，要等客户说完，先不要反问客户。（细心聆听）
S	“当然了，您每天都要处理那么多事情，忙是很自然的!”（分享感受）
C	“除了时间外，还有没有其他原因让您不想看我们演示产品呢?”（澄清异议）
P	“其实，以前有很多客户都是因为太忙而没有用点时间去了解网络推广；但当他们看我们演示产品后，都觉得很有兴趣，而且这对他们公司推广产品和公司品牌有很大的帮助，反正不会占用太多的时间。现在他们基本上都购买了我们的产品，效果还特别好。”（提出方案）
A	“这样吧，我今天刚好要到××去见一个客户，到时也去您那里一趟，请允许我占用您 10—15 分钟的时间简单地演示一下我们的产品，至于是否有效您到时现场辨别吧。您是上午有时间还是下午有时间呢?”（建议行动）

资料来源：杨丽，任锡源．电话营销［M］．北京：中国物资出版社，2011.

五、客户异议的类型及处理

在电话营销人员推销时，会有很多客户以不同的理由拒绝。与客户交谈就像谈恋爱，不懂得交谈背后的心理，就很难得到对方的“爱情”。所以，针对客户的拒绝“术语”，应一一进行分析，千万不要因为听错话而做错事，白白浪费交易的机会。

（一）价格异议

当客户表示产品的价格太高时，他一般会说，“太贵了”“其他地方都在打折”“如果不优惠我就不买了”等。

1. 原因分析

客户提出产品价格太高的时候，有可能是该厂家产品价格确实高于其他厂家产品的价格，客户担心产品卖不出去，自己的利润下降，没有钱赚；还有可能是客户想通过心理战，让价格进一步下调。

如果是在销售的前期，客户就关心价格，肯定有什么问题隐藏着没有说出来，电话营销人员要尽量不与客户就价格方面的问题进行讨论，除非产品十分简单，是客户很熟悉的，否则绝对不要在没有发现客户的问题点和需求之前，通过减价等方式刺激客户购买，应当运用转移话题的方法尽快发掘客户的需求。

如果是在销售的后期，客户提出价格方面的意见是很正常的。不管产品或者服务最终价格是多少，它永远会超出客户愿意支付的费用。每个人都试图用最少的价钱买到最合适的产品，而且十分担心自己购买的价格比其他人高，这是一种本能反应。

2. 应对策略

如果客户说：“太贵了。”这可能意味着客户真的认为太贵，也可能是客户在问“凭什么你的产品值这个价钱”。这时，需要转化问题的定义，将问题向有利于销售的方向引导。

一方面，公司产品售价确实高于竞争对手的产品时。

当销售的产品价格确实比其他竞争对手的产品高时，电话营销人员可以这样回答。

“我理解您为什么有那种感觉，我开始也有这种感受。”

“我调查了为什么我们的产品价格比××公司的稍微高一点，是因为我们的产品……所以我们的产品比较受欢迎。”

“在开始的时候，其他人也是那样认为的。但是后来他们发现，长期收益远远高于最初这些花费。”

电话营销人员使用此种方法，就是先在情感上和客户保持一致，认同客户；而后给出一些解释，从而使问题的讨论向有利于自己的方向发展。厂家产品价格高，不应简单地与竞争对手比价格，而是应该与竞争对手比价值。企业应建立一整套的推广策略、方案与计划。电话营销人员要将这些道理通过理论联系实际的方法，告诉客户，使客户理解、认可与共鸣。

另一方面，公司产品售价与竞争对手产品差不多甚至更低时。

当销售的产品价格和其他厂家或者品牌价格差不多，甚至更低时，可以这样回答。

“您认为我们的产品价格高，是与哪个厂家、哪个品牌的哪种规格的产品相比较呢？”

通过反问客户，电话营销人员可以打消客户以为电话营销人员不了解市场行情故意压价的想法，同时将话题从价格问题转移到公司如何做市场、如何帮助客户推广产品上来。

在此过程中，一定要实事求是。在表述时，要按照习惯做得体调整。当然，问题的解决是关键，同样一个问题，在不同的时机需要有不同的应对方法。具体可以用以下方法应对。

（1）分解价格

应对客户提出的价格过高问题的解决方法之一，就是将价格分解再分解，将差距缩小再缩小。以每月、每周、每天或每小时、每分钟来计算。

【案例 10－1】

客户："你们的财务软件还不错，就是太贵了，居然要5000元，难以想象！"

电话营销人员："李经理，单从表面看是高了点（重复并认可客户的意见），不过我们的软件可以无限次升级，不像其他软件有使用寿命，如果您连续使用10年，平均每年的使用费也就500元，也就是相当于每天一元多而已。再说只用约一元钱就解决您非常头疼的业务员对账问题，其实是很划算的。（客户听到每天约一元钱的时候，再想象一下与业务员对账时候的种种麻烦与冲突，怎么说也比只出约一元钱要痛苦，也就觉得划算了许多）"

（资料来源：李智贤．电话销售实战训练［M］．北京：机械工业出版社，2011.）

（2）重新定义价格

重新定义价格是指，将最终的价格定义为多种费用的组合，如将产品定价定义为购买价格、安装费用、送货费用、售后服务费用、使用成本等费用的组合，这样就等同于将实际的价格分解变小。

【案例 10－2】

客户："价格是影响我们决策的重要因素。"

电话营销人员："是的，我能理解。（认可客户的想法），不过我想问一下，您指的价格都包括哪些开支？"（了解具体的定义）

客户："就是购买设备所花的钱。"

电话营销人员："我想价格不仅是指购买设备的钱，而且包括运费和安装费用吧？"

客户："是的，这些肯定也要花钱。"

电话营销人员："我理解到的您提到的价格，除了购买设备的款项，还包括其他的花费。最准确的计算方法应该是'购买价格＋运费＋安装费＋运转费用'，对吧？"（转换价格定义，以更客观合理的方式定义价格）

客户："这样解释价格是最全面的。"

电话营销人员："所以，总体成本实际上是购买价格与运费、安装费及运转费用的总和。"

客户："是，其他安装费与运费都是可以一次性计算的。"

电话营销人员："有道理，我们都认可了这一点，即价格是影响您决策的最重要的因素，主要是购买成本和运转成本等，您需要好好计算一下。"

客户："没错，确实要这样计算。"

电话营销人员："您还要考虑设备在整个使用年限内的运转费用。"

客户："那当然，一旦设备启用了，这个费用就会产生，小数怕长计，多年下来可不是一笔小数目。"（最终对价格构成达成共识）

（资料来源：张烜搏．精准电话销售：转化率倍增的实战技巧与口才训练［M］．北京：人民邮电出版社，2020.）

（3）与竞争对手比较

客户提到价格比较高，通常会有个对比，常见的就是客户将产品与同类品相比较，如果电话营销人员很了解竞争对手的缺点，与之相比也是很好的方法。

【案例 10－3】

客户："你们的价格比另一家公司高了 10%。"

电话营销人员："这个确实有可能。您也提到，之所以选择我们公司的产品是因为我们提供三年的保修服务，而其他公司只提供两年保修服务。您也知道，第三年机器出问题的概率要比前两年大很多，对吧？一旦第三年机器出问题，维修费用少则几百元，多则几千元，给您造成的损失远远高于这 10% 的价格差了。所以，我们的价格也算公平合理了，您觉得呢？"

（资料来源：张烜搏．精准电话销售：转化率倍增的实战技巧与口才训练［M］．北京：人民邮电出版社，2020.）

（4）做出让客户开心的适当让步

客户提出价格方面的反对意见实在是很自然的事，因为很多公司在培训电话营销人员的时候就留了一手，毕竟大部分的公司都希望能够将商品以较高的价格卖出，多获得一些利润，所以会给电话营销人员留有底线，由电话营销人员自行掌握。

即使是留有底线，如果遇到特殊情况，为了最后达成交易，其实还是有一些让步余地的。原本留有余地，给客户做出适当的让步是一件很好的事情，满足了客户想要优惠的心理。但是如果操作不好，反而会引起客户的怀疑，认为商家赚了很多钱，造成负面影响，将好事变成坏事。因此，在让步策略中，电话营销人员可以先做一个大的让步，如果客户还有要求，再做一次小的让步，客户如果仍然要求，最后做一次微小的让步。在此过程中，一定要让客户明白每一次让步都是很不容易才争取来的，电话营销人员是和他站在同一战线的，要让客户以为是电话营销人员想做成这笔生意，获得销售业绩，也希望公司能够给予最大的优惠。

当然，价格让步也可以表现为其他形式，如增加售后服务的年限，或者加送礼品等都是很好的方式。只是一定要注意让步的策略，要让客户感到满意，让客户认为以最合理的价格买了最合适的产品。客户关心的不仅是价格是否实惠，还有自己是否很精明、是否有占到便宜的感觉。

（二）时间异议

有些客户在接到电话营销人员的推销电话后会习惯性地说“没时间”“我现在没空”“我正在开会”之类的话。

1. 原因分析

不知道大家发现没有，每当电话营销人员打电话给客户的时候，客户总是很忙，虽然不可否认有些时候客户确实不方便接听电话（可以在声音之中感受到），但是大多数的时候则只是一种借口而已，即客户习惯性地拒绝接听。当有人推销产品时，大多数人想到的就是拒绝，这是一个保险的办法。因为拒绝后还可以回头选择购买，而一旦接受再拒绝就比较困难了。而且，这种拒绝大多发生在对话刚刚开始的时候。

2. 应对策略

在遇到客户提出时间异议时，电话营销人员必须尊重客户所讲的事实，可以运用约定下次交谈时间的方法礼貌地结束通话。或是采用限定交谈时间的方法展开对话，但提出的限定时间不可过长，一般在五分钟之内为宜。在限定的时间里，电话营销人员不要一味地介绍产品的优点，而是应该回避正面交锋，先稳定客户情绪、缓和气氛，然后调整开场白，激发客户的兴趣，挖掘客户的潜在需求或强化其对自身需求的认知。电话营销人员参考话术如下。

“我理解，不过只要三分钟，您就会相信，这是个对您绝对重要的话题。”

“是，我完全理解，对一个谈不上相信或是手上没有什么资料的事情，您当然不会产生兴趣，有疑虑有问题是十分合理的，让我为您解说一下吧……”

【案例 10－4】

客户：“我现在没有时间，我的时间就是金钱！”

电话营销人员：“我知道您的时间很宝贵（重复并认可客户的反对意见），不过，如果我用 3 万元来买您 3 分钟的时间，而且说到做到，您觉得怎么样？”（用 3 万元来买 3 分钟的时间，是带有很强的幽默味道的）

客户：“3 万元买 3 分钟？”

电话营销人员：“是的。”

客户：“你倒说说看，我看你究竟有什么把戏。”

电话营销人员：“是这样的……”（找到客户的问题点，证明解决这个问题之后可以给客户带来超过 3 万元的价值）

（资料来源：李智贤．电话销售实战训练［M］. 北京：机械工业出版社，2008.）

（三）产品异议

有时，客户可能从产品本身提出异议，如针对产品的质量、操作、保修、送货等方面提出质疑，担心某些方面的需求无法得到满足。

1.“你们没有办法帮我送货上门。”

（1）原因分析

客户之所以提出这些异议，主要是因为客户对公司不了解，本来公司可以做到的，客户却认为公司做不到。

（2）应对策略

首先，确定明确的需求，如“我知道您需要送货上门”。

其次，确定这一需求产生的原因，即为什么客户需要送货上门以及客户是否了解公司提供送货上门服务。确定后可向客户表明公司提供送货上门服务并强调该服务对客户的好处，如“我知道节省时间对您很重要，其实我们有送货上门这一服务，将在您下订单的一天后将空调送到您家里，并安装好，这样可以节省您不少的时间”。

最后，确认客户是否接受，如“请问您对这一点还有什么不放心的吗”。

2.“三天才能拿到，时间太长了。”

（1）原因分析

由于公司不具备某些条件，所以可能无法满足客户提出的某一或某些具体需求。例如，对于从事互联网销售的公司来讲，如果客户当天就想拿到他要的产品，而物流却需要三天，这样该公司便无法满足客户当日到货的需求。

（2）应对策略

首先，表达认同，例如“我可以理解您想立即拿到产品的心情”。

其次，提问并找到真正原因，例如“您这么急迫，主要是出于什么考虑”。

再次，强化其他客户已接受的好处，尽可能淡化这一需求的重要性。例如，“这一点确实很重要。购买该产品还可以给您带来许多的附加价值，这些对您来讲确实也很重要。对不对”。

最后，确认客户是否接受，如果客户接受可适时予以宽慰，如“三天很快就会过去，应该没有问题，对吧”。

3.“你们的产品操作起来太复杂了。”

（1）原因分析

有时是因为客户没有认真阅读产品说明书，有时是因为即使看了客户还是认为没有其他产品的操作简单时，这些都会导致客户产生类似的抱怨。

（2）应对策略

当客户说到产品方面的问题时，电话营销人员首先要肯定客户提出的异议，同时让其意识到“世上没有完美的产品”，随后通过强调产品卖点，在感受上给予客户利益补偿，将客户对产品短处的注意力转移到产品的优势上去，引导客户对产品做出“优点多于缺

点”的判断，从而达到巩固和增强客户购买意向的目的。

4. “你们产品的保修期才三个月，太短了。”

（1）原因分析

客户针对售后服务提出异议，说明他已经开始关注产品本身的功能和质量了，由此也不难看出客户已经有了非常明显的购买意向。

在这个阶段，客户对售后服务提出的林林总总的抱怨或是疑问，也正是他们内心活动的真实写照。

（2）应对策略

首先，拉近与客户的距离。通过换位思考，电话营销人员可以体会到，客户表面上是对保修期有异议，但他真正关心的是产品的质量和寿命。客户只是希望通过保修等售后服务，获得对产品质量和使用寿命的一个承诺。电话营销人员如果能消除客户的顾虑，让客户感到电话营销人员在想客户之所想，急客户之所急，自然会增强信任感。

其次，缓解客户忧虑。电话营销人员可以告知客户“本公司产品保修期参照行业标准”，可以将客户抱怨的对象由公司一方扩大到全体同行，在一定程度上可以缓解客户忧虑。

5. “我不习惯用这种产品。”“以前买过，效果并不是很好啊。”

当了解电话营销人员的意图后，客户还可能以用不习惯或产品不好为由拒绝沟通。

“我不习惯用这种产品。”“以前买过，效果并不是很好啊。”听到客户这种抱怨时，电话营销人员会觉得很堵心，同时很委屈。不少电话营销人员可能会说自己作为营销人员，只负责推销商品，商品的质量、售后服务等是公司其他部门员工的工作，为什么电话营销人员要听客户的抱怨，还要向客户道歉。

（1）原因分析

出现这种情况可能有两种原因。

第一，事实。客户提出的异议是实际情况或是有事实依据的。这时，无论是进行辩解还是与客户争论都不是解决问题的好办法，承认客户所指出的问题反而是最好的应对办法。

第二，误解。客户对公司的产品或服务印象不好，这可能是道听途说或是偏见造成的。

（2）应对策略

当客户以产品不好为由拒绝推销时，电话营销人员一定要问清是什么原因让客户产生了这样的想法，然后再解释。不要和客户正面争论，应承认客户的话有道理，再从侧面证明客户的说法是站不住脚的。

没有产品不存在售后问题。客户可能会因为觉得自己“受害”而迁怒于电话营销人员，当发生这种情况时，电话营销人员要做的不是寻找是谁的责任，而是想办法解决问题。所以，电话营销人员应当冷静下来，向客户致歉并提出解决方案，具体可以这样说，“先生，耽误您的时间真是不好意思，您看这样……可以吗?”问题解决了，客户自然就没有抱怨了，而且这个客户很可能因为优质的服务而再次购买公司的产品。或者可以这样说，“您说得一点也没错，公司的产品红火过，也萧条过，但现在我们公司在××方面做了很大改善……您还有什么顾虑和担忧呢？”

电话营销人员对产品或服务了解得越多，消除客户误解的可能性就越大。电话营销人员的任务就是影响并改变客户原有的想法，帮助客户得出一个建立在新的信息基础上的结论。向客户分析和解释曾经产品失败的原因，同时向客户说明现在的公司及相关产品与以前不一样了，可以重新树立客户的信心，激发他的购买欲望。

6. “你们的政策真不灵活。”

（1）原因分析

客户提出的厂家政策不灵活，通常指厂家的结算方式、铺货政策、奖励政策不灵活，原则性比较强。提出这种观点的客户往往有两种目的：一是以此为借口，不愿意购买厂家的产品；二是想购买厂家的产品，但是想获得更优惠的政策支持。

（2）应对策略

第一，客户可能以此为借口，不愿意购买厂家的产品。

对此，电话营销人员可以说，“您认为优惠到什么程度，我们才有可能合作呢？”“这么优惠的条件，我个人没办法答应你，这样吧，我请示一下公司领导后再给您答复，行吗？”

既然客户对厂家的产品暂时没有需求，短期内电话营销人员无论多努力估计效果也不会很好。因此，针对这种借口，电话营销人员既不必做过多的解释，又不要把话说得太死，继续与客户保持联系，说不定以后还有机会合作。

第二，客户想购买厂家的产品，但是想获得更优惠的政策支持。

对此，电话营销人员可以做如下应对，“您能不能讲具体一点，您认为公司哪些政策不灵活？”“您认为我们的××政策，对您来说可能会造成什么样的不利影响呢？”

电话营销人员通过采用这种开放式提问，可以更好地了解客户需要何种优惠政策，了解客户对现有优惠政策的顾虑是什么，同时引导客户从“要政策”的误区中走出来，变“要政策”为“要发展”，最终使客户明白“要发展”就要与厂家合作。

（四）信任关系异议

有时，客户的言语中会透露出不太信任电话营销人员，例如客户说“你们真的可以做到30天内随时送货？”“没有公司可以在这样高的质量下保持这种价格，你们可以吗？”“我觉得你们做不到99%的合格率。”

（1）原因分析

客户的怀疑可能源于他们对电话营销人员以及电话营销人员告诉他们的信息的不信任。这种怀疑态度也很可能受过去的经验影响。

（2）应对策略

对此，电话营销人员可以用以下策略进行应对。首先，表达认同，例如“我知道您现在的想法”；然后，确认问题所在，“您对我们的产品99%的合格率有疑虑，对不对”；接着，提问并找到产生这种怀疑态度的根本原因，“您能不能谈谈为什么会有这样的想法”；

进而，给出相关证据，“那我就清楚了，因为现在这个行业发展很快，由于我们公司在技术方面不断加强，产品合格率去年就已经超过了99%。您可以从我给您的材料里看到这一点”；最后，确认客户是否接受澄清，“您对这一点还有什么不放心的”。

（五）需求异议

如果客户没有需求，劝解起来是很难的，这就像假如一个人要去美国工作，而航空公司却只卖去英国的机票，这种情况下很难使其改变目的地。在电话营销中，当客户说，“目前不需要”或者“需要时再联系”时，无论出于真实情况还是有意推托，电话营销人员都要表现出信任，当然一定不能放弃，仍要争取成交的机会。

1. 原因分析

如果出现上述情形，可能是客户的需求尚不明确或者客户没有需求。

每天都有新的产品面市，每天都有旧产品退出市场。很多情况下消费者不了解自己的需求，所以他们不知道是否选购该产品。比如外包呼叫中心，了解呼叫中心的人都知道它的灵活性和可利用性。呼叫中心可以用于数据清洗、电话调查、电话邀约、机会挖掘等，为企业提高效率、创造财富。可就是这个具有强大功能的外包呼叫中心，很多国内的企业都不曾接触甚至没听说过。说起呼叫中心人们首先想到的是110、114、112等。电话营销人员应该把类似需求不明确的客户作为潜在客户看待，适当地对其加以引导。

对于没有需求的情形，应该说营销是可以控制的，但有一定的难度。电话营销人员，应该寻找最容易控制的营销方案。如果客户是因为没有需求而拒绝沟通，电话营销人员就没必要强求了，因为还有很多其他的潜在客户在等待挖掘，如果把时间和精力都耗在没有需求的客户身上，那失去的可能会更多。

2. 应对策略

需求的定义是客户现状和期望之间的距离，这个距离又被称为客户的问题点，有了问题点，客户就有烦恼和困惑，进而可能产生购买意愿。所以如果客户提出反对意见，十有八九是电话营销人员之前的工作没有做好，这个时候电话营销人员需要做的是赶快让客户的注意力转移到正常的销售轨道上来。

对此，电话营销人员可以这样说。

“我知道这一点。但在这方面，您对哪些产品感兴趣?”

“我先给您发点相关资料，您先了解一下，等您看了我再联系您。”

“我们的产品……”

如此尝试，可多获取有用的资料。比如，潜在客户不想要推荐的打印机，电话营销人员就要想办法知道，客户每天要影印多少文件，这样才能估计哪种类型的产品才能满足客户的需要。

客户对电话营销人员做出“不需要”的拒绝可能是由于电话营销人员喋喋不休地介绍产品或服务，也可能由于刚刚被电话营销人员惹恼了，把怨气发泄在此次的电话营销中。不过，庆幸的是，尽管“不需要”是客户最经常采用的拒绝方式，却是电话营销人员最容易避免的拒绝方式。

【案例 10 -5】

客户："搜索？谢谢，我们暂时不需要，以后有需要的时候我们会给你打电话的。"

电话营销人员："没关系，我理解您的感觉（重复并认可客户的反对意见），以前很多客户都有同样的看法，主要是他们担心通过关键词搜索找不到目标客户。不知道您是出于哪方面的原因不需要呢？"（探寻客户反对意见的真正定义）

客户："哦，我也有同感。我们做程控交换机，主要是找大客户，那些大客户会主动到网上找程控交换机吗？我觉得可能性很小。"

电话营销人员："我明白您的意思了，为什么您会认为大客户不会自己到网上搜索程控交换机呢？"（继续探寻客户反对意见背后的症结所在）

客户："是这样的，以前我们使用过搜索推广，但是在两个月之内收获寥寥无几，所以会有这样的想法。"（这是客户反对的根本原因所在）

电话营销人员："我明白了，如果我是您，也会有同感（认可客户，建立亲和力），顺便问一下，您以前使用的是哪家公司的搜索服务，大概在什么时候？"（继续了解背景之后，就比较容易给出合理的解释）

（资料来源：李智贤．电话销售实战训练［M］．北京：机械工业出版社，2008.）

所以，找到客户的需求是电话营销人员最重要的工作。在与客户进一步交谈前，电话营销人员必须全面收集资料，让客户产生需求，这样才能得到他们的订单。

（六）财力异议

1．"对不起，我现在没有资金。"

很多电话营销人员都有这样的经历，当费尽周折想抓住某位客户时，却被他一句"对不起，我现在没有资金"给打发了。

（1）原因分析

很多电话营销人员都有这样的经历，但如果客户需求是强烈，或者说是紧迫的，"没钱"的借口就不攻自破。电话营销人员不要被这种借口所迷惑，如果出现这种情况，只能说明在介绍产品或者服务的时候，忘记启发客户的需求。客户有可能确实没有钱；有可能有钱，只是拿没钱当借口。

（2）应对策略

客户经常会以没有资金为由拒绝推销，不管这是不是借口，电话营销人员都无力改变，所以电话中电话营销人员不要和客户争论这个问题，应该坚持不相信并恭维客户，继续推销，刺激其购买产品的欲望，同时从侧面了解客户是否还有预算。况且，即使客户真的没有预算了，也不代表他肯定不会购买，只是营销的难度会增大或成交的时间会晚一

些。对于能给客户带来经济效益或者帮助其提高工作效率等的产品，电话营销人员可运用“太极法”（“您既然资金不富裕就更应该购买我们的产品了”）。

电话营销人员可以这样说，“您真会开玩笑，您公司要是亏损了，别人的生意还怎么做啊”。电话营销人员可以一边恭维，一边提出自己的产品可以帮助客户扭亏为盈。“只有您最了解自己的财务状况。要什么有什么的人毕竟不多，正因为如此，选一种方法，用最少的资金创造最大的利润，这不是对未来最好的保障吗？”

电话营销人员在洽谈的过程中，最初的几个阶段最为重要，在帮助客户做需求分析的时候，一定要让产品和服务给予客户强烈的需求印象。只要做到这一点，价格的问题就显得不重要了，而且报价在他们看来，会变得相当合理。

2. “你们是否可以提供铺底资金？”

（1）原因分析

如果客户提出让厂家提供铺底资金的要求，那可能是客户真的缺乏资金，需要厂家资金周转；也可能是客户有钱，但想通过铺底资金控制厂家；也可能是客户想骗取厂家的货款；还可能是客户没有与厂家合作的诚意。

（2）应对策略

如果对客户进行资信调查后发现对方没钱且信誉很差，电话营销人员完全可以拒绝。“对不起，厂家的付款方式是现款现货，在这一点上，公司任何人都没有办法更改。我爱莫能助。”

如果客户有钱，想通过铺底资金控制厂家，电话营销人员应尽量说明要现款现货，如果确实没有办法，可以适当提供铺底资金。“确实没有办法，现款现货这是公司的规矩，没有谁能做主。您能告诉我现款现货可能会给您带来什么麻烦吗？……我得请示一下公司，不过，据我所知，如果我们提供铺底资金给您，可能需要您办理抵押或者担保手续。”

（七）货源异议

电话营销人员有时会遇到这种情况，客户说“我们已经有合作伙伴了”“我们已经有其他供应商了”。

1. 原因分析

可能客户确实跟其他厂家签订了合同，年终有一些政策要兑现，要完成销量任务，不敢轻易接受新的合作方，从而影响新合作的达成；也可能是一种借口。

当客户非常客气地告诉电话营销人员“我们已经有合作伙伴了”的时候，很多电话营销人员会犯一个非常大的错误，就是贬低对方的合作伙伴。既然客户愿意在一个电话营销人员面前表示已经有合作伙伴了，就说明客户对于目前的选择是满意的，他认为已经作出了正确的决定。此时，如果电话营销人员贬低对手，无异于贬低客户，结果只会适得其反。

2. 应对策略

（1）确实签订了目标合同

如果客户确实与其他厂家签订了合同，电话营销人员可以采用以下处理方式。

第一，等合同到期再说，但在此期间一直与客户保持联络。

第二，以算账的方式说服客户，其实经销公司产品也不会吃亏，甚至会赚得更多。

第三，公司给予相应的补偿。

（2）没有签订合同，只是借口

如果客户并没有合作单位，也没签订所谓的合同，在此情况下电话营销人员就要找到客户主要的顾虑是什么，并对症下药。客户拿“我们已经有合作伙伴了”作为拒绝电话营销人员的托词是很正常的，电话营销人员可以在恭维客户的供应商实力强劲的同时，提出自身的优势，以吸引客户的兴趣。在恭维时，要用概括、感性的词汇，而在讲述自身的优势时则要运用具体、细致、理性的词汇，这样既恭维了对手，又凸显了自身的优势，也能表现出自身的专业。在具体介绍时，电话营销人员切忌盲目自夸或是贬低竞争对手，那样只会让客户反感。

【案例 10 -6】

客户：“对不起，我们已经有合作伙伴了！”

电话营销人员：“没关系，今后也许我们还会有合作的机会。（重复并认可客户的反对意见）现在我先给您报一下我们这边产品的价格，由于您是我们公司的重要客户，所以给您的报价要比我们市面上的报价低。（转移话题，通过优惠的报价吸引客户的关注）我不知道您的合作方给您的报价是多少呢？”

客户：“那你就先说说，你们这款产品的报价是多少吧。”

电话营销人员：“……”（接下来的对话就可以顺畅进行下去了）

（资料来源：朱坤福．电话新营销：一线赢单特训［M］．北京：中国财富出版社，2017.）

（八）托词型异议

1. “我要和××商量一下。”“我还要再考虑考虑，再商量商量。”

这是客户运用相当频繁的拒绝托词。

（1）原因分析

这是一种退让性的拒绝，客户这样做有两种可能：①他真的需要和他人商量；②他不打算购买，只是不想直接拒绝，使电话营销人员觉得没面子。

（2）应对策略

如果客户要求留下联系方式，电话营销人员尽量不要照做，因为在电话营销初期给客户留下电话只会对销售进程产生负面影响，即使销售中后期客户表示需要考虑考虑，电话营销人员也应该持续跟进联络，放任客户自行考虑就是在浪费销售机会。电话营销初期，客户说要考虑考虑，大部分情况下都是托词，电话营销人员这时可以询问其要考虑的具体

因素，也可约定时间再联系。

当客户说："我要先跟我太太商量一下。"电话营销人员可以这样说，"好，先生，我理解。可不可以约您的夫人一起来谈谈？约在这个周末，或者您喜欢哪一天？"若客户说："要做决定的话，我得先跟合伙人谈谈。"那么电话营销人员就应该说："我完全理解，先生，我们什么时候可以跟你的合伙人一起谈谈？"

【案例 10-7】

客户："我还要再考虑考虑，再想想。"

电话营销人员："赵总，您考虑是应该的（认可客户的反对意见），我做决定的时候也会认真考虑，只是我有件事可以请您帮忙吗？"

客户："可以，你说。"

电话营销人员："是这样的，我相信这款产品可以帮助您解决现实的困扰，价钱也非常公道，完全是物超所值。这点之前您也这么认为，只是我觉得您好像还有什么想法不想告诉我，我可以知道您的真实想法吗？"（找到背后的原因）

客户："是有些地方还不是很让我放心。"

电话营销人员："什么地方？是价钱、品质，还是售后服务？"（了解真正的反对意见）

客户："主要是你们的产品是基于新的技术开发的，我担心兼容性可能不够好。"

电话营销人员："除了这一点之外，还有别的原因吗？"（锁定客户的反对意见）

客户："没有了，就是这个地方。"

电话营销人员："明白，其实之前有许多客户和您有同样的顾虑，不过他们在了解之后，就完全放心了，其实是这样的……"

（资料来源：李智贤．电话销售实战训练［M］. 北京：机械工业出版社，2008.）

客户说还要考虑考虑，是在提出隐藏性的反对意见，这个时候要找到客户考虑考虑背后的真实原因是什么，才好进行应对。

2. "寄一份资料给我们吧。"

在接到陌生的电话时，客户经常会用"寄一份资料给我们吧"等类似话术搪塞电话营销人员。

（1）原因分析

给客户打电话是为了达到成交的目的，如果客户为了搪塞只是要求寄资料，通常表明他对电话营销人员的产品不是非常感兴趣。

（2）应对策略

当客户说"把你们的宣传小册寄来"时，别答应得太快了。很多时候电话营销人员都会直接将资料寄给客户，以便客户更好了解产品信息。不过，有时候即使电话营销人员寄出了十份资料，也没有一个客户会在收到资料后打来电话。所以电话营销人员不妨亲自去找负责人认真谈谈。

当对方问“资料寄过来了吗”时，电话营销人员可以回答：“已经寄过了，请问您有哪些需要我解释的吗？”

另外，可能电话营销人员根本不知道负责人的名字，所以不要随便寄资料过去。在这之前，电话营销人员要知道负责人的名字。因为只有真正的负责人看到资料并对产品感兴趣，资料才会更有意义。

在客户提出寄送资料时，电话营销人员可以进一步争取机会，根据实际情况找出合适的理由拒绝。如“我们的产品资料都是经过专家研究后精心设计的方案，必须配合相应的说明，必要时需要针对不同客户的不同情况加以修改，也就是说需要‘量体裁衣’”。如果客户坚持要求电话营销人员寄资料，那么在资料送达后的较短时间内，一定要再次打电话给客户提出约见请求。因为不管客户是在敷衍还是真的需要资料，都有可能因为工作繁忙而忘记产品的事情，而且客户很少会主动打电话约电话营销人员进行商谈。电话营销人员还可以设法督促客户去看之前寄送的资料，让这些资料起到作用。

【案例 10－8】

电话营销人员：“陈经理，您好！我是××商学院的××，想邀请您参加本周日在××大酒店举办的网络营销研讨会，不知道您周日有空出席吗？”

客户：“哦，你先发一份资料给我看看，我先了解一下吧，合适的话和你联系。”

电话营销人员：“好的，一会就发给您。（认可客户的想法）不过这只是一份简单的邀请函，不如我用 1 分钟时间给您做个简单介绍吧。看您听一下通过研讨会能获得哪些有价值的信息，好吗？”（给出合理的解释，证明还是电话沟通效率高）

客户：“好的，你说吧。”

电话营销人员：“刚刚过去的‘双 11’购物节，××利用互联网狂揽 1207 亿元，创下了又一个销售神话，展示了网络超强的营销力。未来互联网无处不在，如果企业不通过网络做企业和产品的营销，很容易被互联网大潮淹没、淘汰，如果能借力网络营销，企业业绩肯定会有重大突破。针对当前网络营销的发展形势和特点，这次研讨会将作出三方面的预测分析。”（引起客户的关注）

客户：“是哪三个方面的预测分析呢？”

电话营销人员：“具体情况是这样的……”

（资料来源：朱坤福．电话新营销：一线赢单特训［M］．北京：中国财富出版社，2017．）

电话营销人员应该对这样的情况并不陌生，可能一天要与几十个持这样的托词的客户“交锋”，等真的发邮件、寄资料、发电子版文档过去了，最终的结果却是石沉大海，唯一的好处就是为下一次打入电话又找到了一个切入点罢了。

3. “我们的购买计划已经搁置。”

（1）原因分析

客户这样说可能有两个原因：其一，客户的购买计划真的已经搁置了；其二，客户已经购买了别人推销的产品。

（2）应对策略

这时电话营销人员可以这样问客户。

“请问你们什么时候会提出新的购买计划？我们可以提供最好的技术支持。”

怀疑客户是因资金不足而搁置购买项目是毫无意义的。而对方是否因为工程暂停、技术支持不到位而搁置购买计划，才是电话营销人员需要关心的，因为客户的现状和其下一步计划才是购买与否的关键。

4. “我想再多比较一下。”

（1）原因分析

当电话营销人员费尽周折，眼看就要把客户说服时，客户可能突然来这么一句。其实，这种情况下，电话营销人员也不用着急，客户可能并不是真的想拒绝合作，而是想货比三家。电话营销人员表现得越急客户就越要比较。当然，遇到这种情况，等待也不是良策。

（2）应对策略

第一，在准备电话营销的时候，要做一些基础性的工作。比如，花点时间研究一下竞争对手，做一张表格放在电话旁边，表格里包括自身产品和主要竞争对手的产品在质量、价格、服务等方面的比较。

第二，直截了当地询问客户想比较哪些方面，并告诉客户，已经有相关详细信息，可以帮他做这些比较，会节省很多时间。当然，电话营销人员还应该告诉客户，只是替他做这些比较，最后选什么产品还是由客户自己决定。

5. “市场不景气，生意难做，过一段时间再说。”

（1）原因分析

客户这么说主要有三种可能：一是市场确实不景气，生意难做，客户认为增加新的厂家也不会有起色；二是客户还有顾虑，对公司没有信心，是一种借口；三是客户没有需求。

（2）应对策略

第一，客户认为市场不景气，不是好时机。

“您的意思是旺季的时候可以销售我们的产品，对吗？既然您有诚意，我认为市场不景气时是经销我们产品的最佳时期……”（从引进产品可以使淡季不淡、产品的成功销售市场准备很重要、竞争对手的忽视是新品进入最佳时机等方面结合案例说明）

针对这类客户，最主要的是引导他的观念与思想，其观念转变的同时就证明营销成功了。

第二，客户还有其他顾虑，以市场不景气为借口，持观望态度。

通常这种客户比较优柔寡断，说话反复无常，对此既要告诉他未来的发展趋势，又要特别指出他目前存在的现实或潜在危机，说明厂家是他的救命稻草。电话营销人员可以说："您是生意专家，您应该明白，凡是生意做得好的人，一定是很果断且精明的人。他们不会只考虑眼前，更主要是他们了解未来趋势，知道未来什么生意好做。我们公司无论从产品、理念还是营销方式，都代表了未来的潮流……（结合案例，全方位介绍公司及公司产品和营销做法，树立客户对产品和公司的信心）能不能告诉我，您还有什么顾虑呢？"

第三，客户没有需求，只是以市场不景气为借口来拒绝。

这种客户很有主见，除非他真正有需求，否则很难被打动。对这部分客户要保持联系，也许以后有业务往来。电话营销人员可以这么说："没有关系，今天您不合作，也许明天您会合作。生意做不成，也可以做朋友。您说是吗？您需要我时可以随时打电话给我。"

任务实训

学生分组进行情景模拟实训：设计电话营销人员与客户在电话沟通中可能出现各种异议时的情景，并进行角色扮演，用所学知识处理各种客户异议。

复习思考

1. 什么是客户异议？
2. 产生客户异议的原因有哪些？
3. 处理客户异议时要秉承什么原则？
4. 在电话营销过程中，如果客户说"我现在不需要"，电话营销人员应该如何应对？

案例分析

电话营销人员："您好，是×小姐吗？"

客户："你好，我是，你是哪位？"

电话营销人员："我是××公司的美容顾问，我叫×××，很荣幸能和您通话。"

客户："你是怎么知道我的电话的？"

电话营销人员："我是在我们公司的网站上看到您的个人信息的，看得出来，您对我们的美白产品非常感兴趣。"

客户："哦，我不需要。"

电话营销人员："您不需要？"

客户："嗯，我上次注册会员只是想参加你们的活动，获得你们××产品的试用装，但我现在并不想买。"

电话营销人员："小姐，您误会我的意思了，我并不是要给您推销我们的产品，我只是想和您沟通一下，希望能够解决一些关于您化妆护理方面的疑问。"

客户："哦。"

电话营销人员："请问×小姐，您对自己的皮肤满意吗？"

客户："还可以吧。"

电话营销人员："听得出来，您非常年轻！像您这个年龄的女孩子都非常重视自己的皮肤，对吗?"

客户："是啊，可我皮肤比较干。"

电话营销人员："哦，我身边的很多朋友也都曾有过这样的烦恼，请问您有没有用过相关的护肤品来护理呢?"

客户："当然用过了，我用过××牌子的产品一段时间，但效果不明显，还特别贵。"

电话营销人员："哦，那我建议您试试我们的产品吧，我们的产品对此有特别的效果，用过的客户都反映特别好，您可以去我们的网站上看看其他客户的留言。我建议您一定要试试，毕竟青春是无价的，您说是吗?"

客户："我看到你们的网站上有很多人留言说用起来很好，不知道现在购买有优惠吗?"

电话营销人员："这个问题您问得好，这也是我打电话要告诉您的一项重要内容。我们公司为了扩大市场占有率，近期正在做促销活动，凡是在我们的网站注册的会员，将全部享受八折的优惠，并且会获得双倍的消费积分。"

客户："哦，是吗？那你帮我订购一套吧。"

（资料来源：王宏．电话销售人员超级口才训练［M］. 北京：人民邮电出版社，2010.）

问题：

在此案例中，电话营销人员在与客户沟通过程中遇到了哪些类型的客户异议？又是如何应对的？

模块四　电话营销精选案例篇

前面已经向大家介绍了关于电话营销的一些基础理论和技能，接下来，将通过一系列案例及分析，让大家从系统的角度关注从电话营销前期准备、过程控制到客户跟进整个流程中的一些关键点，帮大家更好地掌握和应用一些电话营销的技巧。

案例1

不要让培训流于形式

很多公司都会给新进员工进行相关培训，这是一个很必要的程序。但是，不少公司的培训常常是例行公事，采取固定不变的模式，并没有深入研究培训的目标、内容和方法等，因此培训的效果常会大打折扣。

一家国内IT（互联网技术）企业进行笔记本电脑的促销活动，王先生是接到推销电话的潜在客户。

电话营销人员："先生，您好，这里是××公司个人终端服务中心，我们在做一个调研活动，我可以问您两个问题吗?"

王先生："你讲。"

电话营销人员："您经常使用电脑吗?"

王先生："是的，工作无法离开电脑。"

电话营销人员："您用的是台式机还是笔记本电脑。"

王先生："在办公室，用的是台式机，在家就用笔记本电脑。"

电话营销人员："我们最近的笔记本电脑有一个特别优惠的促销活动，您是否有兴趣?"

王先生："你就是在推销笔记本电脑吧？不是搞调研吧?"

电话营销人员："其实，也是，但是……"

王先生："你不用说了，我现在对笔记本电脑没有购买兴趣，因为我有了，而且，现在用得很好。"

电话营销人员："不是，我的意思是，这次机会很难得，所以，我……"

王先生："你做电话营销多长时间了?"

电话营销人员："不到两个月。"

王先生："在开始上岗前，××公司给你们做了电话营销的培训了吗?"

电话营销人员："做了两次。"

王先生："是外请的电话营销的专业公司给你们培训的，还是你们的销售经理培训的?"

电话营销人员："是销售经理。"

王先生："培训了两次，一次多长时间？"

电话营销人员："一次大约就是两个小时吧，就是说了说，也不是特别正式的培训。"

王先生："你现在做这个笔记本电脑的电话营销，成绩如何？"

电话营销人员："其实，我们遇到了许多的销售中的问题，的确，销售成绩不是很理想。"

这番对话没有终止在这里，两人的交谈又持续了大约半小时，王先生向这名电话营销人员讲解了电话营销培训中应该提供的知识以及他们的销售经理应该给他们提供的各种工作中的辅导。

（资料来源：三个经典电话营销案例［EB/OL］.（2010－08－19）［2020－11－03］. http：//www.doc88.com/p－29655572056.html.）

案例分析

案例中描述的场景在电话营销中并不少见，电话营销人员销售成绩不理想的一个重要原因是销售队伍的有效培训不到位。许多企业已经意识到，电话营销是一种降低销售成本的有效销售方式，不仅避免了缺乏渠道的问题，还有机会直接接触到客户，因此越来越普及。然而，许多企业的电话营销培训却不够科学、到位。

那么，电话营销培训的关键点又是什么呢？

首先，适当隐藏销售的意图。电话营销人员不应在客户刚接通电话时就暴露销售的意图，防止客户产生防卫性心理和抵触的情绪。这就要求企业进行培训时，让电话营销人员巧妙地与未曾谋面、疑心很重的潜在客户进行初次沟通，掌握相关的沟通技巧，间接引入主题。不过，间接引入法对电话营销人员的要求相当高，一旦被潜在客户识别，电话营销人员要有高超的沟通水平来应对客户更加强烈的抵抗心理，挽回客户的信赖。

其次，随机应变，恰当回应客户的话题。比如上述案例中，潜在客户已经说明有笔记本电脑，但是电话营销人员并没有有效响应客户的话题，而是按预设的思路机械地推进对话，缺乏灵活性，最终自乱阵脚。其实，客户回答之后，恰恰是发问的最好时机，电话营销人员既可以有效地呼应开始设计的调研话题，也可以逐步挖掘客户在使用笔记本电脑时的主要困惑，从而获得客户的真实需求。

案例2

知己更要知彼

乔·吉拉德从电话簿上随手撕下两页，然后注视了那张电话名单两三分钟，找出那些读起来悦耳的名字，拿起电话拨号。他打了十来通电话，均无人应答，不过，最后终于有一位女士接了电话。

“喂，您是克瓦尔斯基太太吧！我是梅诺丽丝雪弗莱汽车公司的乔·吉拉德，您订购的车子已经到了，所以通知您一声。”（这个电话是乔·吉拉德随便打的，当时他只知道对方的电话号码、住址而已，至于谈话内容他只能随机应变了）

“你恐怕打错了吧？我们并没有购买车子啊！”

“真的吗？”

“当然，因为我并没有听我先生提起过。”

“请稍等。您那里是克拉连斯·克瓦尔斯基先生家吗？”（此时他并不想退却）

“不，我先生的名字是史蒂芬。”（其实吉拉德看到电话簿上的记录就已经知道了）

“真对不起，打扰了。”

（这时候，克瓦尔斯基太太可能会说“没关系”，但不管她如何应答，乔·吉拉德的工作尚未完成，所以他不会让她挂断电话）

“克瓦尔斯基太太，您家不想买新车吗？”

“这个嘛，得问我先生的意见。”

“是吗？那么什么时候打电话给您的先生比较方便呢？”

“他平常6点回家。”

“我知道了，等一会儿我再打电话过来，希望不会打扰你们吃晚饭。”

“我们晚饭时间通常是在6点半左右。”

对方如此回答后，乔·吉拉德才满意地挂断电话。

下午6点，乔·吉拉德又拨通了克瓦尔斯基太太家的电话。

“喂！您是史蒂芬·克瓦尔斯基先生吗？我是梅诺丽丝雪弗莱汽车公司的乔·吉拉德。今天下午我打电话给您太太时，她要我这个时候再打电话给你。我想问您是否有意购买雪弗莱新车？”

“不，目前还没有这个打算。”

“那您计划何时购买新车呢？”（乔·吉拉德知道对方或许只想尽量早一点摆脱自己，所以直接说出了真话）

“大概半年后就必须换新车了。”

“我知道了，届时我再跟您联络。冒昧地问，您现在所开的是什么牌子的汽车呢？”

史蒂芬回答后，乔·吉拉德向他道谢并挂断电话。随即，乔·吉拉德将史蒂芬的名字、住址、电话号码及通过谈话了解到的有关他工作地方、子女人数等一切资料全部记在卡片上，做成卷宗。另外，他在日记簿上五个月后的某一天做了下午6点打电话的记号，而不是6个月后。

（资料来源：邹东和. 金牌推销员速成技巧［M］. 北京：中国商业出版社，2004.）

从以上的对话中可以看出，史蒂芬是有购买新车的意愿的，所以尽管这次并没有达成

交易，但乔·吉拉德抓住了一个很有价值的潜在客户。

乔·吉拉德曾说过：“不论你推销的是任何东西，最有效的办法就是让客户真心相信，你喜欢他，关心他。”如果客户对电话营销人员有好感，那么成交的希望就增加了。电话营销人员必须了解客户，收集客户的各种有关资料。客户的重要资料包括姓名、籍贯、经历、家庭背景、性格爱好等。

第一，姓名。这是电话营销人员最应该关注的了，人们对姓名都非常敏感，清楚客户的姓名，会给工作带来许多便利。

第二，籍贯。有人认为，知道了客户的籍贯也就差不多知道了客户的一些喜好与性情，这将有助于在谈话中拉近与客户的距离，比如利用老乡关系获得认可。

第三，经历。对于电话营销人员来说，了解目标客户的经历将有助于与其寒暄，拉近双方的距离。而且，当客户听到电话营销人员提及以前的经历，心里自然而然会产生一种自豪感，会更乐意交谈。

第四，家庭背景。了解客户的家庭背景，投其所好，对症下药，也是不少电话营销人员赢得成功的撒手锏。一位电话营销人员在某地做销售的时候，一家很大的银行一直从他的竞争对手那里大量采购。自从接触这个客户以后，他开始收集资料，准备登门拜访。他先是打电话给银行负责采购的经理约定拜访时间，然而联系很多次后对方却一直无动于衷。这个经理对竞争对手的产品很满意，认为没有必要更换供应商。

终于有一次，这位电话营销人员赶在下班之前拜访这个经理，见她手里正摆弄着一个很流行的玩具。于是就从这个玩具开始和她攀谈，结果发现两个人的孩子都差不多大。两个人越谈越投机，从幼儿玩具谈到幼儿园，一直谈到银行的大门口。这位电话营销人员向她推荐了一种新型的玩具，并告诉她在哪里能买到。最后这位电话营销人员说：“小孩子玩玩具都不会玩很久，因为他们知道总会有更新和更好玩的玩具。其实新产品也一样。”结果第二周，这位电话营销人员就接到这个客户的电话，说她的孩子很喜欢他推荐的新玩具，并请他来银行介绍一下产品和服务，她表示之前一直都使用一个厂家的产品，也许是时候该换换了。

第五，性格爱好。了解客户的性格爱好，并对其加以赞美，也容易博得对方好感，拉近距离。一位电话营销人员来到厂长的办公室，与厂长就书法交流心得体会，最后拿下了订单。因为他了解到这位厂长爱好书法。

刚开始工作时，吉拉德习惯把收集到的客户资料写在纸上，塞进抽屉里。后来，有几次他因为缺乏整理而忘记追踪某一位准客户，因而意识到自己动手建立客户档案的重要性。他去文具店买了日记本和一个小小的卡片档案夹，把原来写在纸片上的资料全部结集成册，建立起客户档案。

他认为，电话营销人员应该像一台机器，具有录音机和电脑的功能，在与客户交往过程中，将客户说的有用的信息都记录下来，从中提炼一些有价值的材料。他说，“在建立自己的卡片档案时，要记下有关客户和潜在客户的所有资料，他们的孩子、嗜好、学历、职务、成就、旅行过的地方、年龄、文化背景及其他任何与他们有关的事情，这些都是有用的情报。所有这些资料都可以帮助你接近客户，使你能够有效地跟随客户的问题，谈论他们感兴趣的话题。有了这些材料，你就会知道他们喜欢什么，不喜欢什么，你可以让他们高谈阔论，兴高采烈，手舞足蹈，只要你有办法使客户心情舒畅，他们不会让你大失所望。”

“三思，而后拨”

客户：“你好！”

电话营销人员：“您好，是张先生吗？”

客户：“嗯。”（一听就知道是个电话营销人员，不过，还是马上听出来这是以前曾打过电话的销售拖把的电话营销人员）

电话营销人员：“张先生，上次给您推荐的拖把，您考虑得怎么样了呢？”

客户：“我觉得没什么用。”

电话营销人员：“张先生，因为现在我们6月做促销，原价398元的拖把现在只需要198元就可以了。”

客户：“你们的拖把有什么不同？”（一方面客户想着这个拖把是不是真的有用，另一方面是被优惠所吸引，毕竟以前看过电视上的介绍才动了心，打电话到公司咨询的）

电话营销人员：“这个拖把最主要的特点就是能拖到各个角落，一般拖把拖不到的地方，它也能拖到。”

客户：“那都包括些什么？”（显然这样的介绍难以打动客户，不过，客户还是表现出了想详细了解的态度）

电话营销人员：“您现在购买的话，包括一个拖把、一个拖布和一个控水的水桶，然后我们再送您一个拖把。”

客户：“可以使用多长时间呢？”（客户还是有兴趣的）

电话营销人员：“基本上使用5—6年没有问题，正常情况下使用2年肯定没有问题。”

客户：“我可不可以先看一下货，如果喜欢，再交钱，不喜欢，我就退掉。”

电话营销人员：“是需要您检验的，您先看一下，如果四件套齐备，您再付钱。如果没有，可以不用付钱的。”

客户：“好的，我考虑下，再联系。”

电话营销人员：“好的，您考虑清楚再和我们联系。谢谢，再见。”

（资料来源：杨丽，任锡源．电话营销［M］．北京：中国物资出版社，2011.）

这个案例中，这名电话营销人员在哪些方面表现得比较好？在哪些方面需要改进呢？

其实，不难发现这名电话营销人员在打电话之前并没有做好充足的准备。既然是以前联系过的客户，应该对他的了解更深入和全面，只要仔细考虑一下，就会知道客户到底需要什么，怎样才能更顺利把东西销售出去。

因此，在打电话之前，电话营销人员的脑海中应该浮现出前几天与客户电话沟通时的情景：已经和这个客户通过几次电话了，他原来打过电话咨询过公司的拖把，但后来没有购买。上周给他打电话时，感觉他是有兴趣的，因为他并没有马上挂掉电话，还问了些问题。两天前给他打电话时，他还是说要考虑考虑。

那么问题到底出在哪里呢？接下来该怎么办？他一直没有同意购买，肯定是有所顾虑。他到底在想什么呢？问题到底出在哪？一个好的电话营销人员应该带着这些问题，厘清自己的思路，然后拨通电话。

第一，应该如何开场呢？

已经与这个客户有过几次交流了，他对产品也有了大致的了解，因此，这次通话就没必要拐弯抹角了，直接切入主题更容易获得客户的心，毕竟他更关心这次来电能给他带来什么好处。

第二，讲完开场白之后，如果客户说不需要怎么办？

在销售过程中，这种情况是经常出现的，但是，很多客户都是对优惠感兴趣的，所以应当再次强调这是这个月特别的优惠，引起他的兴趣。

但如果优惠还是打动不了他呢？如果他主动结束电话，估计可能真的兴趣不大，所以现在最关键的是不让他挂电话，让他参与进来。所以，如果优惠不能吸引他，就干脆进入询问吧，毕竟询问是主导客户的关键点，如果他有所回答，那就算是成功一半了。

第三，如果对话能进行下去的话，下一步又该做什么呢？

接下来要做的当然就是探寻需求了，了解到客户的需求，才能依照需求把产品推销出去。例如，电话营销人员可以问他："平时家里谁拖地呢？"

如果他说是他打扫，就可以问，"像您这样的成功人士还这么顾家真不多见，那您拖地有没有遇到过一些死角拖不到，特别麻烦呢？""这种情况，肯定会耽误您的时间呢，对吧？"在这种情况下，产品的定位就是帮他更好拖地，节省时间，这是给他带来的好处。

如果他说是家人打扫，这时产品的定位就变成了礼品，是他送给家人的礼物。像他这样忙的人，平时应该没有时间好好陪家人，送个礼物给家人，也是关心家人的一种表现。

第四，当电话结束时，目标是得到什么承诺？

当然，电话营销人员最希望得到的承诺就是订单了，得到对方的邮寄地址，在商定好的时间给他。那如果客户不同意购买怎么办呢？建议用拖延的处理方法，给客户一些压力，如果得不到这样的承诺，也要让客户同意在具体的时间再次沟通。

将上面的内容理顺之后，思路是不是更清晰了呢？现在再拨通电话是不是会变得更有信心呢？那么就看一下修改后的情况吧。

客户："你好！"

电话营销人员："您好，是张先生吗？"

客户："嗯。司机，往中华路。"（一听就知道是个电话营销人员，不过，还是马上听出来这是以前曾打过电话的销售拖把的电话营销人员）

电话营销人员："张先生，上次提到的拖把的事情，您考虑得怎么样了呢？"（听到客户给出租车司机讲话，表明客户可能忙，最好直奔主题）

客户："我觉得没什么用。"

电话营销人员："张先生，因为6月公司在做促销，原价398元的拖把现在只需要198元就可以了。"（因为早有准备，当客户说不需要的时候，可以用优惠再吸引他一次。如果没有做好准备，可能就语无伦次，该挂电话了）

客户："你们的拖把有什么不同？"（客户一方面想了解这个拖把是不是真的有用，另一方面是被优惠所吸引，毕竟以前看过电视上的介绍才动心，打电话到公司咨询的）

电话营销人员："这个拖把和普通拖把有很大的不同，请问平时都是谁在家里拖地呢？"（客户开始主动问问题，表明他现在感兴趣了。现在最关键的是要找准一个切入点，把握住客户的心理需求，这样才能有的放矢。同时运用"好处+提问"的技巧）

客户："家里人。"（听到对方问问题，客户开始有些兴趣了，因为觉得这个电话营销人员还是挺专业的）

电话营销人员："我估计张先生您平时工作肯定很忙，也难得照顾到家。我们这个拖把和普通拖把最大的不同在于，家里房子大，当您的家人拖地的时候，肯定有些地方普通拖把拖不到，而您的家人为了拖到这些地方，肯定会付出很多的精力和时间，这样会很辛苦、很累，对吧？（这时候一定要让客户互动一下，以防他走神。同时，这样做算是对客户需求的一种确定。哪怕客户没有回答，只是嗯了一声，也已经说明电话营销人员的介绍让他动心了）而您家人用这个拖把拖地时，我们经过专业设计的360度转动的拖把头，可以灵活自如地转到任何一个角落，这样就可以节省您家人的时间，可以让她们更轻松愉快地做家务。我感觉张先生您一定是一个顾家的人，不知您觉得这样的拖把对您的家人来讲是不是有帮助呢？"（这样的介绍最重要的是让客户去想他的家人，强调这个拖把对他家人的好处，而不是只是描述拖把本身）

客户："那都包括些什么？"（客户听到这些后，马上就想起了自己的家人，家人打扫卫生确实也挺辛苦，客户感觉到一丝愧疚，没有时间照顾家里，真有些对不起）

电话营销人员："标准包装包括一个拖把、一个拖布和一个控水的水桶。张先生，我感觉这个拖把十分适合您和您家人，我听您讲话，就知道您是一个十分注重生活品质的人，您的家人一定也和您一样，我们的拖把确实也是针对您这样的高端客户设计的，而且现在做活动有特价，只需要198元。您看我帮您送到哪里呢？"（客户开始关注更具体的细节，说明客户一定是感兴趣了，现在需要做的是及时要求承诺，当然，要求承诺之前，还需要夸夸客户，这样能引起客户的好感，得到承诺的机会会更大。另外，不能在这个时候把再送的额外的拖布讲给客户听，因为这样，到最后时刻就没有打动客户的砝码了，这个要留到最后用）

客户："可以使用多长时间呢？"（客户想买，继续关注细节）

电话营销人员："正常情况下使用两年肯定没有问题，您看，张先生，您这么忙，什

么时候您方便我们给您送过去?”(现在需要更加主动要求客户承诺，离客户购买的承诺已经不远了，客户这时候问得越仔细，表明他越想买)

客户：“我可不可以先看下货，如果喜欢，再交钱，不喜欢，我就退掉。”(客户内心其实主要担心家人不喜欢，但没有明确说出来)

电话营销人员：“我了解，张先生，听上去好像您有些不太放心，能不能告诉我一下原因?”(客户看来是有顾虑，电话营销人员需要找到客户顾虑的原因，再看看能不能帮客户解决顾虑)

客户：“我主要是买来给家人用的，万一她不喜欢怎么办?”(看电话营销人员这么诚心，干脆告诉她真实原因)

电话营销人员：“我理解您的苦衷，其实您不用担心，我们这个拖把到目前为止，还没有哪个客户用了后说不好用的，因为它确实不单单功能强大，而且外观也很漂亮，您家人一定会喜欢的。您看我什么时候给您送过去?”(讲这些的时候，一定要有信心，信心可以感染客户)

客户：“好的，我考虑下，再联系。”(客户还是不想下决定)

电话营销人员：“我了解，这个拖把就像刚才您认可的那样，确实很适合您的家人使用，她一定会感受得到您对她的关心。而且现在做活动，处于优惠期，但是优惠期随时可能会结束。另外，您现在购买，我还可以再送您一个替换拖布供您更换，实在是很划算。要不，我现在就帮您下订单吧?”(早料到客户可能会拖延，运用拖延处理战术，有效地处理了客户的拖延)

客户：“那好吧。”(既然要订，干脆现在就买吧)

电话营销人员：“好的，谢谢您，请问您的送货地址是?”

(资料来源：杨丽，任锡源．电话营销［M］. 北京：中国物资出版社，2011.)

案例4

勇闯前台、秘书关

汤姆是温斯特公司的电话营销人员，他准备向某公司董事长吉米推销西装。

总机：“你好，××公司。”

汤姆：“请问吉米·西佛董事长在吗?”(知道并说出客户的姓名是很重要的，尤其是在初次接触的时候。这建立在电话营销人员通话前的充分准备基础上)

总机听了汤姆的问话以后，毫不犹豫地把汤姆的电话转到董事长办公室，由董事长的秘书小姐接听。

秘书：“你好，董事长办公室。”

汤姆：“您好，我是汤姆·贝柯。请问吉米·西佛董事长在吗?”(在这里注意：汤姆在开场白中说出董事长的名字。这让人觉得汤姆跟吉米认识，他们是朋友。如果秘书真是

这么想，那她一定把电话转接给吉米。这样，汤姆希望和吉米通话的目的就达到了。不过，秘书没有这么想）

秘书："西佛先生认识你吗？"

汤姆："请告诉他，我是温斯特公司的汤姆·贝柯。请问他在吗？"（秘书的问题让汤姆很为难，他并不认识吉米。他只好不停地问董事长在不在，这样就使秘书不得不对这个询问做适当答复。汤姆也希望秘书小姐不再问问题）

秘书："他在。请问你找他有什么事？"

汤姆："我是温斯特公司的汤姆·贝柯。请教你的大名。"（汤姆没有正面回答秘书的问题，他不能告诉秘书他是来推销的，否则秘书肯定不会给他转接电话。汤姆只是重复说着自己和公司的名称，他还问了秘书小姐的名字，一方面记住方便日后再通话，另一方面能拉近彼此的距离）

秘书："我是比莉·威尔逊。"

汤姆："威尔逊小姐，我能和董事长通话吗？"（称呼秘书的名字，给对方一种亲切感）

秘书："贝柯先生，请问你找董事长有什么事？"

汤姆："威尔逊小姐，我很了解您做秘书的处境，也知道西佛先生很忙，不能随便接电话，不过，你放心，我绝不占用董事长太多的时间，我相信董事长会觉得这是一次有价值的谈话，绝不浪费时间。请你代转好吗？"（汤姆确实遇到了困难。但他不气馁，仍再接再厉，试图突破困境。他坚持一个原则——不向秘书小姐说出自己的真正目的，因为他顾虑到，一旦向秘书小姐说出自己的目的，再经由秘书小姐转达，难免会产生误解）

秘书："请等一下。"（她把汤姆的电话转给董事长）

（资料来源：电话沟通技巧与案例［EB/OL］.（2020－11－18）［2021－12－28］. https：//wenku. baidu. com/view/130f04cac8aedd3383c4bb4cf7ec4afe05a1b163. html. ）

案例分析

转接电话是前台或秘书的重要工作之一，他们可能会以各种理由来搪塞电话营销人员。如果前台或秘书让电话营销人员挂断电话营销人员就挂断，就无异于将沟通的主动权拱手相让了，如果他们让电话营销人员别再打电话，难道电话营销人员也要遵命吗？

但是，不管前台或秘书的态度如何，电话营销人员要想顺利找到负责人，这一关是必须要过的，而如何顺利过关就涉及技巧问题了。一般来说，前台或秘书在公司里属于基层行政人员，工作内容比较烦琐，处境不易。如果电话营销人员在和他们打交道时，不急于和相关负责人通电话，而是花点时间与他们沟通，会得到事半功倍的效果。这时，同理心就是与他们拉近距离的最好方法，这可以使电话营销人员在较短的时间内获得对方的信任，进而得到对方的帮助。比如汤姆在电话沟通过程中所说的"威尔逊小姐，我很了解您做秘书的处境，也知道西佛先生很忙，不能随便接电话，不过，你放心……"

同理心是指当某个人在遇到某种事情时，别人能站在他的角度上去看问题，并且理解他。表达同理心常用的一般句子是“我很理解您”“如果我是您，我一定也会这么想的”“我曾经也有过跟您一样的遭遇”等。运用同理心方法的时候，最好与赞美对方一起使用，因为在肯定对方感受的同时，适当表达对对方的欣赏，这样先安抚、后抬高，效果往往出人意料地好。

案例5

找准捷径的入口

电话营销人员：“您好，请问是赵总吗？”

客户：“我是，你是哪位？”

电话营销人员：“赵总您好，我是李××，大西洋公司的，您上次在新能源论坛参会的时候，我们有过简单的交流，您还有印象吧。”

客户：“哦，您好。”

电话营销人员：“今天有件事情想咨询您一下。”

客户：“哦？什么事？”

电话营销人员：“是这样，这段时间我一直在研究您关于新能源汽车技术应用的观点，感觉您的观点与业内的观点有所不同。我们觉得您提出简单够用即市场的观点非常切合实际，但是当时您在论坛上的发言比较短，所以今天想咨询下您。”

客户：“哦？你想了解什么呢？”

电话营销人员：“简单够用即市场，这个观点非常新颖且与主流观点不同。您提出这样的不会引起同行不适吗？有没有和您争论的同行呢？”

客户：“坦白说，我的这个观点主要是多年的造车实践得来的，是我们走过很多的弯路后才得来的教训。同行不理解，我一般不争论的。”

电话营销人员：“我们现在都在追求先进的技术，新颖的设计，您提出的简单够用即市场，怎么能让贵公司在市场中生存下来呢？”

客户：“其实我们的产品设计理念来源于××汽车，你看它的汽车技术都是成熟稳定的，而且成本控制非常好。我们用成熟的技术，并不妨碍我们用先进的工艺。我们用简单的设计，其实是出于成本的考虑，新能源汽车正在走入大众的生活，如果成本一直居高不下，那再好的商品也是没有办法做出市场的。我们其实是新技术的追随者，而不是尝试者。我们的工艺和设计其实也是走在国内前列的。”

电话营销人员：“赵总，我非常认同您的理念，国内好多概念造车的新能源企业在新技术的路上都栽了跟头呢，您的公司在目前的市场环境下能够保持这么快成长非常不容易呢。目前您公司的销售额已经到50亿元了，真的要恭喜您。”

客户：“哈哈，那是大家过奖了，我们仍然有很长的路要走。我们目前的主要问题可

能在于市场的推广还是不太够。”

电话营销人员：“是哪方面的推广不够呢？”

客户：“类似××汽车之类的市场推广，现在不是说互联网造车引领趋势吗？我们的产品很好，但是感觉推广明显落后了。我们的产品可靠性、续航里程、外观设计都不输于对手的。”

电话营销人员：“如果我现在有一个方法能很快地提升市场形象和互联网运作情况，您是否考虑面谈一次呢？我们有一个成熟的团队，曾经服务于××汽车等企业哦。”

客户：“是吗？能先在电话里告诉我一些吗？”

电话营销人员：“我非常愿意在电话里告诉您，但在电话里介绍恐怕不容易说清楚。我希望带领团队过来现场演示给您看，这样您的印象就会更深。”

客户：“好的，行。”

电话营销人员：“那您觉得我是明天上午来方便一些？还是明天下午来方便一些？我们希望贵公司市场部门、设计部门都能有人参加我们的交流。”

客户：“那非常好，我马上安排下，就明天上午吧。”

电话营销人员：“几点呢？”

客户：“10 点以后吧。”

电话营销人员：“好的，赵总，我 10 点一定赶到，谢谢您。”

客户：“好的。”

电话营销人员：“好，祝您工作顺利，再见。”

案例分析

很多电话营销人员都会犯一个错误，就是在与客户沟通时，思维总是局限在产品推销上，无法轻轻松松地将话题拓展。这样就像鲁迅笔下的祥林嫂一样，无论什么时候，遇到谁张口闭口都是自己被狼叼走的阿毛，最终让人厌烦。实际上，电话营销好比写诗，“功夫在诗外”，除了产品之外，还有很多话题可以选择。

许多人对电话营销有一定的抵触情绪，但如果电话营销人员以客户的兴趣与爱好作为切入点，让客户对话题感兴趣，营造一种温馨和谐的气氛，那么客户自然愿意继续聊下去，之后的销售工作也会变得顺畅很多。

客户需求至上

电话营销人员：“您好，请问是张总吗？”

客户：“我是。”

电话营销人员："是这样的，张总，为了应对金融危机，我们××公司受××机构委托，邀请××于周六在××酒店举办一次关于应对金融危机的研讨会，特别想邀请您来参加。"

客户："我周六要出差。"

电话营销人员："那太不巧了，那您什么时候回来呢?"

客户："周日回。你们是关于什么的会议?"

电话营销人员："是一个关于应对金融危机的会议。"

客户："谁主办的?"

电话营销人员："××机构。"

客户："要不给个资料看看吧。"

电话营销人员："好啊，请问您的邮箱是?"

客户："……"

（资料来源：杨丽，任锡源．电话营销［M］. 北京：中国物资出版社，2011.）

案例分析

这又是一个不太成功的案例，那么，该如何改进呢？先来看看电话营销人员存在的问题有哪些。

第一，为什么没有邀请到客户呢?

重要原因在于，电话营销人员在通话中并没有重点强调参与这个会议对客户有什么帮助，并没有让客户意识到这个会议是和自身密切相关的，如果不参加的话，会失去些什么。电话营销人员在这种情况下要把对客户的好处表达清楚，却不是件容易的事情，因为每个客户认为的好处是不同的。换句话说，客户需求不同，这个会议对他的价值也是不同的。这位电话营销人员只是告诉客户有个会议，这显然只提到了产品的"卖点"，而并没有点到对客户的好处。

第二，如果客户真的出差，应该怎么做?

因为种种原因，客户不能出席会议，这也很正常。关键是如果电话营销人员判断这个客户是目标客户，值得追踪和跟进，接下来就要和客户建立关系，保持联系，以便再次邀请客户。"精诚所至，金石为开"，总有一天，潜在客户会成为忠实客户的。

电话营销人员一味推销产品，并不能很好地吸引客户，只有时刻以客户的需求为中心，才能真正抓住客户的心。

（资料来源：三个经典电话营销案例［EB/OL］.（2010－08－19）［2021－12－28］. http：//www. doc88. com/p－29655572056. html.）

案例7

用客户听得懂的语言沟通

客户："你好，我想买一台电脑或者Pad（平板电脑），你能帮我介绍一下吗？"

电话营销人员："您好，那您想要一台什么样的电脑或者Pad呢？"

客户："我对电脑不太懂，买回去主要是给孩子用。孩子上网课，做作业用，我也偶尔用来网购和家庭办公，麻烦你给我介绍一台好一点的吧。"

电话营销人员："阿姨，您放心吧，我一定为您挑一台让您和您的孩子都满意的！其实看一台电脑或Pad好不好，功能和外观都很重要呢。主机性能十分重要。主机您不用知道是什么，就是电脑或者Pad里面的那些零件，通常越高级的越好。"

客户："也就是越快越好？"

电话营销人员："对对，电脑里面装了很多重要的零件，就像咱们身体里的五脏六腑一样，电脑好不好用全看它了。所以，既然要买，就一定要挑款主机性能好的。当然，现在外观也一样重要啊，要足够薄，足够小，颜色也要讨喜呢。"

客户："对，那你给我介绍一个吧。"

电话营销人员："好的。我为您推荐的这台电脑是我们今年卖得最好的一款，很多像您这样的家长都是买这款给孩子用的。这台电脑的型号是Surface Go2，电脑的型号代表它的类型。Surface是微软的笔记本电脑系列，用来办公和网课学习正合适。Go2是它的类型，说明它是可以分离的电脑，也就是屏幕和键盘可以分开。屏幕拿下来可以当Pad用，接上键盘又变成一个笔记本电脑，是不是非常方便呢？而且它是亮铂金色，非常时尚。现在大家都不喜欢那些笨重的大型笔记本啦，特别是孩子们，他们也越来越时尚啦。"

客户："哦？那是非常时尚的设计啊，我好像见过可以把屏幕拿下来当Pad用的电脑。好像种类也挺多的呢。"

电话营销人员："是这样的，其实像苹果公司的iPad系列、华为公司的MatePad也可以配合键盘使用呢。iPad的系统是比较独特的，如果您手机用iPhone的话应该比较熟悉，但是如果是用来学习或者办公的话，Surface系列可能更加适合呢。MatePad使用的是安卓系统，与微软的电脑系统还是有一定的差别。"

客户："那这个电脑的性能怎么样呢？"

电话营销人员："Go2只是电脑的型号大类，有好多的性能是可以选择的，价格也有所区别，您可以根据自己的情况进行调整。性能越好的，价格越高。考虑到您的需求，我推荐您购买4G内存64G空间的这款，没有键盘的价格是2988元，加上键盘是3588元。基本可以满足您的网课和办公需求了。"

客户："还有比这个内存更大的吗？我觉得如果到时候内存不够了是不是还得花钱再增加啊？"

电话营销人员："现在的笔记本电脑或者 Pad 都是不能增加内存的，产品的处理器之类的都是固定的，价格的差别就体现在内存和内部存储容量上哦。如果您选择 8G 内存 128G 空间的这款，价格要贵 1000 元。当然如果您觉得有内存方面的顾虑的话，可以选择稍微贵一些的型号。"

客户："我家孩子用电脑也就是上网课，玩儿点游戏，听听音乐什么的，我平时也就是办公，比如编辑文档和收发邮件，有时候也用来接入网络会议。"

电话营销人员："是的，像您刚才说的那些内容，使用 4G 内存 64G 空间的已经绰绰有余了。但是如果玩儿大型的游戏可能就不够用了。"

客户："哦，那就好，没有玩儿大型游戏的需求。不过这个 64G 空间是什么意思?"

电话营销人员："您可能还听过硬盘，这也是非常重要的一个零件。要把很多有用的东西存在电脑里，比如一些学习软件和歌曲，就需要硬盘来存储。现在 Pad 已经没有硬盘这个设备了，都是以闪存的形式存储内容。"

客户："明白了。这个键盘为什么那么贵啊？可以不买吗?"

电话营销人员："Pad 的键盘一般都比较贵呢。主要是键盘功能和外观都比较好，非常轻薄时尚，而且可以轻松地吸附在 Pad 上呢。如果没有专用的键盘，您想编辑文档，通过 Pad 的屏幕也可以输入文字。但是您想想看，您手机输入文字速度是不是很慢呢？如果没有键盘，那速度还比不上手机呢，因为屏幕太大了。所以我建议您还是购买一个配套键盘，这样 Pad 就可以真正变成电脑啦。"

客户："哦，这样啊。我还想问下，在你这里购买的电脑和我去商场专柜购买的有区别吗？价格是不是有优惠呢?"

电话营销人员："我们这里是微软的官方授权店呢。我们的产品和商场专柜的都是完全保真的，保修政策也完全一致呢。至于价格呢，我们也是全国全网统一零售价，只是目前这款厂方有优惠政策，所以您在我们这里购买是比较合适的。快递送货上门，请您开箱验货后再签收，有什么问题直接给我们客服打电话就可以。"

客户："哦。"

电话营销人员："对于我们这台 Surface Go2 电脑，不知道您是否满意呢?"

客户："我很满意。谢谢你这么耐心地为我介绍。"

案例分析

在介绍产品时说出一连串的专业术语，似乎会让电话营销人员显得很专业。实际上，这种自我感觉良好的解说，反而暴露了电话营销人员对产品知识的掌握仍停留在初级、粗浅的层次上。

在电话营销中，由于只能以声音作为信息传递的媒介，电话营销人员需要花费更多的精力去琢磨如何在电话中增进与客户的交流互动。那种忽略客户的体验，掺杂大量生僻词汇的产品介绍，只能拉大客户与电话营销人员之间的距离，最终使客户失去购买的兴趣。

作为一名电话营销人员，必须注意自己所说的每一个字。如果客户对产品不了解，电话营销人员就一定要用客户能够听得懂的话语生动地描述出来，切忌使用太多的专业词汇。上述案例中的电话营销人员用通俗易懂的语言清晰地表达了产品的性能和优势，令客户非常满意。当然，如果客户是一位专业人士，就另当别论了。

另外，电话营销人员在解说产品时，应注意通过适时停顿来“观察”客户的反应，并不断投石问路，进行试探性提问，如提出“刚才向您介绍的内容您有不明白的地方吗”“不知道您是否满意呢”等问题，以确认客户的理解程度和购买意向。

案例8

切忌喋喋不休

电话营销人员：“早上好，李先生，很高兴和您通话。”

客户：“你好，有什么事吗？”

电话营销人员：“李先生，我今天打给您的主要目的是向您介绍一下我们最新研究出来的高智能A100型号的设备，我知道您一定很希望降低企业生产成本，提升收益。”

客户：“是啊，但你们公司的产品管用吗？”

电话营销人员：“那当然，李先生。这款设备使用的是德国的××技术，它的制造效率是普通设备的2倍，而且比一般设备的单位能耗要低20%。另外，这款设备的操作平台非常人性化，操纵性能很稳定，安全性能很好。还有就是它安装了自检系统，这样，就不需要经常耗费大量人工来检查，可以节省大量的人力成本。您觉得怎么样？”

客户：“不错，那这款设备应用在哪些行业呢？”

电话营销人员：“主要是挖掘机制造、油田开发等领域。”

客户：“一套大概需要多少钱？”

电话营销人员：“只需要20万元。”

客户：“是吗？我知道了。这样吧，你把资料发给我，我先了解一下，之后给你回电话。”

电话营销人员：“李先生，我们的设备荣获了国家级金奖，每年销售额达到5000万元呢。”

客户：“我知道了，我们领导班子需要研究一下才能给你回电话。再见。”

电话营销人员：“再见……”

（资料来源：璟天．电话营销诀窍［M］．北京：企业管理出版社，2011.）

案例分析

这是一个典型的失败案例，电话营销人员第一次打电话给客户，希望客户对产品感兴趣。这位幸运的电话营销人员遇上了一个愿意参与对话的客户，但不幸的是，他的行为印证了推销泛滥的时代人们脑海中根深蒂固的恶劣的电话营销人员的形象，最终他失去了机会。

美国一份关于公众对电话营销人员评价的调查报告显示，人们最讨厌的电话营销人员的形象就是一开始喋喋不休地谈产品与公司，千方百计想向客户证明其实力与价值。

案例9

换位思考，为客户着想

客户：“喂，我这个月在到期还款日还款有点儿困难，是办理分期划算还是还最低还款额划算?”

电话营销人员：“请问，您的款项大概要多久能还上呢?”

客户：“我资金周转一下，应该过个10天就能还上。”

电话营销人员：“您的本期账单金额不大，而您又是过几天就能还上，建议您可以先还最低还款额，一旦能够还上全额了就及时存入信用卡，可以避免产生更多利息。”

电话营销人员根据客户实际情况，估算了还最低还款额的利息以及办理分期的手续费，建议客户还是还最低还款额。

客户：“好的，那我清楚了。”

电话营销人员再次向客户确认可以还上最低还款额，以及近期就可以全额还款后，再次提醒客户：“若您最后还是决定申请分期，请记得最晚申请时间是到期还款日当天。”

客户：“嗯，好，谢谢!”

查询这次服务的短信评价记录可发现，客户回复十分满意。

（资料来源：电话销售管用的说话技巧真实案例剖析！[EB/OL].（2015－03－30）[2021－11－20]. https://news.56ye.net/show－5198.html. 引用时有微调）

案例分析

案例中的电话营销人员主动根据客户情况进行有针对性的推荐。客户感觉电话营销人员是在为自己着想。同时电话营销人员将分期的最后申请时限也告知了客户，预防了客户改变主意想要申请分期但过时无法申请的情况发生。现实中，一些电话营销人员在遇到客户要求办理业务时不会换位思考、不会为客户进行业务适配，直接办理了事，也不将客户后续可能会关心的问题的解决方法告诉客户，导致客户再次致电，结果不但增加了话务量，降低了首问率，客户也会埋怨电话营销人员不一次性告知相关信息。

案例10

在肯定中突破

电话营销人员：“您好！是杨经理吗?”

客户："是我。"

电话营销人员："杨经理，下午好！我是A公司的李宁。据我所知，贵公司目前正在×××网上推广贵公司的网站和产品，我觉得我们公司提供的网络推广服务对您会有所帮助。今天打扰您，就是想与您探讨一下这方面的问题，您现在方便吗？"

客户："我们目前不考虑在其他网站上进行推广。"

电话营销人员："哦，也就是说您对×××网站的推广效果比较满意，对吗？"

客户："对，很满意。"

电话营销人员："哦，那挺好的。其实我今天打电话给您，主要还是想向您请教一个问题。"

客户："什么问题？"

电话营销人员："杨经理，您为什么会选择在网络上进行推广呢？"

客户："省钱啊！"

电话营销人员："您真是一语中的！的确如此，和传统的推广方式相比，网络推广的确能够帮助企业节省大量的推广成本。那么，您如何评估网络推广的效果呢？"

客户："这个，有咨询电话就算是有效果了吧。"

电话营销人员："对，咨询电话量的确是评估推广效果的重要标准。杨经理，贵公司自从在网络上进行推广，有没有过咨询电话不多的时候呢？"

客户："有啊！"

电话营销人员："也就是说，还是有推广效果不能令您满意的时候，对吗？"

客户："嗯，有些时候效果不好。"

电话营销人员："我看到您在×××网上的推广了。据我所知，这种推广是采用固定收费的方式，无论推广效果好坏，每月或每年都要向您收取固定的费用，是吧？"

客户："对。"

电话营销人员："那么在推广效果不能令您满意的时候，您有没有觉得还可以采取其他网络推广方式作为这种方式的补充呢？"

客户："还有什么方式啊？"

电话营销人员："还有按效果付费的网络推广方式，您想了解一下吗？"

客户："有这样的方式吗？"

电话营销人员："是的，我今天打电话给您，正是想向您介绍这种方式，也就是我们公司推出的搜索引擎关键字广告。使用这种推广方式，您每月只需投入少量的成本，就能获得大量的潜在客户。"

客户："你具体说说，什么是搜索引擎关键字广告？"

（资料来源：李宁，李云迪．电话应该这样打[M]．厦门：鹭江出版社，2008.）

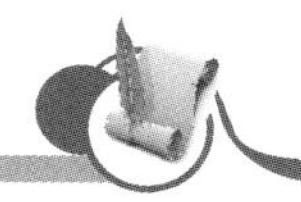

案例分析

客户对网络推广合作伙伴的认可度越高，对同类产品的营销电话就越排斥。在本案例中，客户已经明确表示出对目前的网络推广合作伙伴的认可，那电话营销人员应该如何应对这种情况呢？在此情况下，切忌仅凭着对产品的信心和一腔热诚，硬着头皮去争取客户的好感。

如果客户选择了竞争对手的产品，那么恭喜，这表明客户在这方面是存在需求的，引导客户的过程被省掉了，电话营销人员只需思考如何提炼自己产品的差异化优势。电话营销人员要做的是，将这种优势与客户需求更紧密地结合在一起，让客户觉得这款产品能解决竞争对手产品无法解决的问题，或者这个公司可以提供竞争对手无法提供的服务。客户正在使用竞争对手的产品，那么他对该行业一定有所了解。这时，电话营销人员大可用谦虚的姿态，向客户请教他们对同类产品的看法，进而咨询客户的使用意见，从中找出所营销产品的独特优势，这将是成交的突破口。

当然，热情和执着也是打动客户的重要因素。要先推销自己，再推销产品。

案例11

探寻引导客户需求

电话营销人员：“李经理，您好！我是××人力资源服务公司的×××，请问贵公司最近有招聘的需要吗？”

客户李经理：“有的，我们计划招一个电工。”

电话营销人员：“那您要不要考虑来参加我们这周六的综合招聘会，费用低、效果好，很超值。”

客户李经理：“不好意思，这个职务不急，暂时不需要，谢谢。”

电话营销人员：“哦，没关系，那您有需要时再给我打电话吧。”

客户李经理：“好的。再见。”

（从以上对话可以看出，客户明明有招聘需求，但是电话营销人员没有把握好机会，草草结束了对话，错失成交机会。再看调整后的话术）

电话营销人员：“李经理，您好！我是××人力资源服务公司的×××，请问贵公司最近有招聘的需要吗？”（通过提问获取客户的基本信息）

客户李经理：“有的，我们计划招一个电工。”

电话营销人员：“请问您这个职位空缺多久了？”（通过纵深提问找出深层次需求和需求背后的原因）

客户李经理：“有一段时间了。”

电话营销人员："大概多久呢?"

客户李经理："哦，有半个多月了吧。"

电话营销人员："啊，这么久了！那您不着急吗?"（抛出激发需求的提问）

客户李经理："不急，老板也没提这个事。"

电话营销人员："李经理，老板没提这个事可能是因为他事情太多没注意到这个问题。但是您想到没有，万一在电工没到位这段时间，工厂的电器或电路发生问题该怎么办呢?"（引导客户思考不及时解决问题的隐患）

（客户李经理沉默）

电话营销人员："李经理，我知道您的工作一向做得很棒，老板非常认可。很多事不怕一万，就怕万一。万一工厂有什么事情，老板发现电工还没到位肯定对您有影响。您为这家公司也付出了很多，如果因为这件小事受牵连，肯定划不来。建议您尽快把这个电工招到位。"（引导客户解决问题）

客户李经理："嗯，我最近琢磨一下这个事情吧。"

电话营销人员："那您要不要考虑来参加我们这周六的综合招聘会？费用低、效果好，很超值。"（抛出有针对性的解决方案）

客户李经理："也行，你安排一下吧。"

案例分析

以上案例以人才服务业为例，对比了两种不同话术的效果。第二组对话中，电话营销人员通过以下步骤逐步探寻客户需求，达到了最终的目标。

第一步，借助提问获取客户的基本信息。参考话术如下。

"贵公司需不需要招聘？招什么人？招多少人？急不急?"

第二步，通过纵深提问找出深层次需求和需求背后的原因。参考话术如下。

"这个职位缺人多久了？您为什么不急呢？您觉得公司为什么要设这个岗位呢?"

第三步，激发需求的提问。参考话术如下。

"您不觉得有什么影响吗？您有问过其他部门的想法吗？您的老板会怎样想呢？万一发生什么事情怎么办呢？为什么不把这个小问题解决掉呢?"

第四步，引导客户解决问题。参考话术如下。

"建议您尽快把这个职位招聘到位。建议您尽快解决这个问题。您应该马上消除这个隐患。"

第五步，抛出有针对性的解决方案。

帮助客户安排招聘事宜。

（资料来源：电话销售案例［EB/OL］.（2015－03－30）［2021－12－28］. https://www.docin.com/p－1112544331.html. 编者有删改）

一鼓作气，力求稳胜

电话营销人员："您好！请问是蒋小姐吗？"

客户："是的，请讲。"

电话营销人员："您好，我是×××健身网的李宁。蒋小姐，您在上周六参加了×××健身网主办的阳光2020免费健身体验活动，您还有印象吗？"

客户："哦，记得。"

电话营销人员："非常感谢您的参与和支持！今天打电话给您，就是想对您参加这次活动的感受做一个简单的回访，只占用您5分钟时间，您看可以吗？"

客户："可以。"

电话营销人员："谢谢！蒋小姐，您用周末的休息时间来参加咱们这次健身体验活动，是出于什么原因呢？"

客户："我对健身一直比较感兴趣，正好有这么一次免费体验的机会，那天又没有别的安排，所以就参加了。"

电话营销人员："您之前有没有在健身俱乐部中进行锻炼或者参加过像上周六这样的健身体验活动呢？"

客户："没有。"

电话营销人员："好的。那您对这次活动的整体感觉怎么样呢？"

客户："整体感觉还不错。"

电话营销人员："您觉得健身教练的指导风格怎么样？"

客户："挺好的，我觉得他们经验挺丰富的。"

电话营销人员："是的。我们聘请的健身教练都是专家级别的，在美体健身领域的教练经验都在五年以上，而且都是×××健身网的全职教练，可以全天候为您提供现场健身指导和电话咨询服务。"

客户："哦，那确实不错。"

电话营销人员："是的。另外，除了专业教练提供全程的健身指导这点很吸引您外，通过这次体验活动，您还对哪些方面感到满意呢？"

客户："我觉得你们的健身器材挺先进的，种类也挺全。"

电话营销人员："是的。在器材方面，我们进口了德国的全套精锐系列健身设备。在咱们当地，除了×××健身网，还没有第二家健身机构配备了这样齐全而先进的设备。我相信蒋小姐正是看中了这一点，对吗？"

客户："是的。你们有能力举办这样大型的免费体验活动，确实能体现出你们公司挺有实力的。"

电话营销人员："谢谢，您过奖了！蒋小姐，既然您对×××健身网这么满意，您有没有考虑过成为×××健身网的会员呢？"

客户："有考虑过。"

电话营销人员："那么您准备什么时候加入咱们×××健身网的健身队伍中来呢？"

客户："我想先问一下我老公，然后决定。"

电话营销人员："是不是我们为您提供的环境或服务，还有哪些方面让您不是很放心？"

客户："这个倒不是，只是我觉得听听我老公的意见比较好。"

电话营销人员："您是希望家人给您一些建议，是吗？"

客户："是的。"

电话营销人员："您这种想法非常有道理，我们在作决定时，确实应该多听听他人的意见。说到这里，不知道您有没有印象，参加这次阳光2020免费健身体验活动的来宾中，很多都是和您一样年轻漂亮的小姐。"

客户："记得啊，她们和我的年纪差不多。"

电话营销人员："是的，不仅如此，她们的情况和您也很相似，之前都没有接受过专业健身教练的训练、指导，也很少参加健身活动，我觉得她们在这方面的意见和决定，对您来说也是很有参考和借鉴意义的，您说是吗？"

客户："是啊，她们都是怎么考虑的？"

电话营销人员："其实蒋小姐，您可能也注意到了，在这次体验活动结束时，很多人就已经主动加入×××健身网的会员行列。当然也有像蒋小姐您这样的，先回到家里征求一下家人的意见，但很快就打电话来成了×××健身网的健身会员。蒋小姐，我觉得您其实和这些姐妹们一样，对我们的服务质量是非常满意的，也很想融入×××健身网这个美体健身的大家庭中来，获得更优越更长久的健身体验，您说是吗？"

客户："好吧。成为你们的会员要办理哪些手续呢？"

（资料来源：李宁，李云迪. 电话应该这样打［M］. 厦门：鹭江出版社，2008. 编者有删改.）

电话营销人员的千言万语都抵不过客户家人的一句话。在此情形下，电话营销人员无法保证客户的领导、同事、亲友众口一词地认可自己的产品。因此，交易很可能遭到一票否决。

客户在购买过程中常把大多数人的行为作为自己行为的参照标准。从众成交法就是利用了这一心理，通过减轻客户在购买时对风险和压力的恐惧，促使其迅速作出购买决定。电话营销人员一定要说服客户现在就行动，拖延成交就可能失去成交机会。

其实在谈话中可以看出，客户已经动心了，她之所以要问一下老公，是因为想获得别人对这一决定的肯定，确定一下自己的决定就是主流的方向。此时的营销人员不应该就此放

弃，应该利用客户的从众心理，告诉她大多数人都已经合作了，以此来说服客户，达成交易。

案例13

干脆利落撤离战场

电话营销人员："您好，麻烦接总务处李处长。"

总务处："您好，请问您找哪一位？"

电话营销人员："麻烦请李处长听电话？"

总务处："请问您是？"

电话营销人员："我是大华公司业务主管王军，要和李处长讨论有关提高文书归档效率的事情。"

（电话营销人员用较权威的理由——提高文书归档效率——让秘书很快地将通话转给李处长）

李处长："你好。"

电话营销人员："李处长，您好。我是大华公司业务主管王军，本公司是文书归档处理的专业公司，我们开发出一项产品，能让贵处的任何人在十秒钟之内找出档案内的任何资料，相信将使贵处的工作效率大幅提升。"（电话营销人员以总务处的任何人在十秒钟之内能找出档案内的任何资料来引起李处长的兴趣。电话营销人员在电话上与准客户谈判时要注意把握以下重点：谈话时要面带笑容，虽然对方看不到这一笑容，但这样的情绪能够通过声音传播给对方；称呼准客户的名字；表达热心及真诚的服务态度）

李处长："十秒钟，很快嘛。"

电话营销人员："处长的时间非常宝贵，不知道您下星期二或星期三哪一天方便，我可以给您详细介绍这款产品。"

李处长："下星期三下午两点好啦。"

电话营销人员："谢谢李处长，下星期三下午两点的时候准时拜访您。"

李处长："好的。"

（资料来源：璟天．电话营销诀窍［M］．北京：企业管理出版社，2011．）

案例分析

电话营销人员在进行电话营销时，好的结束语是高质量通话的关键要素之一。电话营销人员无法通过电话沟通从客户的表情、举止判断他的反应，也没有"见面三分情"的基础，很容易遭到拒绝。因此，电话营销人员必须更有效地运用结束电话的技巧，达到目的后立刻结束交谈。

电话营销人员王军虽然感觉李处长"十秒钟，很快嘛"的回复显示出一种怀疑的态度，但是他清楚今天打电话的目的是约下次见面的时间，因此不作任何解说，而是立刻约定拜访时间，结束通话。

电话营销人员要记住，在与客户的电话沟通中，不管是谁先打电话，结束时永远让客户先挂电话。客户至上，对于电话营销人员来说，这不仅仅体现在口头上，更要铭记于心。

案例14

穷追猛“打”

王玉松是M乳品公司大客户经理，宋卫东是华惠（化名）大型连锁超市采购经理。

周一早晨，王玉松拨通了宋卫东办公室的电话。

王玉松：“早上好，宋经理，我是M乳品公司大客户经理王玉松，想和您谈一谈产品进店的事宜，请问您现在有时间吗?”（通过前期了解，王玉松已经知道卖场的负责人姓名及电话）

宋卫东：“我现在没有时间，马上就要开部门例会了。”（急于结束通话，很显然对此次交谈没有任何兴趣）

王玉松：“那好，我就不打扰了，请问您什么时间有空，我再打电话给您。”（这时电话营销人员一定要对方亲口说出时间，否则下次致电时还会被拒绝）

宋卫东：“明天这个时间吧。”

王玉松：“好的，明天见。”（明天也是在电话里沟通，但“明天见”可以拉近双方的心理距离）

周二早晨，王玉松再次拨通了宋经理办公室的电话。

王玉松：“早上好，宋经理，我昨天和您通过电话，我是M乳品公司大客户经理王玉松。”（首先要让对方想起今天致电是他认可的，所以没有理由拒绝）

宋卫东：“你要谈什么产品进店?”

王玉松：“我们公司上半年新推出的乳酸菌产品，一共五个单品，希望能与贵卖场合作。”

宋卫东：“我对这个品类没有兴趣，目前卖场已经有几个牌子在销售了，我暂时不想再增加品牌了，不好意思。”（显然已经准备结束谈话了）

王玉松：“是的，根据了解卖场里确实有几个品牌，但都是常温包装，我们的产品是活性乳酸菌，采用保鲜包装。您当然了解消费者在同等价格范围内肯定更愿意购买保鲜奶；此外这些产品已全面进入餐饮渠道，销售量每个月都在上升，尤其是您附近的那几家大型餐饮店也在销售这些产品，会有很多消费者到卖场里二次消费；我公司采用高价格高促销的市场推广策略，所以给您的毛利点一定高于其他乳产品。”（用最简短的话提高对方的谈判兴趣，在这段话中王玉松提到了产品卖点、已形成的固定消费群体、高额毛利，每一方面都点到为止，以免引起对方的反感从而结束谈判）

宋卫东（思考片刻）：“还有哪些渠道销售你们的产品？”（已经产生了兴趣，但需要一些数据来支持这一想法）

王玉松：“现在已经有100多家超市在销售我们的产品了，其中包括一些国际连锁超市，销售情况良好，我可以给您出示历史数据。”（通过事实情况述说增强客户的信心）

宋卫东：“好吧，你明天早上过来面谈吧，请带上一些样品。”

（资料来源：杨丽，任锡源．电话营销［M］．北京：中国物资出版社，2011.）

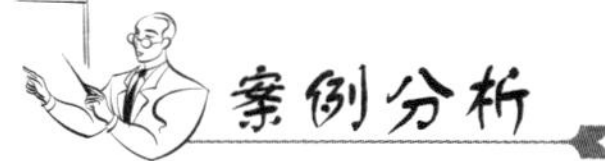

在这次电话营销刚开始，当电话营销人员介绍完自己后，客户就以没有时间拒绝了，对话貌似就此结束了。但王玉松并没有就此放弃，他做的是进一步跟进，与客户约好下次沟通的时间，他并没有因为客户此时没有时间而放弃这个潜在客户。

众所周知，生意往往不是一次就能谈成的，需要反复多次的商讨和沟通才能达到双方都比较满意的效果，最终签单。这中间的过程，就需要电话营销人员不断跟进，使谈判不断深入，从而达到预期的效果。

对于电话营销人员而言，客户跟进工作做到位，就能不断获得订单，不然整天忙忙碌碌，却不见任何业绩。既然付出了汗水，就要有所收获。

“多米诺”式营销

电话营销人员：“王总，您好！我是××，请问上次的那批机器有什么问题没有？”

客户：“没什么问题，很好。”

电话营销人员：“王总，到现在我们合作已经有三个月了，我很想知道您对我们服务的看法，看有什么可以改进的。您对我们的服务感到满意吗？”

客户：“满意，很满意。”

电话营销人员：“谢谢王总对我们的鼓励。希望我们也能把服务带给您身边更多的人，所以，王总，就您所知，您身边有哪些朋友我可以帮到他们呢？”

客户：“让我想想。你和王田联系一下看看，他是我多年的一个朋友，正在经营一家公司，可能会需要。”

电话营销人员：“那太谢谢王总了，他的联系方式是？”

客户：“电话是×××××××××××。”

电话营销人员：“王总，我希望您能亲自给他打个电话，这样，当我打电话给他时，他就不会觉得突兀。”

客户：“没问题，我等会就打电话给他。”

电话营销人员："王总，我会随时把与王田联系的情况告诉您，您以后有什么问题，请随时打电话给我。"

客户："没问题。"

（资料来源：璟天．电话营销诀窍［M］．北京：企业管理出版社，2011.）

有时，在电话沟通时客户可能一时半会想不起谁是最合适的推荐人选，这时，电话营销人员可以告诉客户："要不这样，我一会儿将理想的客户以文字形式给您做个描述，您想想看，有合适的就推微信名片或电话给我，好不好？"

等收到客户发来的信息后，电话营销人员一定要表示衷心感谢。

同时，与客户推荐的人联系后，电话营销人员一定要把沟通结果反馈给客户，要让客户感受到这次推荐很重要，要强化这种帮助他人的感觉，增强客户的价值感。

学会修复客户"受伤"的心

电话营销人员："您好，欢迎致电×××电脑公司！请问我能为您提供哪方面的咨询服务？"

客户："你们公司卖的是什么破电脑，我要退货！"

电话营销人员："对不起，先生，您别着急。您的问题我一定会尽量帮您解决的。先生，请问您贵姓？"

客户："我姓张，我的电脑就是上周五跟你电话订购的。"

电话营销人员："原来是张先生啊！张先生，您好！请问您的电脑出了什么问题呢？"

客户："什么问题？你上周向我推荐这台电脑时是怎么说的？质量一流！可你看看，这才用了几天，就出不来东西了，这下我什么事情也做不了了！你给我退货吧，我不要了！"

电话营销人员："是这样啊，难怪您生这么大的气。张先生，您放心，如果您遇到的这个故障是电脑硬件质量问题引起的，那您要求换货或者退货是绝对没有问题的，这一点我可以向您做出承诺。张先生，我刚才听您说您的电脑出不来东西了，请问您是指按下主机开关后，开关旁边那个指示灯没有亮，也就是电脑主机没有运转，还是您的显示器没有图像呢？"

客户："是显示器不出图像，主机开关旁边那个灯是亮的。我平常在公司的工作那么多，白天根本做不完，就指望着买了电脑，晚上在家处理白天没做完的工作，可才这么短的时间，屏幕就一片漆黑了，你说多耽误事！"

电话营销人员："是啊，电脑出现这种情况，的确会影响您的正常使用。张先生，您是什么时候发现这个问题的呢?"

客户："前天，周二晚上。我那天下班回家，坐到电脑前，正想打开电脑，上网找些资料，结果一开机，屏幕根本不出图像。"

电话营销人员："那当您发现这个问题后，有没有检查一下显示器的电源指示灯是不是亮着的呢?"

客户："亮啊，显示器电源指示灯是亮着的!"

电话营销人员："您有没有再检查一下显示器的数据线接头与主机里的显卡信号输出接口是否接触良好，有没有松动呢?"

客户："我仔细检查过了，根本不是接触不良的问题。所以我觉得肯定是你们电脑显示器的质量问题，否则为什么别的电脑只要显示器电源指示灯一亮，就能出图像，而我的显示器电源指示灯明明亮着，却什么图像也没有?"

电话营销人员："张先生，是这样的，您遇到的这个问题，可能是多种原因引起的，咱们只能通过对这些原因一项一项确认来找出真正问题所在。但请您相信我们，不管您遇到的问题究竟是由什么引起的，只要我们发现原因，就会以最快速度帮您解决。"

客户："还能是什么原因? 我看就是你们电脑自己的原因——产品质量不过关!"

电话营销人员："当然，目前也不能排除硬件质量方面的问题，如果真是这样，我们一定会为您及时办理退换，保证您尽快恢复使用。"

客户："反正你们抓紧时间帮我修好，否则我就要退货!"

电话营销人员："您放心，我们肯定会尽快让您的电脑恢复正常运行。张先生，您的问题我记下了，您看对不对。您上周五购买的一台××品牌电脑，在本周二晚上开机时，发现显示器没有生成任何图像。经过检查主机和显示器的电源指示灯以及显示器数据线连接情况后，您认为不是通电和数据线连接的问题。是这样吗?"

客户："对，没错。"

电话营销人员："除了这个故障，您还有没有发现其他问题呢?"

客户："就这一个你还觉得不够啊?"

电话营销人员："我不是这个意思，您别生气。张先生，我马上将您的情况转告我们的技术人员，他们会在24小时之内与您取得联系。如果您遇到的问题无法通过上门维修的方式解决，那么我们会将您的电脑拿回公司，进行更加全面的维修处理。同时，为了保证检修过程不耽误您的正常工作，我们会为您临时准备一台笔记本电脑，这台笔记本电脑和您购买的电脑在配置上是很相近的。在我们对您的电脑进行检修，它恢复正常工作并被送回您家中之前，您可以先使用这台笔记本电脑继续进行您的工作。您看这样可以吗?"

客户："好吧。"

（资料来源：李宁，李云迪．电话应该这样打［M］．厦门：鹭江出版社，2008.）

案例分析

有数字表明，对某种产品的使用效果产生不满后，69% 的客户从未提出过投诉，23% 的客户仅向身边的电话营销人员发泄抱怨，仅有 8% 的客户选择通过投诉表达他们的不满。换言之，一位客户的投诉，代表了其他没有向公司提出正式投诉的客户的不满。

一般来说，企业的管理者只能通过这 8% 的客户来了解客户群体的心声。然而，客户不满与投诉升级的原因中，60% 以上是工作人员接听客户投诉电话时采取了敷衍和推诿的态度。

一份关于快速消费品行业市场和客户流动的调查结果表明：如果企业推诿卸责导致投诉无法得到及时处理，85% 以上提出投诉的客户会在相当长的一段时间内拒绝购买相关产品，而且会影响其周围的人对该品牌的看法。

对于一名电话营销人员来说，辛辛苦苦开发了一位新客户，却由于失败的售后服务流失掉更多的客户，将会是件糟糕透顶的事情。

面对客户的投诉，电话营销人员要意识到这样的客户将会成为企业的长期忠诚客户。因为在客户的抱怨里，一定包含着积极的价值。

联邦快递的创始者弗雷德·史密斯有一句名言："要想称霸市场，首先要让客户的心跟着你走，然后让客户的腰包跟着你走。"电话营销人员永远不要忘记："赢得客户的心"是一切业绩的前提和来源。只有为客户提供完善的售后服务，才能使客户与企业的利益都得到维护。

参考文献

[1] 邹东和．金牌推销员速成技巧［M］．北京：中国商业出版社，2004.

[2] 张烜搏．一线万金：电话销售培训指南［M］．北京：人民邮电出版社，2003.

[3] 约瑟夫．美化你的声音［M］．田琰，等译．北京：机械工业出版社，2005.

[4] 舒冰冰，李向阳．一点就通：电话销售业绩倍增指南［M］．北京：人民邮电出版社，2006.

[5] 李向阳，舒冰冰．打遍天下：拿到订单的电话营销实战案例［M］．北京：人民邮电出版社，2006.

[6] 吴蓓蕾．把斧头卖给美国总统［M］．北京：新华出版社，2006.

[7] 王静．如何做电话营销［M］．北京：中国物资出版社，2008.

[8] 叶冠．销售从被拒绝开始［M］．北京：企业管理出版社，2008.

[9] 李宁，李云迪．电话应该这样打［M］．厦门：鹭江出版社，2008.

[10] 舒冰冰，李向阳．一点就通：电话销售业绩倍增指南［M］．2 版．北京：人民邮电出版社，2008.

[11] 许进，周志刚．销售新人全能训练手册［M］．机械工业出版社，2008.

[12] 李向阳，舒冰冰．打遍天下：电话营销实战案例精选［M］．2 版．北京：人民邮电出版社，2009.

[13] 影响力中央研究院教材专家组．一线万金：电话销售的 7 阶秘诀［M］．北京：电子工业出版社，2009.

[14] 任锡源．从零开始学电话销售全集［M］．北京：中国言实出版社，2011.

[15] 张超．万金系一线：电话销售实战技巧［M］．北京：机械工业出版社，2011.

[16] 曾智辉．电话营销管理［M］．南京：凤凰出版社，2010.

[17] 崔小屹．电话销售与成交技巧实训［M］．北京：化学工业出版社，2010.

[18] 鸿蒙．每天学点关系学［M］．北京：金城出版社，2010.

[19] 王宏．电话销售人员超级口才训练［M］．北京：人民邮电出版社，2010.

[20] 璟天．电话营销诀窍［M］．北京：企业管理出版社，2011.

[21] 李智贤．电话销售实战训练［M］．北京：机械工业出版社，2008.

[22] 朱坤福．电话新营销：一线赢单特训［M］．北京：中国财富出版社，2017.

[23] 张烜搏．精准电话销售：转化率倍增的实战技巧与口才训练［M］．北京：人民邮电出版社，2020.